21世纪经济管理新形态教材·营销学系列

市场营销创新管理

王良燕 ◎ 编著

U0366880

清华大学出版社
北京

内 容 简 介

随着新时代营销环境的不断变化，营销理论亦在日益更新。本书突破了营销学传统的 4P(product-price-place-promotion)理论，率先搭建了以消费者心理及需求为导向的 4C(consumer-cost-convenience-communication) 理论为框架的内容体系，从消费者行为、消费者便利、消费者感知价格、消费者沟通四个方面详尽分析企业如何进行有价值的营销活动。在基于中国商业发展特色的同时，本书更加关注中国情境的实际案例和消费者行为。

本书可作为市场营销专业研究生、本科生的教材，也可作为企业营销管理人员和相关专业研究人员的参考书。

图书在版编目（CIP）数据

市场营销创新管理/王良燕编著. —北京 ： 清华大学出版社，2023.6
21 世纪经济管理新形态教材. 营销学系列
ISBN 978-7-302-63994-7

Ⅰ. ①市… Ⅱ. ①王… Ⅲ. ①市场营销学－高等学校－教材 Ⅳ. ①F713.50

中国国家版本馆 CIP 数据核字(2023)第 115501 号

责任编辑：严曼一
封面设计：汉风唐韵
责任校对：宋玉莲
责任印制：沈　露
出版发行：清华大学出版社
　　　　　网　　　址：http://www.tup.com.cn，http://www.wqbook.com
　　　　　地　　　址：北京清华大学学研大厦 A 座　　　　邮　　编：100084
　　　　　社 总 机：010-83470000　　　　　　　　　　邮　　购：010-62786544
　　　　　投稿与读者服务：010-62776969，c-service@tup.tsinghua.edu.cn
　　　　　质 量 反 馈：010-62772015，zhiliang@tup.tsinghua.edu.cn
　　　　　课 件 下 载：http://www.tup.com.cn，010-83470332
印 装 者：小森印刷霸州有限公司
经　　销：全国新华书店
开　　本：185mm×260mm　　　　　印　张：15.5　　　字　　数：336 千字
版　　次：2023 年 7 月第 1 版　　　　　　　　　　印　　次：2023 年 7 月第 1 次印刷
定　　价：59.00 元

产品编号：094667-01

　　进入 21 世纪的二十多年间，随着经济和科技的快速发展，商业环境的变化仿佛按下了加速键。2003 年诞生的淘宝，在短短十几年间颠覆了中国人民的购物习惯，商场和超市不再是消费者购物的首选，足不出户打开手机就能买到你想要的产品，以至于网络上流行这样一个说法：在"万能的淘宝"，只有你想不到，没有你买不到。微博、微信、抖音等新媒体渠道的涌现，让信息传播的速度、广度达到前所未有的水平，一条信息只需几分钟便可传遍全网，覆盖数亿用户。大数据时代，消费者的一举一动都可以被捕捉、观察，并根据消费者过往的消费习惯向其推送他可能感兴趣的商品，千人千面的精准营销成为发展趋势。许多 21 世纪的新兴产物，为企业提供了全新、高效的销售渠道和营销平台，但同时也带来了相应的挑战：如何成功利用互联网渠道进行营销？如何平衡线上线下多渠道的发展？如何通过大数据洞察新时代消费者的心理？一系列崭新的营销难题摆在企业面前，也吸引学者们开始探究适应新时代发展需要的市场营销理论。

　　市场营销理论首先要回答的问题就是：市场营销是什么？（图 0-1）

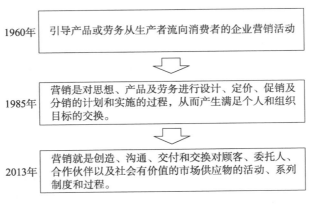

图 0-1　美国市场营销协会对市场营销的定义变迁

　　美国市场营销协会（American Marketing Association，AMA）在 1960 年对市场营销提出的定义是："引导产品或劳务从生产者流向消费者的企业营销活动"。从这个定义可以看出，当时营销环节从商品生产活动结束时才开始，市场营销的目的是将商品销售给消费者。随着商业环境的发展变化，1985 年美国市场营销协会对市场营销的定义进行更新："营销是对思想、产品及劳务进行设计、定价、促销及分销的计划和实施的过程，从而产生满足个人和组织目标的交换。"新的定义将产品的概念扩大到劳务、思想的范围；

开展营销活动的目的也不限于产品流通，而是强调了交换的过程；将营销流程延伸到产品的设计环节。2013 年，美国市场营销协会再次更新了市场营销的概念："营销就是创造、沟通、交付和交换对顾客、委托人、合作伙伴以及社会有价值的市场供应物的活动、系列制度和过程。"在最新的定义中，营销的对象被详细拆分成顾客、委托人、合作伙伴和社会，可见随着市场经济的繁荣，企业提供的产品逐渐多样化，营销的核心不再是产品本身，而是所有潜在的目标消费者，一切围绕消费者的行为，包括创造、沟通都开始被列为市场营销的范畴。

如何进行市场营销？

20 世纪 60 年代麦卡锡（McCarthy）教授提出的 4P 理论，即产品（product）、价格（price）、渠道（place）及促销（promotion）是市场营销理论中的经典。

产品：企业提供给市场由消费者使用和消费的产品，广义的产品包括有形实体，也包括无形的服务、技术等，还包括人员、组织、观念或它们的组合。企业需要注重开发产品的功能和独特卖点，把产品的功能性诉求放在第一位。

价格：消费者购买的单位商品所付出的货币多少。定价策略和方法有很多种，企业需要根据不同的市场定位，制定不同的价格策略。

渠道：是产品从生产企业流转到消费者终端过程中经历的各个环节。企业不直接面对消费者，而是通过搭建销售网络，利用分销商来联系消费者。

促销：包括品牌宣传推广、公关、促销等营销行为。企业通过各类促销行为以达到吸引消费者的目的。

4P 理论的出现，将复杂抽象的市场营销理论体系化、简单化，一直以来被众多学者和企业奉为圭臬。在产品稀缺的年代，好产品是吸引消费者的不二法门，因此在过去企业营销人员都以 4P 理论出发制定营销策略，大量市场营销教材也按照 4P 理论的框架展开。确实，在卖方市场下，很长一段时间内，根据 4P 理论制定的营销策略能为企业带来良好的销售收益。但随着市场经济的发展，生产力和科技水平的提高，商业环境正在发生前所未有的改变，市场上再也不缺乏好产品，甚至随处可见功能极度相似的产品。一大批曾经以产品为豪，将营销策略围绕产品展开的企业，逐渐被市场发展的浪潮所淘汰。曾经统治胶卷市场的柯达、人手一部的诺基亚，它们曾凭借优质的产品走过了百年发展历史，但是进入 21 世纪的短短十几年，柯达和诺基亚经过百年积淀的商业大厦轰然倒塌。

好产品层出不穷，市场销售由卖方市场进入买方市场，新时代的消费者开始掌握主动权，仅仅依靠产品似乎已经不能收获他们的青睐。一方面，消费者个性化、多元化需求日益突出，营销的环境发生了巨大变化。4P 理论不再能适应新环境的需要，企业生产产品，制定合适价格，通过渠道销售，进行促销活动，这样简单的、程序化的、无差异的过程不再能满足消费者高水平、多样化的需求。另一方面，随着市场经济发展，"产品"的内涵也在不断创新。4P 理论诞生于制造业繁荣的时代，过去的产品多为制造业中的实物消费产品，但是现在出现了更丰富的产品形态：服务体验产品、金融产品、互联网产品等新兴产品，并不适合用 4P 理论来指导它们的营销策略。

因此学者们开始探索新的市场营销理论来指导新时代的营销策略，如 20 世纪 90 年代劳特朋（R.F. Lauterborn）教授提出的 4C 理论，即消费者（consumer）、成本（cost）、便利（convenience）与沟通（communication）。

消费者：营销的第一步是读懂消费者，根据消费者的需求提供相应的产品。生产产品时要关注消费者想买什么，并不是企业自己能够生产什么。

成本：定价不仅要考虑企业的生产成本，还要考虑消费者的购买成本。了解消费者愿意付出多少成本来满足自身的需要，而不是单纯利用定价策略，考虑让消费者付出多少钱。

便利：交易过程和使用过程中尽量为消费者提供便利。企业在制定渠道策略时，需要着重考虑顾客的方便，而不是企业自身的方便。不仅是购物过程的便利，还包括售前、售后整个流程中能让消费感受到便利的服务。

沟通：企业应该与顾客进行积极有效的双向沟通。营销不再是企业单向的促销和劝导顾客，而是在双方的沟通、互动中打造新兴、新型企业/顾客关系（图 0-2）。

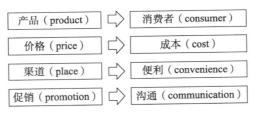

图 0-2　4P 理论向 4C 理论转变

将营销理论的核心从产品转移到消费者，营销的重点在于挖掘并满足消费者的需求，企业生产产品是要关注消费者想要什么，而不是企业自身能生产什么；产品定价不再是一味考虑企业的盈利，还要考虑消费者愿意为产品支付的成本；营销渠道的服务对象不是企业销售，而是为了让消费者更便捷、更简单地获取商品和服务；用沟通代替促销，市场营销的目的不再是简单地体现某个产品的价值，而是建立企业与消费者良好的双向沟通，培养忠诚的消费者。同时，随着科技的进步和互联网的发展，企业和消费者的关系也发生了改变：企业与消费者之间的距离被打破，过去企业触达消费者的渠道有限而且实效性较低，但是由于智能手机的普及和社交媒体的发展，消费者能第一时间、近距离地接触到品牌信息；企业与消费者不对等的关系不复存在，过去大多数消费者只能被动接受企业的营销内容，但是在互联网背景下，每个人都可以通过各种渠道发表自己对产品的意见，从而影响产品口碑，甚至影响产品更新换代的方向。

因此我们希望能根据新时代营销环境的变化和营销理论的更新，撰写一本适应当下的"市场营销"课程配套教材，从以消费者为核心以 4C 理论为基础出发，为企业制定有效的营销策略提供有力支持，为学生学习"市场营销"课程提供顺应时代变化的全新视角。

本书创作的意义

随着时代的变化，企业的营销途径和方法也发生了巨大的变革，消费者在营销过程中被摆在了更重要的位置。由于主流市场营销教材都成文较早，大多以传统的 4P 理论为基本框架展开，思考如何以产品为核心进行市场营销，大量的笔墨用于介绍企业该如何进行产品定位、价格制定、新产品开发，关于消费者的介绍只占有较少篇幅。但是在新时代的营销环境下，消费者对企业的影响力不容小觑，4P 理论并不适用于当下的营销环境，4C 理论正逐渐取代 4P 理论成为主流市场营销理论，但是市场营销相关教材的更新存在滞后性，还缺少完整地从 4C 理论体系进行阐述的"市场营销"课程配套教材，因此我们希望本书能弥补这一空白，以更适合当代商业环境的 4C 理论作为基础框架，撰写一版全新的"市场营销"课程配套教材，以消费者为核心，通过观察消费者的行为，理解消费者的心理，为企业提供适应新时代需求的市场营销策略建议。

需要特别说明的是，本教材以消费者为导向的 4C 理论为框架，关注消费者的需求，但并不意味着一味地满足消费者的需求，因为消费者总是希望获取质量更优、价格更低的产品，但是在市场经济下，企业仍然是以盈利为目的的。本书强调以消费者为核心进行市场营销，是探讨如何将满足消费者的需求与企业获得利润相结合，寻求更有效、更高质量的与消费者沟通的方式，获得消费者的喜爱，从而吸引其购买并获得利润。我们提出顺应时代需求，以 4C 理论替代 4P 理论成为市场营销教材框架，并不是否定了 4P 理论在营销中发挥的重要作用，而是用发展的眼光看待理论的进步，市场营销理论作为指导企业生产实践的应用型理论，必然随着时代背景、社会经济的变化发展而进步。本书应用 4C 理论框架并不是对 4P 理论的推翻和否定，4P 和 4C 并不矛盾，而是对彼此的进一步完善和补充。4C 理论是在 4P 理论的基础上辩证发展，转换观察角度，从企业角度变为消费者角度来看待市场营销。简单来说，我们强调消费者的需求，并非不强调产品的质量，而是强调企业要生产消费者所需要的优质产品。因此本书是对市场营销理论的进一步发展完善，以消费者为核心，构建适应时代需求的市场营销理论体系。

本书的主要内容

正如前文所述，本书将以 4C 理论为框架展开，但并未完全抛弃 4P 理论，而是将传统 4P 理论的四个方面与 4C 理论一一对应，转换对市场营销的观察视角，从消费者角度出发理解如何做好市场营销（图 0-3）。

消费者（consumer）对应产品（product）：从消费者的需求出发理解消费者的购买行为；

便利（convenience）对应渠道（place）：从消费者的便利出发传递消费者价值；

成本（cost）对应价格（price）：从消费者价值出发制定最优的定价策略；

沟通（communication）对应促销（promotion）：从消费者的利益出发整合内外部营销方案。

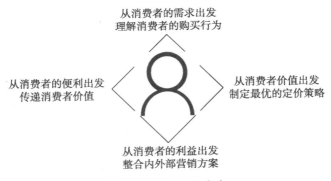

图 0-3　本书主要内容

第一篇：消费者（consumer）——从消费者的需求出发理解消费者的购买行为

在 4P 理论时代，"市场营销"课程配套教材总是把最主要的篇幅用来描绘产品。通过市场细分，确定目标市场，选择合适的产品定位，成为大多数营销人员开展市场营销的首要步骤。但是随着市场竞争日益激烈，现如今仍然从产品的角度进行营销策划已经无法适应现代的需求，企业如果生产好了产品才开始考虑如何进行营销，已经输在了起跑线上。企业应该从消费者立场出发，树立以顾客需求为导向的营销观念。因此本书第一篇聚焦影响消费者行为的因素，将企业营销环节的起点前移至理解消费者的行为，针对不同影响因素制定相应的营销策略。

第一篇将影响消费者行为的因素分为外部因素和内部因素两大类。影响企业的宏观环境因素一直是市场营销研究的焦点之一，PEST、STEP 等分析模型就是针对企业所面对的政治、经济、社会和技术四大外部因素。对于消费者而言外部因素同样重要，"没有人是一座孤岛"，虽然每个消费者都是独一无二的，但是每个消费者都处在共同的宏观环境之下。第 1 章将研究这些消费者身处其中，但自身无法改变的外部因素，从政治、经济、文化、社会、自然五大维度，分析面对这些企业无法大规模改变的外部宏观因素对消费者的影响，该如何利用这些因素进行有效的营销活动。

第 2 章关注影响消费者行为的内部因素，包括消费者认知、学习，消费者认知是指消费者接触产品信息到加工处理从而理解信息的过程，从展现、注意、知觉、理解四个环节分析消费者行为：介绍企业的营销信息是如何展现在消费者面前，如何引起消费者的注意和知觉，消费者又是如何理解这些营销信息，以及企业如何介入这四个环节进行营销活动。学习则是认知的下一个步骤，是对品牌信息的进一步了解，在消费者心中形成对品牌的记忆、知识和联想。消费者不断接触到外界传递的信息，学习汲取信息，修正自己对世界的认识，这些信息在消费者脑海中沉淀，成为消费者选择品牌的重要依据，因此消费者的学习过程也是企业需要深入研究的。

第 3 章是关于消费者的决策环节，在前面两部分提及的各种因素影响下，消费者经历了外部刺激、认知和学习，最终会基于自己的需求产生购买动机，形成购买决策。决策是消费者购买行为最重要的环节，它虽然是一个简单的选择动作，但却是一系列因素共同影响的结果。决策完成不代表消费者购买环节的结束。近年来，消费者购买后的行为正在逐渐增加其影响力，影响了消费者的满意度，从而影响消费者是否会进行复购，因此即使消费者已经完成购买，企业也不可掉以轻心，需要继续关注消费者购买后的行为，提升售后满意度。

第二篇：便利（convenience）——从消费者的便利出发传递消费者价值

在 4P 理论中，place 指产品的销售渠道，企业制造的产品通过什么方式触达消费者。传统市场营销教材着重关注企业如何布置适合本公司的销售渠道，以最大限度整合资源，提高效率。随着科技发展，消费者能接触到的销售渠道也越来越多，除了传统的经销商、商场等线下实体渠道，网络电商、外卖跑腿等新兴销售渠道越发凸显其优势。渠道不仅是为产品服务，更是为消费者服务，因此本篇将从消费者便利的角度来介绍渠道。

第 4 章介绍提升消费者便利的渠道设计——首先是渠道结构，渠道结构受到渠道长度、宽度、广度的影响，渠道的长短、宽窄都各有利弊，企业需要根据自身的目标消费者设计合适的渠道结构。随着互联网经济的发展，渠道电子化趋势越来越明显，所以渠道结构仍然在不断发展变化。其次是渠道环节，企业可以从消费者购物流程的五大环节，即决策——获取——交易——体验——售后来理解消费者的需求，每个消费者的需求是独特的，有人希望有最丰富的产品选择，有人希望在最短的配送时间内获得产品，有人希望获得更好的收货服务，商家需要弄清楚消费者对销售渠道的期望和满意度，并调整自己的渠道策略。最后是渠道成员的选择，渠道成员类别繁多，制造商、批发商、代理商、运输公司、库存公司、市场调研机构等都是企业渠道中不可缺少的一员。不同的渠道成员可能承担了不同的渠道功能，企业需要通过合适的渠道成员为顾客提供便利，深入目标市场，在提供顾客价值的同时为自身创造收益。

第 5 章关注新技术和新渠道的创新对消费者便利的提升作用。新技术包含虚拟现实技术、大数据、物联网、人工智能等。虚拟现实技术为消费者带来更直观、真实的产品体验；基于大数据分析的网络营销满足当代消费者个性化的需求；物联网实现物品之间、物品和人类之间的广泛连接和智能化管理；人工智能极大提升了人机交互、数据处理的能力；各类新技术的协同应用为消费者提供更智能、更便利的产品和服务。新渠道包含内容电商、社交电商、线上到线下（online to offline，O2O）、新零售等，内容电商帮助消费者更全面、真实地了解产品；社交电商利用社交网络裂变，拓展用户，提升转化；O2O 电商实现线上购买线下兑现，成为连接商家和消费者的桥梁；新零售打通线上线下渠道，为消费者提供多样化的消费体验。

第三篇：成本（cost）——从消费者价值出发制定最优的定价策略

根据不同产品的自身定位制定适合的价格策略，是 4P 理论中的 price 部分，传统市场营销教材主要介绍企业的定价方法，如何应对竞争对手的价格策略，如何创造价值获取利润。本书则要从消费者感知价值的角度来讨论企业如何制定最优的价格策略。

影响消费者价格感知的因素可以分为三类。第一类是第 6 章所讲的产品设计，包含产品基本属性和产品附加价值。产品自身属性是影响价格感知的直接因素，包括产品的性能、原产地、外观设计等；产品附加属性是影响价格感知的额外因素，包括情感、外观、创新、服务等方面的附加价值，这些影响价格的产品因素是企业在设计产品时就应该仔细考虑的。第二类是第 7 章的定价策略，主要有心理定价策略和对比定价策略。心理定价策略利用消费者心理以影响价格感知，包括尾数定价法、整数定价法、声望定价法、习惯定价法、同价定价法等；对比定价法则需要消费者进行评估再做出决策，包括利用部分和整体对比的分割定价法，过去和现在对比的动态定价法，独立和联合对比的评估定价法。第三类是第 8 章的销售策略，包括直播营销、饥饿营销、无人零售、商品陈列、促销活动、无界零售等，企业可以通过各类营销手段影响消费者的价格感知，例如商品参加"双 11"等大促活动后，消费者感知到活动期间价格大幅度下降后，对产品的预期价值降低，以正常价格采购的意愿会进一步降低，因此各类促销活动虽然能在短时间内增加销量，激发消费者购买意愿，但长期看来可能会带来负面影响，因此要谨慎使用。

第四篇：沟通（communication）——从消费者的利益出发整合内外部营销方案

4P 理论中的 promotion 强调企业的营销行为，具体来说是如何通过广告、促销、公众传播、赞助、人员推销等营销工具的组合完成产品的营销。在当今信息爆炸的时代，消费者每天都要面对数量庞大的营销信息，营销信息如何吸引消费者的注意，是本篇想要讨论的内容。在信息化时代，企业如果单纯地传递信息会被淹没在消费者每天所面对的信息洪流之中，因此传播已经无法满足当代营销的需求，企业应以消费者为中心，实施有效的营销沟通。本篇将利用 AIPL 模型，介绍在提升消费者认知（awareness）、兴趣（interest）、购买（purchase）和忠诚（loyalty）的营销过程中，品牌应如何把握消费者心理、与消费者进行有效沟通，从而实现品牌整体的营销战略目标。

第一步和第二步是提升消费者认知和兴趣。认知和兴趣这两个环节往往是连续发生、密不可分的。通过广告、公关、商品推送等将营销信息送达消费者面前，各类产品信息无孔不入地渗透着消费者的生活，因此消费者对广告的抵触程度明显强于过去，企业应当选择适合的渠道投放高质量的广告以提升消费者认知和兴趣。随着互联网发展，社交媒体营销成为企业营销的必由之路，通过社交媒体，企业可以展示更加丰富的营销内容，全面塑造企业的品牌形象，而且消费者也可以通过社交媒体与品牌进行互动，拉近品牌与消费者的距离。

第三步是提升消费者购买的意愿。在通过一系列营销手段唤起消费者认知、提升消费者兴趣之后，接下来最重要的是提升消费者的购买意愿，通过人员推销、促销、互动性营销等方式直接促进消费者的购买。人员推销和促销都是企业常用的传统营销方式，通过销售人员对潜在购买者进行推荐促成交易，或者利用优惠券、赠品、特惠包装等促销形式吸引消费者购买。近年来非常流行的营销方式是互动性营销，例如直播带货的模式，互动性营销能够显著增强消费者的嵌入度，形成沉浸式的购买体验，营销人员富有鼓动性的消费劝导，能够激发消费者的好奇心和冲动性购买，对于提升消费者的购买力具有直接的影响。

第四步是利用沟通提升消费者忠诚度。在第三步消费者完成购买后，营销过程并未结束，营销人员还需关注顾客的留存问题，提升消费者忠诚度。本篇归纳了三种主要的维护消费者忠诚度的营销方式，包括口碑营销、会员制度、社区营销，从消费者心理入手，针对营销策略提出具体建议。

本书的创新点

站在消费者角度理解市场营销

首先，本书打破了过去围绕 4P 理论展开的市场营销教材体系，创新性地将 4C 理论作为教材展开的框架，从消费者的角度看待市场营销。如果说过去的市场营销教材是在指导企业如何通过包装产品进行营销，吸引消费者购买，那么本书则是希望指导企业通过理解消费者需求，从而通过针对性地营销影响消费者行为。我们将 4P 理论的四大要点与 4C 理论的四大要点逐一对应，详细地从消费者行为、消费者便利、消费者感知价格、消费者沟通四大方面分析企业如何进行营销活动。希望能为市场营销策略制定提供新的思路方向，帮助企业树立以消费者需求为导向的现代化营销观念，加强与消费者的沟通，重视消费者满意度。

引入最新学术成果与实践案例

因为本书将从消费者角度探讨市场营销，关注消费者的需求，理解消费者的行为，所以将引入许多消费者行为领域最前沿的理论模型和学术研究成果，从学术的视角观察消费者的行为，读者们会发现生活中许多并不起眼的细节，如餐厅的背景音乐、商店的香氛、产品的颜色其实都在潜移默化地影响到消费者的决策。

除了理论知识的展示，市场营销作为一门应用学科，光纸上谈兵是远远不够的，更需要理论联系实践，因此本书将加入许多最新的商业案例，介绍企业如何利用这些理论进行有效的市场营销，增加内容的可读性，帮助读者更好地理解相应的理论知识。

介绍互联网新业态对消费的影响

近几年，互联网的发展改变了整个世界，人们的衣食住行、吃穿用度都离不开互联网科技的支持，消费者的行为也被互联网深刻地影响着。从产品上看，商品电子化属性逐渐增强，电子书、网络课程、付费点播等虚拟产品层出不穷，除此之外，实物商品也开始与互联网相结合，智能家居、智慧城市等让万物互联，"互联网＋一切"成为商业发展的潮流；从渠道上看，网络购物已经成为消费的主流渠道之一，据统计，淘宝拥有超过 8 亿用户，淘宝、京东、拼多多等电商平台成为消费者生活中必不可少的购物"伙伴"，因此购物场景的限制被完全打破，过去必须出门到商店或超市购买产品，如今随时随地，只需打开手机，动动手指即可完成消费。互联网对消费的另一个重要影响体现在营销方面，社交媒体成为品牌营销的主战场之一，并极大限度地缩短了品牌和消费者之间的距离，微博、微信、抖音等新媒体平台为品牌提供了新的营销渠道，让品牌能够用更丰富的内容，更精准、广泛地触达目标消费者。

无论是完全根植于互联网发展的互联网公司，还是在互联网进程下进行改变的传统行业，互联网毫无疑问影响了所有市场上的企业，为企业提供了无限可能。但互联网并不是百利无害的，它带来的负面影响同样是存在的，如侵犯消费者隐私、负面舆论的扩大化、传播虚假信息等。由于互联网的重要性和复杂性，其对消费者的影响将贯穿本书始终，新兴的商业模式将成为生动案例穿插于书中的各个章节。

分析中国特色商业发展

由于西方市场经济起步较早，拥有更为丰富的发展经验，所以传统经典的市场营销教材多翻译自西方学者的著作。但是近年来，随着改革开放的深入发展，中国综合国力不断提升，经济水平不断提高，逐渐从世界经济的追赶者转变为领跑者，逐渐掌握商业社会的主动权。中国经济的发展速度世界瞩目，孕育了许多中国特色的商业模式，它们的成功如果脱离了中国特色的社会和文化背景是无法实现的。同时，全球化的深入和互联网的发展使得世界逐渐成为一个密不可分的整体，中国庞大的消费市场也成为各跨国企业必争之地。但由于东西方文化的巨大差异，中国消费者的行为和西方消费者存在巨大不同，如果企业在制定针对中国消费者的营销策略时只参考西方市场营销理论，忽略中国特色的社会文化，很可能会造成水土不服的现象。因此，本书将更加关注中国的发展案例和中国消费者的行为，分析中国特色商业发展现象，帮助大家更加理解中国消费者的行为。

虽然本书无法将所有消费者行为与市场营销理论都囊括其中，但是精心筛选了其中最突出最重要的部分，并加入了许多近年来营销领域有趣的案例，希望这一版全新的《市场营销创新管理》，能为同学们提供一个新的观察视角，帮助他们梳理消费者与营销之间的相互影响，进一步学习和理解市场营销。

本书的研究工作得到国家自然科学基金项目（72110107001）资助。

目 录

第1篇 从消费者的需求出发理解消费者的购买行为

  区别于将产品（product）放在首要位置的传统4P营销理论，4C营销理论是围绕消费者（consumer）展开的，营销者需要从消费者的需求出发，理解消费者的购买行为并提供相应的解决策略。影响消费者行为的因素来自多个方面，有广泛影响企业、消费者以及其他市场参与者的宏观外部因素，也有来自消费者自身的内部因素。外部因素包括经济、社会、政治、文化和自然五大方面，内部因素则主要包括消费者的认知、学习和需要。本篇将介绍各类外部、内部因素对消费者行为的影响，以及消费者态度形成和购买决策的过程，分析营销者该如何针对这些影响因素做出营销策略的调整。

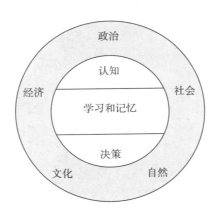

第 1 章

影响消费者行为的外部因素

 引例

中国居民饮食习惯变迁

20 世纪 50—80 年代，新中国物资匮乏，国家采用计划供应的方式，粮票是当时采购粮食的凭证。中国居民的饮食结构以主食为主，吃饱饭是居民饮食的首要目标。"吃了吗？"成为那个时代中国人见面最常见的问候方式。随着中国经济和科技不断发展进步，粮食产量和人民生活水平日益提高，居民的饮食习惯发生了翻天覆地的变化，从以温饱为主的单一饮食结构，向营养丰盛的多元饮食结构转变。2018 年，全国城镇居民人均粮食（主食）消费量为 110 千克，比 1956 年下降 36.6%；人均猪肉消费量 22.7 千克，比1956 年增长 2.9 倍；人均奶类消费 16.5 千克，比 1985 年增长 6.5 倍。农村居民的饮食结构也出现了相似的变化，全国农村居民人均粮食（主食）消费量为 148.6 千克，比 1954年下降 36.0%；人均猪肉消费量 23 千克，比 1954 年增长 5.2 倍；人均奶类消费 6.9 千克，比 1985 年增长 8.9 倍。家庭餐桌由"吃饱就好"向科学饮食、健康饮食转变。除此之外，"下馆子"也成为居民饮食的重要选择。过去外出就餐对普通老百姓来说是奢侈的选择，逢年过节才有可能踏入饭店大门。而如今，随着生活水平提高和消费观念的转变，外出吃饭已经成为日常选择。1952 年，我国餐饮业收入额仅为 14.1 亿元，到了 2018 年，餐饮收入突破了 4 万亿元大关。餐饮收入占社会消费品零售总额比重由 1978 年的 3.5%提升至 2018 年的 11.2%。消费者外出就餐频率提高，就餐选择也更加丰富，在家附近就能吃到世界各地的美味。同时，外卖、扫码下单、刷脸支付等各种新兴餐饮方式、支付方式也逐渐改变着消费者的饮食习惯。中国居民饮食习惯变迁的背后是社会经济环境的变化。粮票是计划经济的产物，消费者在"粮票时期"的消费需求也受制于当时中国落后的经济发展水平和贫困的居民生活水平。如今，随着中国经济、科技、文化各方面的蓬勃发展，消费者在饮食上也发展出多样性、个性化的需求。

企业不是一个独立的个体，而是处于宏观的社会经济环境之下。企业会针对外部环境的变化，做出内部调整，减少风险，获取利润。关于外部因素对企业的影响，传统市场营销教材中已经讨论得十分详细。和企业一样，消费者也面对着相同的外部因素：经济、社会、政治、文化、自然，这些消费者身处其中却又无法改变的宏观外部条件，影响着消费者的购买行为。因此，企业在制定营销策略时，不仅要考虑这些外部因素对企业的影响，同样需要考虑消费者的反应。本章第一部分关注的焦点就在于外部环境如何影响消费者，企业又该如何制定针对性的营销战略。

1.1　经　　济

经济因素包括许多方面：物价、失业率、利率、税收、通货膨胀等，这些都与消费者的购买力息息相关。我们主要讨论影响消费者行为的宏观经济因素：经济发展水平、经济形势和科技进步。

1.1.1　经济发展水平

生产决定消费，一个国家消费者的消费习惯受制于本国当前的经济发展水平。以中国为例，改革开放以来，中国消费者的消费结构发生了巨大的变化，从以生活必需品为主的生存型、物质型消费升级为关注自身发展、个性化需求的发展型、服务型消费，教育、娱乐、医疗等领域的消费需求不断提高。[1]1978 年全国城镇居民恩格尔系数为 57.5%，农村为 67.7%，居民消费支出的大部分都是食品消费。而 2019 年城镇居民恩格尔系数为27.6%，农村为 30.0%，消费者消费支出结构不断优化（见图 1-1），食品消费需求不再拥有消费需求的主导地位，消费者消费需求呈多元化发展的态势。

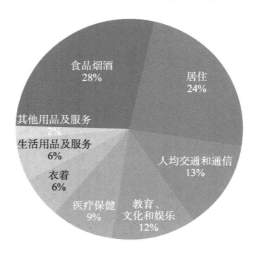

图 1-1　2019 年中国居民人均消费支出构成

中国幅员辽阔，各地区经济发展不平衡，虽然消费者消费水平普遍提升，但不同地区的消费者需求也存在差异；经济发展水平较高的华东、华南的消费水平远高于经济水平相对落后的中西部地区；人均收入较高的一、二线城市，居民消费能力也强于其他城市。以手机的销售情况为例，从各手机品牌的用户分布区域（图1-2）可以看出，由于苹果手机价格偏高，因而其一线城市用户占比最高，并且用户占比随着城市等级依次下降；华为手机产品线丰富，覆盖各类价格定位，因此在各等级城市间用户分布比较平均；OPPO和维沃（vivo）则将三四线城市用户确定为他们最主要的目标用户，用铺天盖地的线下经销门店最大限度接触消费者，从而占领三四线城市及下沉市场。可见，不同城市的经济发展水平、居民的收入情况会对消费者的消费需求及消费选择产生一定影响。

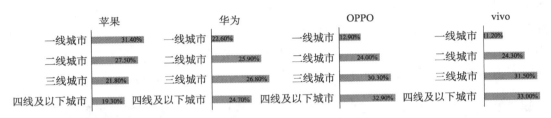

图1-2 手机品牌用户分布构成

在全球化背景下，越来越多企业开始进入并不熟悉的国家或地区开展经营活动，来扩大自己的市场份额，此时更需要考虑不同国家的经济发展水平，以提供适合当地消费者需求的产品。以印度市场为例，印度是人口数量仅次于中国的世界第二人口大国，拥有广阔的智能手机市场前景，成了各大手机厂商的必争之地。目前互联网正在印度迅速成长普及，但是印度整体经济水平较低，针对这一独特的经济发展情况，中国各手机厂商利用印度日渐普及的互联网技术，积极部署电商渠道，以此获得更高的曝光度，取得了较好的营销宣传效果，帮助消费者在短时间内建立起品牌意识；同时，考虑到当地经济状况和居民收入情况，在产品选择方面，各厂商主推高性价比产品以获取当地消费者的青睐，渠道与产品二者相结合的做法，让中国的手机企业占领了庞大的市场份额。2020年第一季度，印度手机市场份额排名前5的品牌分别是小米、vivo、三星、真我（realme）、OPPO，其中有4个品牌来自中国。

1.1.2 经济形势

除了当前的经济发展水平，经济形势同样会影响消费者的购买行为。经济形势存在从繁荣到萧条的周期性波动，经济形势对消费者的支出分配有显著影响，当经济繁荣时，消费者预期未来收入稳定，因此将增加总消费预算。当发生经济危机时，消费者对未来收入预期的信心下降，面对有限的收入，消费者的消费行为会更加理性，这将使消费者非刚需的享乐型消费和奢侈消费减少，更多地转向购买低价产品。2007年开始的全球金融危机被认为是大萧条以来最严重的经济衰退，经济危机导致消费降级，根据麦肯锡2009年的调研发现，2008—2009年间，有18%的消费者转向购买廉价的产品，其中有46%的消费者认为低价产品的表现高于预期。使用过低价产品且感到满意的消费者中有34%表示不会再使用高价产品。在经济危机背景下，品牌附加价值被削弱，消费者更在意产品的实用价值。因此企业需要展现自身产品与其他产品的差异，突出特有的核心价值。当企业所处行业的产品差异性不大或者自身核心竞争力不强时，可以考虑通过推出低价格的产品来满足消费者的新需求。

经济危机背景下，在各类消费品销量下降时，美容产品却异军突起，以知名品牌欧莱雅为例，2008 年的销售额不但没有下降，反而上升了 5.3%。这一现象被称为"口红效应"：在经济不景气时，女性消费者反而会增加美容产品的支出（图 1-3）。这是因为经济衰退激发了女性寻找经济保障的动机，希望能通过增加外在吸引力寻找高质量配偶[2]，或者在工作中令自己留下良好的印象[3]，从而导致了化妆品、服装等提升女性外在吸引力的产品销量在经济危机中不降反升。因此在经济衰退期，美容、服饰等能增加女性外在吸引力的相关行业应该针对适龄女性推出相应的产品和广告宣传。

图 1-3　口红效应

注：近年来"口红效应"在中国也开始显现，越来越多彩妆品牌邀请男明星拍摄广告，意在强化使用彩妆产品可以增强女性外在吸引力的观念，吸引女性消费者购买。

1.1.3　科技进步

经济发展带来科技进步，科技进步创造了许多新颖的消费需求，影响了消费者的消费方式和消费习惯。科技发展打破了时间和空间的局限，使人们的消费方式日益多样化。随着交通技术的发展，高铁遍布全国缩短了各地的空间距离。互联网使得网络购物走进千家万户，淘宝"双十一"购物狂欢节已经成为年度盛事，2022 年"双十一"成交金额高达 3434 亿元。机器人、大数据等物流科技也使得快递行业更加智能化、高速化，如图 1-4。移动支付改变了人们的交易方式，扫码支付已经代替了现金、刷卡。人们的衣食住行在科技发展下产生了天翻地覆的变化。营销场景也跟随科技变化发生巨大改变，过去电视、纸媒广告占据主导，如今网络渠道开始发挥重要作用，关于营销渠道的更多内容将在第 4 章详细介绍。

图 1-4　物流科技

注：科技发展助力中国物流网络的升级，"网上下单＋快递送达"的购物模式已经成为
中国消费者购物的主要选择。2019 年 11 月 11—16 日全国各物流公司处理快件超过 23 亿件。
机器人、大数据等物流科技使得快递行业更加智能化、高速化。

　　除了这些直接影响外，科技的变化还会对消费者行为产生潜移默化的无意识影响。例如，消费者越来越依赖手机生活，不仅是因为手机所实现的功能性价值，也包括手机的便携性、个人特性、隐私感，以及它提供的触觉满足感都能为消费者带来心理上的舒适[4]；逐渐被广泛运用的人工智能，虽然能为消费者的生活带来极大的便利，但当人工智能取代了消费者身份证明的技能时，如烘焙机取代了面包师的工作，其身份认同感会有所下降，进而对人工智能服务产生抵触情绪[5]。当人工智能机器的外观逼近真人时，消费者感知到自己作为人类的身份威胁感会更加强烈，因此会做出补偿性的消费行为来减轻自己的负面恐惧情绪。与此同时，由于消费者对机器人（图 1-5）的刻板印象是缺乏共情能力和编入知识有限，当消费者拥有强烈的情感需求或独特性需求时，会潜意识认为机器人难以满足其此类需求，因此易对机器人提供的服务产生负面的评价。

图 1-5　无人酒店的机器人服务员

注：阿里巴巴建立菲住布渴酒店（FlyZoo Hotel），利用支付宝付款，人脸识别入住，所有服务都由智能机器人完成。

1.2 社　　会

社会是共同生活的个体通过各种关系联合起来的集合。本书将消费者的社会关系按照社会范围从大到小，与个人距离从远到近划分：社会阶层（social class）、参照群体（reference group）、家庭（family）三个层次。社会阶层是对购买习惯相似的群体的广泛简单划分，涉及规模最大；参照群体是购买或消费过程中进行参照、比较的群体；家庭是与个人关系最为紧密，对个人消费行为产生最大影响的亲密群体。

除了消费者在社会中所处的位置、关系会影响消费者的购买行为，在城市发展与生活节奏加速的当代，消费者感知的社会拥挤（social crowding）也逐渐成为影响消费者行为的重要因素：在高密度的环境下，由于他人的存在会使环境变得不可预测，且个体目标实现会受到阻碍，消费者容易产生个人控制感的缺失和对环境缺乏控制的感受。例如，在高人口密度的城镇、消费者密集的零售与服务环境中，消费者都更有可能体会到控制感的降低，最终做出补偿性的消费行为。

1.2.1　社会阶层

社会分层是一种普遍的社会现象，具有类似价值观、行为和社会地位的群体被划分为同一社会阶层。社会阶层有高低之分，划分社会阶层的标准一直存在争议，不同国家的历史背景、经济水平不同，因此各国的社会阶层在划分标准和规模上也存在差异。

美国社会通常被细分为 7 个层级，是典型的橄榄形结构，70%人口集中于中间阶层（表 1-1）。

表 1-1　美国社会阶层[6]划分

上层美国人 14%	上上层	继承财富的"资本社会"
	下上层	在职业上取得成功的社会精英
	上中层	拥有高学历的管理者和专业人士
中层美国人 70%	中层	收入水平中等的白领和他们的蓝领朋友，住在较好的地区，努力做"正确的事"
	工薪阶层	收入水平中等的蓝领，"工人阶层生活方式"的领导者，不论其学历、背景、工作
下层美国人 16%	下层	有工作，不依靠社会福利，生活水平在贫困线以上
	下下层	靠社会救济生活，通常没有工作或从事"最脏的工作"

资料来源：Coleman, Richard P. The Continuing Significance of Social Class to Marketing[J]. Journal of Consumer Research, 1983, 10(3): 265.

中国有学者以职业为基础，根据组织资源、经济资源与文化资源的占有状况来刻画整个社会阶层的基本特点，将中国社会划分为十大阶层（表 1-2）。其中组织资源即权利资源，主要指国家党政组织拥有的支配社会资源（包括人和物）的能力；经济资源主要是指生产资料所有权、使用权和经营权；文化资源是指学历文凭及其他知识和技能的拥有。

表1-2 中国十大社会阶层[7]划分

国家与社会管理者阶层	2.1%	党政、事业和社会团体机关单位中行使市级行政管理职权的领导干部，拥有中国社会最关键的组织资源，分享部分经济资源，拥有较多文化资源。
经理人员阶层	1.6%	企业中非业主身份的高中层管理人员及部分作为部分负责人的基层管理人员。管理企业生产资源，拥有经济资源；具有较高的学历和专业知识，享有文化资源。
私营企业主阶层	1%	拥有私人资本进行投资、雇佣他人劳动以获取利润，拥有较多的经济资源。
专业技术人员阶层	4.6%	专门从事各类专业性工作和科学技术的工作人员，拥有较高的文化资源。
办事人员阶层	7.2%	协助处理日常行政事务的办公人员，拥有少量文化资源或组织资源。
个体工商户阶层	7.1%	拥有一定量的私人资本投入经营并以此为生，拥有少量经济资源。
商业服务业员工阶层	11.2%	第三产业中从事非专业性的工作人员，拥有极少量三种资源。
产业工人阶层	17.5%	第二产业中从事体力劳动的工人，拥有极少量三种资源。
农业劳动者阶层	42.9%	承包集体所有的耕地进行家庭经营，以农、林、牧、渔为唯一或主要职业的农民，拥有极少量三种资源。
城乡无业、失业、半失业者阶层	4.8%	无固定职业的劳动年龄人群，基本没有三种资源。

资料来源：陆学艺. 当代中国社会流动[M]. 北京：社会科学文献出版社，2004.

虽然各国对社会阶层的划分标准不同，但通常都与职业、教育、居住地、家庭背景等因素相关。职业是社会阶层非常重要的划分因素，需要高等教育、专业技能的职业被认为拥有更高的声望（见表1-3）。

表1-3 中国部分职业声望得分[8]

职业	得分	职业	得分
市人大主任	90.15	车工	29.12
市长	89.87	商店营业员	28.62
法院院长	88.61	印刷工人	28.33
工程师	87.92	农民工	28.22
科学家	86.49	菜市场小摊贩	26.35
县委书记	85.18	三轮车夫	15.91
大学教授	85.15	搬运工	14.71
大学教师	85.14	保姆	9.73

资料来源：李春玲. 当代中国社会的声望分层——职业声望与社会经济地位指数测量[J]. 社会学研究，2005(2)：74-102，244.

地位象征与炫耀性消费

社会阶层是影响消费者购买行为的重要因素，因为人们所拥有的财产是判断其社会地位的重要依据，因此有些产品或服务成为消费者的地位象征（status symbols），消费者渴望通过购买商品显示自身的身份地位。因此与地位象征息息相关的是炫耀性消费（conspicuous consumption），奢侈品、豪宅、游艇、跑车……炫耀性的高消费是富豪们显示地位象征的直接方式。炫耀性消费不只限于上层社会，各个阶级都追求和模仿更高阶级的消费模式，因此穷人也会陷入炫耀性消费的压力之中。[9]购买这些价格昂贵的商品主要目的不是为了实现功能性的使用价值，而是希望向外界展示自己体面的社会形象，希望通过购买他人无法负担的商品以凸显自身所处阶层的优越性。"面子"是中国文化中复杂的概念，是个体在他人心中的价值与地位的体现，是一种符号象征和社会资源。强烈的"面子意识"支配着消费者追求地位的炫耀性消费行为，[10]一些消费者认为只有通过炫耀性消费，才能增强、维持或保护自己的"面子"[11]（见图1-6）。

图 1-6　奢侈品店门口排队景象

注：中国是全球奢侈品消费的主力市场，中国奢侈品消费金额
占世界总额的比例超 30%，并保持稳步增长。

满足消费者地位象征需求的不一定是昂贵的奢侈品，即便是价格相对低廉的奢侈品也会让较不富裕的消费者感受到更高阶层的品质和自我满足，这也是对"口红效应"的另一种解释。经济萧条时期，消费者无力支付昂贵的奢侈品，但可以在口红、护肤品等低价奢侈品中寻找心灵的慰藉，获得消费的快感和使用大牌的满足感。

物质不是衡量社会阶层的唯一标准，有研究表明，忙碌和劳累的生活方式也成为一种积极社会地位的象征，尤其是在社会流动性强的国家，人们认为忙碌的人具有社会所需的能力、雄心，在就业市场上是稀缺资源。因此，炫耀性消费逐渐从商品的稀缺性转移到个人能力的稀缺性上。过去人们用稀缺性来判断商品的价值，现在人们开始用稀缺性来判断人所拥有的能力，需求度越高的人意味着有更强的能力和更高的社会价值，因此忙碌逐渐成为另一种社会地位的展现形式。[12]

不同社会阶层的人掌握着不同数量的资源，因此他们在消费中的体验与感受也会有所不同。对于高社会经济地位的人来说，他们掌握更多的资源，获得自我发展、自我表达和追求个体独特性的需求更强烈；对于低社会经济地位的人来说，会偏爱实用性强的产品。[13]在人的一生中，所处的社会阶层具有流动性，不是一成不变的，而童年所经历的社会经济地位会对人的一生产生深远影响。童年社会经济地位较高的人在小时候就拥有较强的独特性需求。如果长大后社会经济地位变低会伤害他们的自尊心，为了找回自尊他们会做出标新立异的举动。[14]不仅如此，童年经济地位还是影响个体生命史策略选择的重要原因。生命史理论是近些年备受关注的理论，主要用于预测有机体如何使用最优化策略将资源分配到整个生命周期内，采用不同生命史策略以满足生存和繁殖的需求。采取不同生命史策略的人们会在生理与心理层面表现出不同的特征，具体体现在生理、择偶、养育下一代和回报导向的四方面差异：采取快生命史策略的人群会更早经历身体发育和性成熟，更早做出择偶行为并确立关系，更关注当下的繁殖投入（reproductive effort）并更早生育下一代，在子女身上做出较少投资，更看重短期能及时获得的利益满足，更易做出冲动和风险性较高的行为；采取慢生命史策略的人则身体发育更迟缓且择偶选择更谨慎，更晚开始养育子女并愿意为子女投入更多，更关注未来的生存投入（somatic effort）和长期的计划回报，更能接受延迟满足。[15]童年生活在低社会经济地位（资源缺乏或环境不稳定）中的人倾向于选择快生命史策略，而高社会经济地位中成长的人倾向于选择慢生命史策略。[16]

1.2.2　参照群体

参照群体是个体通过参照、对比，从而对其消费的态度、行为等方面产生重要影响的群体，参照群体以个人是否是参照群体的一员划分为成员群体和非成员群体。成员群体是可以亲身接触、近距离观察的群体，例如其他大学生就是某位大学生的成员参照群体，身边其他同学的行为往往对个人有明显的参照作用。非成员群体是个人无法参与和接触，但通过大众媒介能对其有所了解的各种社会群体，可以细分为渴望群体（aspiration reference groups）、[17]规避群体（dissociative reference groups）和中性群体（neutral reference groups）。渴望群体指消费者想要成为其成员的非成员群体，例如喜欢篮球的男生想要进入 NBA，那么 NBA 球星的行为、衣着、言语会对其产生影响；规避群体指消费者想与之划清界限的非成员群体，例如过去一段时间，宝马在中国被认为是"二奶车"，消费者不想被误认为是其中一员，因此不倾向于购买该品牌；中性群体指消费者态度中立的非成员群体，既不想成为其中一员，也没有明确规避的想法。[18]

参照群体对消费者的影响主要是从信息性（informational）、功利性（utilitarian）和价值表现性（value-expressive）三个方面体现的。[19]信息性是消费者从参照群体处获取有用信息，从而规避风险，提升消费决策的能力和知识，[20]例如消费者通过搜寻网红博主对商品的测评，就是参照群体信息性影响的体现；功利性是消费者通过购买行为来迎合参照群体的偏好，目的在于建立满意的社会关系，赢得参照群体的表扬或规避其惩罚[21]，消费者购买某个品牌可能是受他人的偏好影响，为了迎合他人的偏好做出与其相似的行为，例如为了令父母满意，可能购买父母偏好的产品，而非根据自己的喜好选择；

价值表现性是指消费者通过消费决策与渴望群体建立联系或远离规避群体，是一种隶属于某一群体的自我表达，[22]例如粉丝会购买喜欢的明星代言的产品，作为一种粉丝隶属的表现。

1.2.3 家庭

家庭是指由于血缘、婚姻或收养等关系而共同生活的群体。核心家庭（nuclear family）是父母和子女组成的小家庭单位，扩张家庭（extended family）包括核心家庭及其他亲属，包括祖父母、叔伯、表兄妹等。

中国传统家庭模式以扩张家庭为主，往往是一大家人共同生活在同一屋檐下。但随着社会进步、人口政策以及人口迁移增加，中国家庭规模逐渐变小，结构简化，过去在中国常见的大家庭正在逐渐消失（表 1-4）。家庭规模缩小带来最直接的变化就是家庭成员数量减少，家庭结构发生变化。与此同时，家庭消费习惯也发生了变化，生活用品购买数量减少，但是所购产品的质量随之提高。

表 1-4　中国家庭户规模变动状况

年份	户数（万）	户均规模（人）	1 人户	2 人户	3 人户	4 人户	5 人户	6 人及以上户
2010	40151.7	3.09	13.66%	24.37%	26.86%	17.56%	10.03%	6.63%
2000	34049.1	3.44	8.30%	17.04%	29.95%	22.97%	13.62%	8.11%
1990	28830.0	3.96	6.27%	11.05%	23.73%	25.82%	17.75%	15.38%
1982	22537.9	4.41	7.97%	10.08%	16.05%	19.54%	18.35%	28.00%

数据来源：1982—2010 年人口普查抽样数据[23]

除此之外，家庭的购买决策还会和所处的家庭生命周期（family life cycle）阶段相关。家庭生命周期可以划分为形成、扩展、稳定、收缩、空巢、解体 6 个阶段（图 1-7）。

图 1-7　家庭生命周期

因为家庭重大事件的发生会改变消费者在家庭中的角色，进入新的人生阶段[24]，这些重大的家庭事件包括进入婚姻殿堂、孩子出生、孩子离家、伴侣去世等，这些不同家庭阶段的改变会导致家庭在购物决策上的重大变化[25]。单身男女是酒吧、电影院等娱乐场所的常客，在服饰、电子产品的消费支出较高；新婚夫妇会为爱巢配备一系列家庭用品；有小孩的家庭在健康食品、教育方面的支出突出。

家庭的另一个重大影响在于：家庭成员会介入消费者的消费行为，一个购买决定往往不是一个人独自决定的。家庭在购买和消费一项商品时，不同成员往往扮演着不同的角色[26]：

　　守门者（gatekeeper）：收集和掌握与决策相关的重要信息的成员；

　　影响者（influencer）：表达观点和影响决策的成员；

　　决策者（decider）：实际决定购买哪种商品的成员；

　　购买者（buyer）：亲自购买商品的成员；

　　使用者（user）：使用产品的成员。

　　每一个角色都可以由不同的家庭成员或者多个家庭成员担任，一个家庭成员也可能在一次决策中扮演多个角色。例如尚无独立经济来源的孩子想让父母为其购买一台电脑，在家庭为子女购买电脑的决策过程中，父亲一般是掌握较多关于电子产品知识的成员，对电脑性能有所了解，也是家庭中重要的经济来源，具有较强购买能力，因而他很可能是最终决定购买哪款电脑并付钱的人，承担了守门者、决策者、购买者的多重角色；母亲和孩子都能提出自己的偏好和需求并影响父亲的选择，因此他们都是影响者，而孩子是这个产品的最终使用者。如果孩子想购买的商品是衣服或化妆品，消费过程中的主导者可能就变成了母亲，因为母亲掌握更多相关的知识，拥有更多经验，具有决策能力，这种情况下，母亲便会是守门者、决策者；若孩子已经具备了自己独到的见解和审美眼光，也清楚自己的实际需求，那么在上述决策过程当中，孩子自己也可能成为决策者，而不仅仅是使用者（图 1-8）。

图 1-8　婴幼儿奶粉品牌金领冠冠名综艺节目《妻子的浪漫旅行 2》

注：金领冠在节目中花式植入产品。因为该节目观众多为年轻女性，而且家庭中奶粉的购买
决策多为母亲制定，因此该节目的主要受众与品牌的目标消费者吻合。

　　在过去中国传统的"男主外，女主内"家庭模式下，家庭食物、服装、日用品等生活必需品多是女性主导决策，电器、轿车等生活耐用品偏向男性主导决策，但是随着时代发展，越来越多女性进入职场，家庭决策过程也逐渐向共同决策靠拢，由双方商议共同做出决策。因此在营销过程中要准确识别商品购买的决策者。

1.2.4　社会拥挤

　　前文着重从社会关系角度分析社会外部环境对消费者的影响，除此之外，消费者对社会的感知也同样会潜移默化地影响消费者的行为。社会拥挤（social crowding）正成为全球消费者日常生活中的一部分（图1-9），消费者越来越频繁地在社会拥挤情景下做出消费选择。社会拥挤对消费者心理及行为的影响来自方方面面，可以从社会拥挤的刺激属性、威胁消费者需要、引起进化心理变化和空间隐喻四个方面分析社会拥挤对消费者行为的影响。

图1-9　拥挤的城市街道

社会拥挤环境，对消费者有唤起作用，引起消费者的兴奋感，[27]可视为刺激源，使消费者分心而影响其信息处理模式，[28]促进消费者的自我聚焦倾向。权威研究发现，消费者在社会拥挤环境下会摄入更多的卡路里。究其原因是因为社会拥挤作为刺激源，使得消费者更容易分心，采取偏向情感式的信息处理模式，从而更偏好具有情感意义的享乐型消费，如消费富含卡路里的甜品，因此消费者在社会拥挤环境中的卡路里摄入更高。[29]学者埃文斯（Evans）和韦纳（Wener）发现消费者在拥挤的地铁里表现出对接触他人的规避心理，因此会避免和人的社会交流甚至接触，表现为不愿坐在长椅中间的位置，而选择靠边的位置。[30]安德鲁斯（Andrews）和罗学明等发现消费者在拥挤的地铁上对手机定向广告的反映更加积极，这是因为地铁上拥挤的人群使得个体向内寻求缓解渠道，促进消费者的自我聚焦倾向，[31]这也解释了为什么许多快餐品牌会选择在地铁上向用户定向投放广告（见图1-10）。消费者在社会拥挤环境中的这种自我聚焦倾向还会外显在语言使用上，如使用第一人称的频率增加。[32]

图1-10　花生地铁WiFi APP实现对地铁上的用户定向投放

社会拥挤环境威胁消费者的基本需求（如控制需求、归属感需求），引发消费者的补偿性消费行为。社会拥挤环境让消费者有一种失去控制的挫败感，[33]传播口碑的行为让消费者有一种控制感，因此消费者在社会拥挤环境中有更多信息分享的口碑传播行为。[34]社会拥挤威胁消费者满足归属需求的方式，作为对最基本的归属需求的补偿，消费者开始转而向品牌寻求心理依恋，从而增加对品牌的依恋行为。[35]此外，消费者在社会拥挤环境中有着独特性需要，追求个性化行为；[36]同时渴望表达自我的独特性，会选择鲜为人知的小众品牌。[37]

从进化心理学角度分析，社会拥挤促使消费者采取较慢的生命史策略和唤起消费者对等级地位的推断。生活在拥挤（vs.非拥挤）城市中的个体更晚婚育，将精力用于投资自我的能力和发展，并且拥有更少的后代以便每个后代能拥有更多资源和能量。[38]消费者在社会拥挤时采取慢生命史策略是因为高密度的人口带来资源的高度竞争，人们需要投资并提高机能来保证生存和基因的繁衍；慢生命史策略对该竞争过程有助力作用，从而帮助个体达到适者生存，见图1-11。社会拥挤的购物环境使得消费者对场所的评价越低，购物意愿也更低。[39]这是个体在长期的进化发展中基于社会空间-领地推论而做出的评价。因为更大的领地范围暗含着更高的等级地位，[40]同时高地位和更为权威的消费者倾向利用更大的领地宣告控制感、地位感、权力感，如老板职位越高，办公室也越大，[41]因此，消费者对场所及场所中的产品产生了对低社会密度与高社会阶层的关联推断。

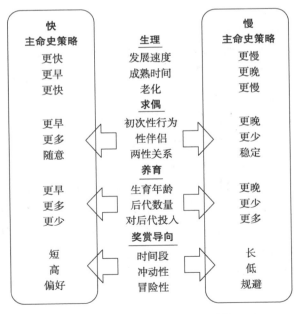

图1-11 生命史策略发展历程

社会拥挤代表物理上的环境空间限制，和心理学上的限制感存在概念上的隐喻关系，这一隐喻关系的抑制溢出效应（inhibitory spillover effect）会进一步影响消费者的认知和思维模式。通过对学生的调研发现，当学生们身处拥挤的教室，会合理化原本被认为并不合理的学校高学费收取行为[42]。这是因为消费者在社会拥挤环境中会依赖具体的认知资源进行思考，思维模式会比较狭窄[43]，形成了拥挤的思维模式（crowded mindset）。同时，社会拥挤触发的抑制溢出效应会影响消费行为。社会拥挤环境会促使消费者对代表安全选择的药店更为偏好[44]和对含有个人信息的自我表露行为更为谨慎[45]。

图 1-12　地铁站的教育广告

注：教育广告在地铁站投放效果较好，因为拥挤空间使消费者更关注广告内容，
同时激发竞争思维，使消费者更注重自身及后代发展。

企业可根据社会拥挤对消费者的影响得出相应的营销启示。首先，社会拥挤引起消费者分心而采取情感式信息处理模式，[46]企业在社会拥挤环境中更适宜开展享乐型（vs.实用型）产品或服务的营销活动。[47]消费者在社会拥挤环境中更频繁的点击手机广告，提醒企业在社会拥挤环境中可加大对手机广告的资金投入。[48]

其次，社会拥挤会削弱消费者的控制感[49]、归属感[50]及独特性感知[51]，企业据此可开展补偿性的营销活动。如，社会拥挤的环境有利于口碑的传播[52]，却不适宜在社会拥挤环境中对产品进行拟人化设计，尤其是当该拟人化的产品具有了交流倾向[53]。

再次，企业必须重视在社会拥挤环境中消费者由于进化心理而引起的行为变化。社会拥挤环境下的消费者更愿意投资自己的发展，投资自我教育[54]，企业可着重宣传产品对自我提升的作用，尤其是教育类企业可将其广告精准投放到人口密度大的一、二线城市。鉴于消费者认为人口密度相对较小的店铺会更加高端[55]，因此有着高端定位的企业一定要重视店铺的店面室内设计，控制营业期间的购物人口密度，这已经是现阶段不少奢侈品企业正在着力打造的方面。

最后，基于空间概念隐喻理论，企业除可利用抑制溢出效应的影响外，还可拓展其应用外延。消费者偏好安全性的选择[56]并且有较强的风险规避倾向[57]，企业则可为身处社会拥挤环境中的消费者提供更为安全稳健的选择；消费者对自我表露行为更为谨慎，[45]企业可通过树立关心消费者隐私的形象和采取保护消费者隐私安全的行为，增强消费者对企业的好感，从而有利于企业长远发展。

　　以上对企业的营销启示主要是围绕对消费者的影响展开的，但在实践中对企业的启示更深远，企业需要辩证看待社会拥挤这一逐渐普遍现象，既要认识到消费者对社会拥挤感知的异质性，还要警惕社会拥挤带来的负面影响，更要意识到社会拥挤有其积极正向的作用。企业要知晓消费者的期望和购物类型会影响其对社会拥挤感知的评价：当消费者期望参加大型娱乐性的活动时，消费者在人口密度很大的环境中也不会感知到社会拥挤；[46]但当消费者出于功能型期望（vs.享乐型期望）购物时，对于同样的社会拥挤环境其心理感知会更为拥挤。[47]企业还需要了解消费者会认为社会拥挤环境的店铺更为低端，[61]因此不太愿意触摸产品。[62]企业更要知晓社会拥挤环境中的人群能增加社会关系的互动，激发消费者的自我认知扩张（self-expansion），进而增强消费者的团体身份认知（group-identity），使其更多以团队的利益在行动[63]；同时社会拥挤还能带来一种共有身份感（shared identity），对营造环境的积极氛围有促进作用（图1-13）[64]。进一步来说，认识到社会拥挤"两面性"的企业，需要根据营销目的关注并采取方法来操纵消费者对社会拥挤的感知[65,66]。如利用令人放松的气味来缓解拥挤感知，利用购物环境的音乐节奏急缓来操纵消费者的拥挤感知[67]，或播放快节奏的音乐以增加消费者在拥挤环境中的消费[68]。总之，企业需要根据自身的特点和发展目标采取适合自己的营销策略。

图1-13　消费者参加演唱会、音乐节等娱乐活动时存在相应的期望，此时并不会感到社会拥挤

1.3　政　　治

　　政治因素包括一个国家的政体、社会制度、社会稳定性和相关法律等因素。由于消费者生活在不同国家、地区，不同国家或地区的差异化政治因素都会影响消费者的心理和行为。

1.3.1　政治不稳定

　　政治不稳定是指国家最高权力改变的可能性，无论是通过遵守还是违反宪法的途径而导致的权力更迭都属于政治不稳定性。政治不稳定性会导致政策的难以预测，对生产、投资带来负面影响，从而造成经济增长的缓慢[69]。政治体制是为公民提供秩序和可预见性的，因此当公民赖以维持秩序和可预见性的政治制度不稳定时，公民就会在其他地方寻求秩序和可预见性[70]。西方国家有研究表明，当选举等因素导致政治不稳定性增加，降低了公民对政府的信心时，人们对上帝的信赖度也随之提升[71]。

在复杂多变的全球化背景下，在科技发展进步的推动下，世界各国之间的联系日益紧密，各个国家间贸易依赖程度提高，逐渐形成了"地球村"，在大多国家或地区都可以购买或使用到其他国家生产的产品，但国家之间也存在摩擦、争端和利益冲突，影响其贸易关系，而国家间的贸易关系会牵动着居民的消费选择。在中美贸易战背景下，中国消费者对美国产品的消费力度必然受到影响，一方面是由于提高关税等限制性措施，使得进口产品价格上涨或数量受限导致购买难度提高；另一方面是由贸易争端激发了民众高度爱国情绪。在这两方面的激励因素下，消费者更倾向于选择国产品牌，完美日记、花西子、花知晓等大批国货美妆品牌就是在中美贸易争端的背景下涌现的，有效利用消费者心理且凭借较好的产品质量，圈粉众多年轻消费者，在很短的时间内收获了良好口碑和不俗业绩。

1.3.2　公平正义

公平正义是衡量一个国家和社会发展的重要准则，也是公民对政治的重要感知。消费者希望能拥有公平正义的市场环境，因此消费者会根据自己在消费过程中感受到的公平体验对服务做出评估[72]，如果消费者觉得受到了企业的公平对待，则会感到愉快和满意，反之则会产生负面情绪。除了服务，价格是影响消费者公平感知的另一重要因素，消费者会根据自身经验对商品价格进行判断，只有消费者内心对商品价格的判断和商品的实际价格一致时，消费者才会认为价格是公平的。研究发现，相对于由交换规范主导的独立自我型消费者，由公共规范主导的相依自我型消费者对于不对称定价会感知到更多的不公平[73]（图 1-14）。

图 1-14　沃尔玛的"不公平现象"
注：有部分学者认为沃尔玛之类的大型零售商的垄断行为是一种不公平现象，
认为支持当地中小商铺作为垄断零售商的替代选择更能促进社会、经济和环境正义。

1.4 文 化

文化是非常宽泛的概念，指人类社会历史实践中所创造的物质财富和精神财富的总和。

1.4.1 文化维度理论

知名学者霍夫斯泰德（hofstede）提出文化维度理论（cultural dimensions theory），将文化划分为五个维度：权力距离、不确定性规避、个人主义和集体主义、男性化与女性化、长期取向与短期取向[74]。

权力距离（power distance）：个体对其所在社会文化中权力不平等的接受程度。高权力距离社会成员将权力视为社会的基础，掌权者享有特权，上下级差异明显；低权力距离社会成员认为个体独立平等，权力应该合理运用，上下级只是职位不同。中国是典型的高权力距离社会，因为中国历史上长期是中央集权国家，官僚体制严格，高权力距离已经形成中国文化传统的一部分；随着中国在经济资源、教育程度、信息流动方面的提高，社会由封闭走向开放，社会权力距离也会随之降低[75]。在消费情景下，权力距离一定程度上解释了为什么中国人是奢侈品消费的主力军，相比低权力距离的消费者，高权力距离消费者会更偏好具有地位象征的产品，因为他们更需要感知社会经济地位和权力的补偿和强化[76]。权力距离还会影响消费者对商品质量的判断，高权力距离的消费者倾向于使用价格来判断质量，因为他们对条理性的要求更高，这使得他们更倾向于根据价格来区分品牌，对品牌进行排名[77]。

不确定性规避（uncertainty avoidance）：代表对未来不确定性的态度。对未来不确定性规避程度高的文化会确立明确的规则来避免不确定性；而对不确定性规避程度低的文化对于社会规范的要求则相对宽松，更能接受创新和冒险。因此低程度不确定性规避文化下的消费者更容易接受创新性的商品。

个人主义 VS 集体主义（individualism versus collectivism）：表现个人与群体间的关联程度。个人主义大多体现在西方文化中，强调个体目标，关心自己的小家庭；集体主义文化则在亚洲国家较为普遍（图 1-15），主要突出集体目标，注重族群内关系，关心大家庭，期望族群给予保护，个人必须对族群绝对忠诚。因此在个人主义文化下，品牌宣传广告应着力表现个体的独特性与成就，在集体主义文化下，品牌则应强调集体目标与和谐性氛围[78]。

男性化 VS 女性化（masculinity versus femininity）：主要看某一社会文化是强调代表男性化的品质（如雄心、竞争、独断等），还是突出女性化的品质（如谦虚、关爱他人等）。男性气质文化下的消费者更具有进取精神，注重个体的发展；而女性气质下的消费者更关注社会关系。有研究表明，在男性化的文化背景下，如美国和加拿大，男性更喜欢利己主义的广告，女性则偏爱利他主义的广告，在女性气质的国家，如丹麦和挪威，结果则相反[79]。

图 1-15　可口可乐在中国的广告许多是以家庭、朋友聚会为场景，契合中国集体主义文化

长期取向 VS 短期取向（long-term orientation versus short-term orientation）：指的是某一文化中的人们对延迟其物质、情感、社会需求的满足所能接受的程度。营销人员必须了解客户的时间取向，才能选择和使用与客户时间范围相对应的营销工具。例如，中国人具有较强的长期取向，倾向于考虑长期规划和投入，所以适宜长期持有的"基金"类理财产品成了很多中国消费者的选择，很多基金类产品若在一年内卖出需要支付一定手续费用，而很多中国消费者有足够的耐心持有产品一年以上，获取相对稳定收益的同时规避高昂手续费用；而此类需要长期投资的理财产品在短期取向的国家则很难流行起来。

文化复杂又广泛，也在无时无刻、潜移默化地影响着消费者的选择，随着经济全球化程度日益加深，各国经贸往来日益频繁，越来越多的跨国企业开始走出国门，开辟国际市场。因此营销人员要正确判断消费者所处文化环境的五个维度，根据不同国家或地区在权力距离、不确定性规避、个人主义和集体主义、男性化与女性化、长期取向与短期取向上的差异化，制定准确、合适的营销战略。

1.4.2　中国文化

中国作为世界上历史最悠久的国家之一，拥有源远流长、灿烂宝贵的历史文化遗产。随着各行各业竞争日益激烈、中国文化自信不断增强，企业希望能够利用差异化、形象化策略从品牌竞争中脱颖而出，因此传统文化被营销人员广泛运用于各类营销活动之中。

博物馆是传统文化传播的重要载体，近年来逐渐成为文化营销的"弄潮儿"。故宫作为中国最具特色的博物院之一，利用自身文化资源，迎合年轻消费者的需求，打造特色文化创意产品，以亲民有趣的品牌形象走红网络。除了传统的水笔、笔记本、帆布袋等文创周边的发展，故宫还推出了跨界的口红等美妆用品、手链玉石等文玩珠宝，以及深受年轻人喜爱的宫廷盲盒，丰富有趣的新产品层出不穷，获得了众多消费者的喜欢和竞相购买；此外，越来越多品牌选择和博物馆进行联名，推出具有中国风特色的产品，国货美妆品牌百雀羚在2018年春节推出"雀鸟缠枝美什件"礼盒，展现浓浓的东方之美；卡夫集团旗下的奥利奥产品在2019年天猫超级品牌日携手故宫，开展了"启饼皇上，共赴茶会"的营销盛宴，推出联名礼盒，将东西方文化融合，产生了"1+1>2"的效果（图1-16）。

中国有许多特有的传统节日，节日相关习俗会激发消费者对某些商品的消费需求，例如元宵节购买汤圆，中秋节购买月饼，春节置办大量的蔬菜、水果、酒水以及其他年货等。每到年底，商超不需要进行任何的低价促销甚至可以抬高物价，都能够出现门庭若市的热闹景象，年底无疑是商场、蔬菜市场每年最火热的时期，大家"扎堆"购买年货也成了中国市场一道独特的风景线。中国传统节日也成为商家进行营销的契机，很多商家利用节日借势推出营销活动或是节日定制款产品，以节日为卖点吸引消费者（图1-17）。

中国地大物博，幅员辽阔，地域是形成文化差异的主要原因，在同一地区生活、工作的人会在潜移默化中形成与其他地区不同的行为习惯。全国各地已发展出丰富多彩、各具特色的地域文化。

方言是地域文化的代表之一。中国方言种类繁多，且并无统一标准，外人极难听懂。也正因如此，方言承载着当地特色的文化和独有的情感。近年来，很多品牌开始尝试利用方言进行产品推广，王老吉曾推出"方言萌盒"，将方言印在包装盒上以吸引消费者。

图1-16　奥利奥-故宫博物院推出"朕的心意"礼盒

图1-17　2021年春节完美日记品牌推出的四合院新年礼盒

注：眼影盘融入了灯笼、糖葫芦、屋顶瓦砾的形象，并且采用与新年气氛一致的红色为主色调，节日气氛浓厚，蕴含中国传统文化。

另一个突出特点是在中国不同地区人们的饮食习惯不同，由于中国各地气候、产物的差异，经过漫长的历史演变，饮食文化各具特色。南方种植水稻，以米饭为主；北方多种小麦，以面食为主；川菜、湘菜无辣不欢，粤菜、闽菜追求清淡鲜香。因此各大菜系想要走出当地，还需要做出改良，例如肯德基在中国部分喜好吃辣的地区提供辣椒粉；四川火锅为走出四川增加了微辣的选项。

营销人员可以利用中国传统文化强化品牌和中国消费者的连接，借助文化的内涵和形象吸引消费者。如果想要吸引中国不同地区的消费者，则需要针对地域特色定制营销活动或开发新的产品或服务。但是由于中国文化与西方存在较大的差异，许多西方企业利用中国传统文化进行营销宣传时对中国文化存在误读，造成负面影响。

知名运动品牌耐克就曾因为对中国文化的误读遭到处罚。2004年耐克为詹姆斯2代推出广告片《恐惧斗室》，广告讲述詹姆斯利用篮球对抗遇到的五种困境，运用了大量东方元素，想要以此吸引亚洲，尤其是中国的年轻消费者。但是在广告中，中国文化的代表武术、飞天壁画、龙等元素都以夸张的反派造型出现，成为詹姆斯前进路上的阻碍。广告播出后引发了不小的争议，最后被广电总局禁止播放，认为其不尊重中国传统文化，亵渎民族风俗。耐克发出道歉声明，表示广告是借用20世纪70年代香港电影的风格，希望激励亚洲青少年勇往直前、表现自我。然而，由于其对中华文化的误读和不当使用，造成了适得其反的负面品牌宣传效果。

1.5 自　　然

世间万物都遵循着自然的规律，人们的行为也会受到自然规律的影响。天气变化、时间节律是人类无法改变且必须遵守的自然规则。随着环境污染、能源稀缺等环保问题的凸显，消费者的绿色消费意识也逐渐提升，营销人员应该关注并把握这些机会和挑战。

1.5.1 天气

消费者会根据天气情况购买产品，夏天吃雪糕，冬天吃火锅，下雨买伞，晴天防晒，这些直接的天气影响在营销实践中被积极运用[80]，例如商城的商品陈列随着气候变化调整，根据气温变化推出适当的广告促销。零售巨头沃尔玛和天气预测公司合作，根据销售数据和天气情况进行分析，发现当气温低于27 ℃，阳光灿烂，刮着微风的日子，消费者购买蓝莓等浆果类产品的概率高达80%，因此当天气预报即将出现这样的天气时，沃尔玛就会将浆果类产品摆放到显眼的位置[81]。

天气会对消费者的情绪产生影响，从而影响消费者行为，晴天消费者心情好，因此更愿意付小费[82]；雨天消费者更容易处于消极情绪之中[83]。购买长期使用的产品时，天气会导致计划性偏差[84]，从而影响消费行为，例如，消费者在非常寒冷的冬天购买了一件大衣，那么他退货的可能性更高，因为消费者在购买时处于寒冷的情况下，认为自己需要很厚的大衣，因此造成计划性偏差；但是大衣是一种可以长期使用的产品，而极端寒冷天气在一年的中所占比重不大，所以消费者对大衣的购买，可能只是受到天气影响而做出的冲动消费行为，在理性思考商品的实用性、性价比之后，可能会意识到自己行为的不合理性，进而做出退货的选择。空气质量也会对消费者的行为产生影响，空气污染会导致消极情绪，因此人们会通过购物或看新闻等补偿行为缓解其消极情绪[85]。中国北方的冬天因为供暖需要燃烧大量化石能源，往往会比夏天空气质量更差，这实际上为企业提供了机会，在这种情况下推出具有吸引力的新产品或开展促销活动，并将广告投放到社交媒体当中，更有可能激发消费者补偿性的购买行为。

1.5.2 时间

昼夜节律是一种生理过程，系统地、有规律地在 24 小时内波动。就像"生物钟"，帮助生物体协调其生理机能，使不同的功能在一天中不同的时间发[86]。因此消费者在不同时间的消费行为也有所不同。研究表明，早晨人们对多样性的要求比一天中其他时间低，这是由于早晨的生理唤醒程度较低[87]。除此之外，昼夜节律还会影响消费者对电视广告的反应，消费者对广告的即时回忆和识别在一天中呈下降趋势，下午对广告的识别延迟显著久于清晨[88]。

1.5.3 环境保护

温室效应导致两极冰川融化，2020 年初南极气温突破了 1880 年以来的纪录，达到20℃。近年来，气候变化、环境污染、资源节约等环保议题越来越受消费者的重视。消费者对绿色消费的需求显著增加，例如选择低碳出行，乘坐公共交通工具、购买小排量汽车、购买新能源汽车等。中国政府致力于通过立法途径规范消费者行为，减少环境污染。2007 年发布"限塑令"，所有超市、商场等商品零售场所一律不得免费提供塑料购物袋。"限塑令"实施十多年来，超市、商场的塑料袋使用量减少 2/3 以上，累计减少塑料袋 140 万吨左右，相当于节约了 840 万吨石油，消费者也逐渐养成了重复使用购物袋、选择可回收包装的习惯。2019 年 7 月上海率先实行垃圾分类，有效地减少了垃圾量，提高了回收效率，同时也影响了消费者的消费习惯，例如消费者今后可能会选择精简包装的、经过预处理的食材，只需清洗即可下锅，减少烹饪过程中湿垃圾的产生。在绿色消费的风潮下，公司需要推广环境友好的、可回收利用的产品，突出绿色营销，打造企业的社会责任感，树立良好的企业社会形象（图 1-18）。

虽然绿色环保的概念已经深入人心，但是随着外卖、快递行业的发展，塑料包装以新的形式出现在消费者面前，"限塑"之路任重而道远。有研究通过观察北京、沈阳、石家庄三座城市工作白领午餐的选择发现，当颗粒物污染（PM2.5）增加 100 μgm^{-3} 时，选择下单外卖而不是外出就餐的倾向增加了 2/5，同时，也造成了塑料产品使用的增加。根据测算，如果 PM2.5 增加到 100 μgm^{-3}，全中国将会增加 260 万份外卖，需要花费 260 万份塑料袋和 260 万个塑料快餐盒[89]。由此可见，外部环境会在潜移默化中影响消费者的购买决策。

图 1-18　肯德基餐篮

注：肯德基推出餐篮代替纸盒包装，星巴克使用可降解纸吸管代替塑料吸管，
越来越多企业开始绿色环保行动，体现企业担当。

总　　结

　　每个消费者都处在自身很难发生动摇的外部环境下，这些消费者近乎无能为力的宏观因素，直接或间接影响着消费者的购买行为。同样，这些外部环境因素也是企业营销者难以大规模改变的，因此理解如何利用好这些因素进行营销活动，对企业来说也是至关重要的。本章从经济、社会、政治、文化、自然五大维度分析了外部因素的影响。

　　消费者的消费习惯受制于本国、本地区当时的经济发展水平，也受到经济形势周期性波动的影响。经济发展水平、经济形势对消费者的购买能力有显著影响。营销人员需要注意全球不同国家、国家内不同地区的经济发展水平和经济形势都存在差异，需要根据当地情况，提供能够满足当地消费者需求的产品。

　　消费者是"经济人"的同时也必然是一个"社会人"，处于各类社会关系连接之中。消费者的消费行为与其社会阶层相匹配，对社会阶层的追求易引发"面子消费"。参照群体的意见或行为对消费者而言非常重要，可以根据消费者对该群体的趋向性分为渴望群体、规避群体和中性群体。家庭是消费者最密切的社会关系，家庭生命周期、家庭成员角色影响着消费者的消费决策，营销人员需要精准定位家庭中商品购买的决策者身份。

　　国家政治层面的变动是消费者难以控制的，但却影响着消费者的行为，当政治不稳定时，消费者会做出寻求秩序的消费。同时，国家的各类政策法规也引导着消费者的购买决策。

消费者长期处于特定的文化背景中，文化可以分为权力距离、不确定性规避、个人主义和集体主义、男性化与女性化、长期取向与短期取向这五个维度，这些都在潜移默化地塑造着消费者的消费观念。中国作为历史悠久的文明古国，具有浓厚而独特的文化底蕴，是营销人员可以加以利用的宣传方向，但同时需要注意，利用文化进行营销时，需要正确理解并尊重中国文化。

世界上的一切事物都要遵循自然法则。天气、季节、时间的变换是人类无法改变且深受影响的自然规律。随着消费者环保意识的提升，绿色消费成为时尚，营销人员应该关注并把握这些机会和挑战。

◇ 复习和讨论问题

1. 为什么会产生"口红效应"？除了化妆品，哪些产品也具有"口红效应"？
2. 参照群体有哪些类型？你受到哪些参照群体的影响？
3. 什么是家庭生命周期？它对营销策略制定有什么指导作用？
4. 国家的哪些政策法规影响了你的消费决策？企业可以如何利用？
5. 时间如何影响消费行为？在营销中如何运用？
6. 文化的五个维度是什么？在中国背景下如何体现？
7. 你的家乡是否有独特的文化？对当地消费者有什么影响？
8. 分享一个你印象最深刻的文化营销案例。
9. 除了文中提及的因素，营销人员还需要关注哪些外部因素？

 答案解析 扫描此码

◇ 营销案例

中国"Z世代"消费趋势

"Z世代"一词起源于欧美，指1995—2009年出生的人，作为"互联网原住民"，又被称为网络世代、互联网世代，他们逐渐成为消费市场的主力军。由于Z世代的成长环境与众不同，他们拥有着独特的圈层和文化，如何理解Z世代的消费趋势，学会与Z世代沟通，成为企业营销人员的必修课。

在我国，Z世代的成长恰逢中国经济腾飞时期，受计划生育政策影响，他们大多是独生子女，受到父母的宠爱，"60后"和"70后"父母为Z世代提供了较为富足的物质生活，同时会倾听子女意见，因此家庭消费在一定程度上会受到Z世代子女的影响；此外，随着Z世代逐渐步入职场，具有了独立的经济来源，他们的消费能力正在快速增长，并且Z世代价格敏感度低，大多秉承着"因喜欢而购买"的消费理念，具有强大的消费潜力。对于电商、外卖平台等新型消费渠道，作为互联网原住民的Z世代接受度更高，他们也成为网络购物的主要受众。超过半数的Z世代每天至少浏览一次电商平台，其中有10%每天都会下单购物。

　　个性鲜明、追求创新是 Z 世代的标签，与前世代消费者相比，Z 世代较少为生活温饱而担忧，他们有足够的资源和条件去追求精神上的满足，而不必过多考虑性价比。Z 世代更加愿意为自己的兴趣付费，追星、电竞、二次元、国风、潮玩……多元化的兴趣圈层满足 Z 世代多样化的兴趣需求，他们在圈层文化上的消费潜力也在不断展现。同时，Z 世代更爱追随偶像的脚步，这里的偶像不只是传统意义上的明星艺人，网络红人、电竞选手，甚至是虚拟角色，只要它寄托了美好的愿景，满足了 Z 世代的期待，他们就愿意为"偶像经济"付费，他们的购买行为也容易受到明星、关键意见领袖（key opinion leader，KOL）等的影响，他们的行为偏好为当下大火的直播经济创造了条件。

　　Z 世代充分享受了中国经济增长的红利，表现出强大的爱国热情和文化自信，反映到消费层面，便是 Z 世代对国货具有较强的兴趣，据统计，超过 2/3 的 Z 世代年轻人愿意尝试国货品牌，这一比例显著高于其他年龄层。中国李宁借此契机转型为潮流品牌，大白兔不断推出各类品牌延伸产品，完美日记、HFP 等国货美妆品牌以各自鲜明的定位站稳国内市场，故宫成为炙手可热的网红 IP，汉服热、古风热等潮流趋势，无不反映出 Z 世代对中国文化的青睐，在购买新锐国货品牌消费者中，超过半数都是"95 后"。

　　中国的 Z 世代消费者，他们敢于消费、追求个性，又受到圈层、文化的重大影响。面对这群特殊又蕴含巨大消费潜能的年轻消费者，企业营销人员需要更加深入地了解他们，挖掘他们的喜好与习惯，学会用 Z 世代的方式做出丰富有趣的产品和营销策略的创新。

讨论题：

　　1. 作为 Z 世代的一员，你认为 Z 世代的消费观有哪些特点？与父辈相比，有什么不同？

　　2. 本章所介绍影响消费者行为的外部因素是如何影响 Z 世代消费观念的形成的？

　　3. 什么样的营销能够吸引 Z 世代消费者？举例分析针对 Z 世代消费者的营销案例（成功、失败均可）。

答案解析　扫描此码

即测即练

自学自测　扫描此码

第 2 章

影响消费者行为的内部因素

引例

一则广告引发的联想

小贺在打开手机 App 时，突然出现 App 开屏广告，认真一看是肯德基为新款产品投放的宣传广告。广告页上显示的"新品尝鲜，限时折扣"吸引了小贺的注意，她主动点击进入详情页面了解具体活动情况。这是一款新品炸鸡，在上市第一周有新品折扣。广告上的食品图片显得非常美味诱人，让小贺不禁回想起上次吃肯德基时的感受体验，酥脆的外皮加上鲜嫩多汁的鸡肉，美味的炸鸡不仅能满足对于饥饿的生理需求，还能因其富含的高卡路里，让购买者实现享乐需求，为其带来强烈的心理幸福感。与此同时，她根据过去购买经验判断，活动价格确实是优惠的而不是空有其表，并且考虑到肯德基新产品的活动优惠不常出现，一般只会在产品上新的一段时间打折，而后恢复原价并会在很长一段时间保持原价销售。刚好在距离小贺学校不远的地方就有一家肯德基餐厅，下课后不是用餐高峰期不需要很长时间的排队等待，因此她立即决定下课之后去该肯德基餐厅购买这款产品。

从消费者行为理论的角度来看，当消费者受到外部的刺激后，会在自我内部产生一系列连锁反应，例如肯德基广告吸引了小贺的注意让其主动了解详情、让小贺联想起过去的消费经历等，根据过去消费经验来判断广告宣传的真实性和可信度，并且考虑是否会出现排队等位这类造成不佳体验的情况，这些内部因素对消费者行为所产生的影响同样不容小觑。

外部因素是消费者和企业都身处其中，并受其影响的因素。内部因素是更直接、更密切影响消费者行为的因素，体现企业营销活动如何影响消费者的购买行为。消费者的购买过程从接触营销信息那一刻就开始了，在最终做出购买行为前，消费者会经历对品牌或产品产生认知、学习相关信息、对产品产生需要三个环节，本章主要探讨消费者的认知、学习、需要对消费者购买行为产生的影响，以及营销人员如何在各个环节介入并最终影响消费者选择。

2.1 消费者的认知过程

认知过程是消费者决策环节的第一步，是后续行为的基础。认知环节包括四个步骤：展现、注意、知觉、理解。营销人员希望通过营销信息的展现，吸引消费者更多的注意力资源，使消费者通过深入思考进行知觉加工，从而理解产品。

消费者生活的世界充满了各类刺激，如产品的包装、美食的香气、广告的配乐等，我们无时无刻不被各式各样的刺激所围绕，其中不乏营销者的杰作。当营销者设计的刺激展现在消费者面前时，便开始了对消费者认知干预的第一步。

2.1.1 展现

展现（exposure）是消费者对营销活动作出反应的第一步，它发生在刺激物被放置在消费者相关的环境中，及神经感受范围之内的情形下。广告、包装、价格、口碑、媒体等一切消费者可能接触的营销渠道都是产品信息展现的方式。展现是消费者购买行为的起点，因此营销人员需要尽力使产品在刺激展现阶段接近消费者并留下良好深刻的印象。

摆摊是重要和直接的商品展现方式，可以提高商品在消费者面前展现的概率，拉近和消费者的距离。2020年初，受新冠肺炎疫情影响，人们大多居家隔离，消费者与商品展示的接触机会被物理切断。随着国内疫情得到有效控制，为了恢复经济发展，国务院开始允许商贩临时占道经营，沉寂已久的"地摊经济"再次火爆。"地摊经济"门槛低，简单便捷，一方面能增加就业，降低失业率；另一方面能够刺激消费，帮助经济恢复。厂商也抓住机会创造新产品服务于"地摊经济"。例如五菱宏光推出开启式售货车，看似和普通的货车没有什么区别，但它的左右侧门、后门可以完全开启，货车秒变货架，将商品多角度、全方位展现在消费者面前（图2-1）。而且售货车机动性非常强，方便移动到人流密集处，随停随走，增加产品展现机会，在"地摊经济"复苏的今天，为小商贩提供了极大的便利。

图 2-1　五菱宏光开启式售货车

从室外走到室内，商场陈列是商品展现在消费者面前的另一重要途径。消费者走进超市在货架前停留的时间很短，消费者需要在短时间内做出决策，商品陈列就成为影响消费者决策的重要因素，因此在商品卖场的商品陈列蕴含着许多小技巧。

伸手可取，要将最想卖出的商品放在消费者最容易接触的地方，因此利润高或快过期的商品应该放置在与消费者视线平行的区域，要根据商品特性和消费者的年龄、性别等人口特征属性进行相应排列，例如洗护用品要适应女性的视线高度，而儿童用品应该放在较低的位置上。

路线引导，鲜奶类需冷藏的新鲜产品往往在超市靠里的位置，因为消费者对新鲜牛奶的需求是高频率、稳定的，将冷藏柜摆在深处，引导消费者经过大部分商品货架。同样，超市的收银台、出口设置往往也要引导消费者逛完整个超市。

产品组合，超市将互补类产品放置在一起，让消费者联想起搭配使用的场景，提升连带销量。例如在泡面附近摆放火腿肠，在冷冻食品柜附近摆放火锅底料。

除此之外，商品陈列数量的增加为消费者提供多样性的选择[90]，增加消费者最终做出购买决策的掌控感和信心[91]，但同时也会增加消费者选择的难度，降低购物满意度[92]。商品陈列方式也会对消费者行为产生影响，包括基于商品利益和属性的两种陈列方式。基于商品利益的陈列方式是以产品的功能功效作为划分依据进行陈列展示，例如沐浴产品有清洁、美白、润肤等主要不同功效，可将具有同一功效的产品摆放在一起；基于属性的陈列方式是依据产品本身的特征特点（外形、成分、气味等）[93]，例如根据沐浴产品的使用方式进行划分排列，如膏体、液体、泡沫等，是属性上的差别。基于利益陈列是以消费者为中心，清晰表达产品定位[94]，基于属性陈列是以产品为中心，能够帮助消费者根据属性偏好选择商品[95]。相比突出商品利益的陈列，基于属性的陈列方式往往能获得消费者更高的品牌评价和选择意愿[96]。

在互联网时代，消费者的购物方式已经远不止商场购物，因而展现形式也不仅仅局限于触手可及的实物展现，伴随着网购、直播的出现，虚拟的数字化展现形式也受到了各界的关注。其原理和实物展现形式类似，在进入 App 后最先出现的首屏展示无疑是最可能受到消费者注意的展示渠道，该位置的曝光度、点击率、表单提交率、付费数量均比其他位置高，因而媒体对此位置展示的定价高于 App 内部信息流位置，而对于信息流位置而言，首屏的曝光度又会明显优于其他位置，需要投放广告进行商品数字化展示的商家应当根据该产品的重要程度、企业的资金预算来选择最合适的展示位置，从而实现最优投入产出比。

1. 选择性展现

虽然营销人员尽力影响消费者对产品或品牌的展现反应，营销内容在生活中已经无孔不入，但是展现的结果还是由消费者主导而非营销人员，例如在电视播放广告时选择换台，屏蔽网页弹窗广告。广告内容与消费者无关、广告重复、广告过量都是消费者选择回避广告的原因。消费者会通过略过、跳过、静音的三种方式回避广告。

略过（zipping）主要是指消费者在选择观看节目时采用快进的方式回避广告。在过去，数字录像机（digital video recorder，DVR）流行的年代，消费者会录下电视节目在日后观看。在互联网时代，消费者观看广告的主要渠道虽然从电视转移到视频网站，但同样也会选择快进来回避节目中的口播、广告短片的现象。快进的方式使得观众能快速掠过广告，但在快进时观众关注的视线仍然停留在屏幕上，并且更紧张，生怕错过正片播放，此时消费者对品牌的识别和记忆都远低于正常观看广告的情况[97]。

跳过（zapping）是指消费者在看到广告时选择跳过的方式来躲避广告。在直播电视节目中间播放广告，消费者无法快进，就会选择用换台的方式跳过，即使其他频道所播节目并不是他所感兴趣的。在网络观看中，视频网站在视频播放前、播放中都开始插入贴片广告，并且时间越来越长，因此会有部分消费者选择购买平台会员来避免广告（图 2-2）。

图 2-2 视频网站 VIP 拥有跳过广告特权

静音（muting）是通过在播放广告时关闭声音的方式来回避广告。当电视、网站播放广告且消费者无法跳过时，也有可能会选择静音的方式来回避广告。在广告静音时，消费者可以选择做其他事情而不受广告的打扰。

因此营销人员尝试用各种方式防止消费者回避广告，广告植入（product placement）就是最常用的方式：将产品、服务或品牌符号融入影视作品之中，让消费者无法回避。广告植入的方式主要有场景植入、台词植入、情节植入和形象植入四种。场景植入是最常见也最简单的植入，在影视镜头中出现的各类品牌产品，往往是一闪而过；台词植入是指人物对白中出现品牌信息；情节植入是指产品或品牌与故事情节有关；形象植入是指产品主人公能够体现品牌或具体产品的某些特性[98]。

情节植入：2004 年张艺谋执导的电影《一个都不能少》中，老师带学生到镇上买汽水的情节，自然地描述了可口可乐的价格、包装、口味、评价，随着电影的热映，许多和影片中一样的农村小孩，也知道了可口可乐的存在。电影中的生动描写，使可口可乐一度成为孩子们记忆中最好喝的饮料（图 2-3）。

图 2-3　电影《一个都不能少》

　　形象植入：电影《穿 Prada 的女王》中梅丽尔·斯特里普的穿搭都来自各大奢侈品牌，与其饰演的时尚杂志主编形象十分契合。安妮·海瑟薇饰演的助理，造型则体现了平庸到时尚的蜕变，所穿的品牌也随着人物形象的变化而升级。植入品牌的形象与角色身份、性格紧密结合（图 2-4）。该影片尽管植入了诸多大牌形象但不会引起消费者反感，相反地，这部影片中主角的穿搭造型成了许多观众效仿的典范，成了有名的时尚大片之一。

图 2-4　《穿 Prada 的女王》

　　虽然广告植入有效避免了消费者的回避行为，但也要注意植入的方式，生搬硬套的植入不仅起不到宣传效果，反而会引起观众的反感，得不偿失。以唯品会为例，在大热电视剧《欢乐颂》中，打拼女孩樊胜美受经济情况限制，经常在唯品会买衣服，被富家女曲筱绡嘲笑是地摊货，当时尽管这是唯品会"自黑"的行为，但符合其"特卖"的产品定位，因而起到了不错的宣传效果。但近些年唯品会在《谈判官》《都挺好》《三十而已》等各大热播剧当中都出现了广告植入，甚至在古装剧《孤芳不自赏》《楚乔传》当中都以"唯品阁"的形式进行植入，这与剧情略显脱节，虽然有观众认为叫法稳妥很有创意，但也有负面评论，认为过硬的植入广告让自己出戏。过于频繁和无孔不入的广告植入会逐渐显现出弊端，引发观众审美疲劳和反感抵制的负面情绪。

除了植入广告以外，增加广告的趣味性和吸引力也是一种方式，越来越多广告选择利用创意短片的方式嵌入影视作品中，电视节目的广告口播也花样频出。互动性广告等新颖的广告形式（见图2-5），都是营销相关人员希望通过增加广告的趣味性防止消费者回避广告的方式。

图 2-5　微信朋友圈互动性广告

注：微信朋友圈广告基于用户性别年龄、地域、学历、兴趣标签等数据精准投放，
加上各类互动性强的创意玩法，增强广告的相关性和有趣性。

防止回避广告的另一个方法是提高广告与消费者的相关性，如果消费者所看到的广告是本人所感兴趣的，自然会停留观看。在大数据的支持下，消费者们所收到的广告推送不再是千篇一律的，而是根据过往的浏览习惯量身定制的专属广告。营销相关人员应考虑借势消费者大数据，利用精准营销以提升潜在客户的转化率。

需要注意的是，随着广告的泛滥，消费者和监管机构都开始关注广告信息来源的透明度，如果广告主是从特殊渠道获取消费者相关数据并以此为基础生成广告推荐，利用跨平台数据流通、非消费者主动提供的信息进行广告推荐并被消费者察觉时，消费者对隐私的保护意识会显著强于对精准投放广告的偏好，从而降低广告有效性[99]。因此在互联网时代，大数据是营销者的利器，可以大大提高触达消费者的效率，但同时要注意对消费者隐私的保护，不可滥用数据。

2. 自愿展现

消费者也有可能会自愿选择接受企业的宣传信息，例如观看企业商业宣传片、点击跳转广告、访问企业官网等，这些自愿展现代表消费者已经对企业宣传信息有一定的兴趣。比起选择性展现，自愿展现能够有效提高转化效率。如何使得企业信息能够更多吸引消费者的自愿展现？首先，企业需要通过多渠道的广告投放，增加消费者接触企业信息的途径；其次，增加投放内容的吸引力和相关性，吸引消费者进入广告页面，形成自愿展现（见图2-6）。

图 2-6　搜索引擎广告

注：由于自愿展现的客户转化率高于选择展现，因此搜索引擎广告被称为企业投放广告的重要选择。
　　当消费者主动在搜索引擎上搜索相应关键词时，就会展示购买该关键词的广告主所投放的广告。

2.1.2　注意

　　注意（attention）是消费者对刺激展现的反应程度，是展现的下一步。只有注意力资源积累到一定程度才能激发消费者的感觉，进行下一阶段的信息处理。在互联网时代，消费者每天所面对的信息数量在不断增加，智能手机的普及让人们随时随地被信息包围。消费者有限的注意力被海量的信息分散，吸引消费者对营销刺激的注意力成为营销人员的重要任务。注意有三大特征：选择性、可分配、有限性[100]。

　　选择性是指消费者能够选择自己想要关注的内容。面对同时展现的海量信息，消费者可以选择自己想要注意哪些，他们会根据自身的经验、喜好、需要等，有目的地把某些刺激信息作为对象而把其他信息作为背景进行组织加工，而不会也不能一次性注意到所有的信息。例如消费者打开微博界面面对许多热搜词条，只会选择性点击自己感兴趣的或者与自身关联度较高的条目详细观看。

可分配是指消费者能对自己的注意力资源进行分配，决定哪一项刺激占用多少注意力资源，将注意力按需要分配给不同任务。例如消费者能边看电视边用手机聊天，自主将注意力分配到看电视和聊天两件事上，当下很多求职信息对应试者要求多线程工作能力，这种能力也是基于注意力的可分配性来实现的，要求应试者将注意力合理分配，从而实现在同一时间内高效处理多项工作任务。

有限性是指消费者的注意力是有限的，即使我们能选择、分配自己的注意力，但只有在熟练、简单的事情上，人们才能做到一心二用。当消费者来到一个不熟悉的商城时，最先注意到的肯定是熟悉的品牌店铺，因为在陌生的环境中关注自己不熟悉的品牌或产品会消耗大量的注意力资源，在注意力有限的情况下不可避免地会遗漏一些店铺信息。

因此，获取消费者的关键就是吸引并保留住消费者的注意力资源，而人类五官的知觉是引起注意力的重要途径。

2.1.3　知觉

知觉（perception）是指人注意到刺激物后五官产生的反应。刺激引发人类五官产生的感觉会影响消费者的知觉，能在消费者没有意识到的情况下引起潜意识的反应，即便是短暂的、无意识的展现，都有可能改变消费者的情绪和认知，从而影响消费者的态度、学习和认知以及购买行为。通过刺激消费者五官的感受进行感官营销，已经成为企业常用的营销手法（图 2-7）。

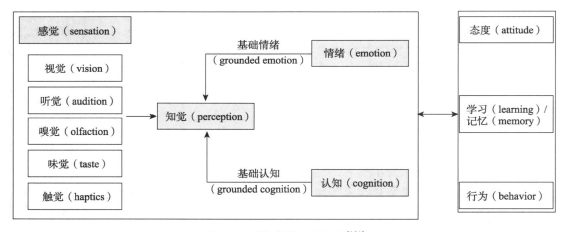

图 2-7　感官营销概念框架[101]

1. 视觉

视觉是人类最重要的感觉，大部分信息通过视觉获取。影响视觉的因素有很多：

大小和形状：刺激物的大小、形状直接影响消费者的视觉反馈。尺寸越大的广告越容易被人看见[102]，这也是为什么品牌喜欢投放商场外墙的 LED 广告屏（图 2-8）。商品包装的大小会直接影响消费对产品数量的感知[103]。形状也是如此，高瘦的容器往往被认为比矮胖的容量大[104]。在大小相同的情况下，吸引消费者更多注意力的包装被认为容量也更大[105]。

图 2-8　上海外滩震旦大厦外墙广告屏

注：该广告屏宽 57 米，高 63 米，可视面积高达 3591 平方米，是世界上最大的屏幕。

Logo 和字体：刺激物上的品牌 logo 和字体会引起消费者的注意，并影响消费者的感知。出色的品牌 logo 应该具备易识别、易记住、易转述的三大特性。运动品牌耐克的标志以希腊胜利女神尼刻（Nike）的翅膀为灵感，以简洁、易记忆的对钩图案，展现体育运动的速度感，成为经典的品牌 logo（图 2-9）。

图 2-9　耐克 logo 演变

品牌 logo 除了是品牌的标志也代表着品牌背后的含义，圆润的品牌 logo 会提升消费者对产品舒适度的评价，尖锐的 logo 则会让消费者认为该品牌产品有更出色的耐用性[106]。商品上的字体也能传达文字以外的内容，广告中使用豪华的字体会增加消费者对广告品牌豪华的认知[107]；手写字体会增加消费者的情感依恋，强调体验和享乐性的产品使用手写字体能提高消费者的评价和购买意愿[108]。

颜色：消费者看到品牌或产品的第一眼，最容易获取的视觉信息就是颜色，因此颜色是吸引消费者的有效方式。不同的颜色会引发消费者的不同联想，红色代表热情、欢乐，因此快餐品牌的 logo 多以红色为主色；蓝色则更多与创造力、专业性相关联，因此许多互联网、金融公司会选择蓝色作为自身标识的主色；绿色让人联想到自然、健康，是主打环保、健康理念品牌的首选；黑色则自带高贵、神秘的感觉，是奢侈品牌的常用颜色。品牌和产品颜色除了能反映品牌特性，也能在消费者心中形成强烈的品牌联结，例如人们一看到蒂芙尼蓝（tiffany blue）就会联想到珠宝品牌蒂芙尼（Tiffany&Co），看到橙色的 m 就会想起快餐品牌麦当劳（图 2-10）。除了颜色，色彩的饱和度也会影响消费者的感知，暗色调的东西比起浅色的会显得更重[109]，但体积更小[110]。

图 2-10　品牌 logo 的颜色会引发消费者不同联想

2. 听觉

经典的巴甫洛夫实验中，在给狗喂食前摇铃铛，长此以往会形成条件反射，狗只要听到摇铃声就会分泌唾液。人也是如此，品牌或产品可以通过反复播放广告音乐的方式来创造品牌和声音的联系，当消费者听到相应声音时就会回想起该品牌。英特尔经典的"灯，等灯等灯～"，拼多多洗脑的广告曲等都是利用听觉感官将品牌和声音紧密连接。

消费者每时每刻都被各类声音包围着，有些声音虽然很少被注意但仍然会影响消费者的行为。餐厅播放快节奏的背景音乐会使消费者吃得更快，提高周转率从而提升店铺营业额[111]，这也是为何快餐店的背景音乐往往是较为嘈杂、欢快的；而高档的西餐厅客单价高，较少出现高朋满座的状况，因而更多地选择播放舒缓的慢节奏歌曲，以此营造浪漫优雅的就餐氛围，给消费者更加愉悦舒适的体验，让他们愿意支付相对高的客单价。音调高的音乐能激发消费者在道德层面的自我认知，促进健康消费[112]，因此想要减肥的同学不妨尝试换换歌单。

3. 嗅觉

刺激嗅觉的营销已经被广泛运用在日常生活之中，大型商城、奢侈品店、酒店都散发着独特且怡人的香味，以此吸引消费者[113]（图 2-11）。当环境中的气味和商品一致性高，会引发消费者积极的商品评价与强烈的购买意愿。无印良品的店内散发着香薰精油的味道，在展示其商品特性的同时，也让消费者感到舒适安心，增强品牌在消费者心中安全放心的印象。

图 2-11 万豪酒店专属定制的 Attune 香氛

注：甜美果香混合茉莉、玫瑰和雪松的气味，让入住酒店的顾客感到舒爽愉悦，
也与万豪酒店的高端定位相匹配。

气味还会影响消费者对温度的感知，例如肉桂和香草会让人感觉温暖，而薄荷会让人感到凉爽[114]。在温暖的气味下会提高消费者对高端产品的偏好，也会使消费者倾向于消费低热量的食物，而凉爽的气味会增加消费者食物的摄入量[115]。

4. 味觉

味觉会影响消费者的情绪和判断，例如吃了甜味的糖果会使人更加乐于助人[116]，而苦味的饮料会使消费者对他人的评价更加苛刻[117]。味觉刺激主要针对食品、饮料行业的营销，超市里的试吃营销等都是利用味觉刺激影响消费者食品购买决策的重要方式。许多味觉营销是与其他感官整合作用的，例如面包店扑鼻而来的面包香气会引起人们味觉的联想，增加消费者购买的欲望。

5. 触觉

触觉是一种直接体验，包括温度、光滑度、硬度、重量等。良好的触觉反馈可以帮助消费者获得丰富的产品信息，提高消费者的购买意愿和评价，降低决策风险[118]。冰冷的触觉体验让人们更多使用"冷酷"之类的词进行评价，温暖的触觉则让人多使用"温暖"来评价他人[119]。坚硬的触感让人们做出较为严厉、坚定的评价，而柔软的触感则让人容易妥协[120]。

2.1.4 理解

理解（interpretation）是指当刺激物展现在消费者面前，引起注意和知觉后，经过消费者思考产生的意义。刺激物不同会引起消费者不同的理解，同一刺激物对不同消费者也会产生不同的影响。所见并非所得，面对刺激物，消费者会依据所拥有的线索和自己的想法做出推论，因此消费者对刺激物的推论往往会超过刺激物直接表达的内容。营销人员需明确消费者是如何理解公司、品牌或产品相对于竞争对手的情况，消费者心中形成的产品定位是否与品牌所希望传达的一致，并依据消费者的理解做出营销决策和调整。知觉图就是营销者了解消费者想法的主要途径。

1. 知觉图

知觉图（perceptual mapping）是展现消费者对品牌理解的直观方式，它能够从多个维度描摹品牌和竞争对手在消费者心中的具体位置。知觉图被广泛运用于新产品决策、品牌定位、竞争识别等场景。

数据收集和分析

绘制知觉图的第一步是通过评分量表的方式收集消费者的感知数据。常用的量表是5分或7分制，两端分别是极致的形容，例如7分制量表中1表示完全不同意，7表示完全同意。通过量表收集到的感知数据，代表着消费者心中是如何理解该品牌及其产品的。需要注意的是，消费者的理解不等于消费者的偏好，例如消费者A和B都认同海飞丝是"去屑效果好"的洗发水品牌，但消费者A和B对去屑洗发水的偏好是不同的，他们不一定会购买海飞丝。因此量表除了收集消费者对品牌的感知情况，也要衡量消费者个体差异，例如年龄、地区、收入、学历等，将数据分解探索其中的相关关系，找出具体群体对品牌认知的差异。

蛇形图（snake plot）

蛇形图，即一条像蛇一样弯曲的折线，这条"蛇"有多长，多少个节点，取决于量表测量了多少个问题。如果营销人员假设受访者对品牌的看法大致相同，则可以将所有受访者的数据取平均值，在图上简单地将品牌特性得分用点标出，连接各个节点就形成了蛇形图。

汉高集团对旗下黏合剂品牌Pritt和主要竞争对手Uhu在18个属性上进行比较，形成统一的品牌形象，如图2-12所示[121]。

这幅图直观地展现了两个品牌的相对地位，Uhu总体实力强于Pritt，被认为是更通用的品牌，Pritt的实力仅局限于特殊轻型用途。

蛇形图的优点是简单、直接地展现品牌属性之间的对比，但是缺点也很明显，仅仅适用于需要分析的品牌数量。在上例中，由于汉高集团仅考虑本公司品牌和一个竞争品牌，蛇形图能够满足其需求。但如果品牌数量增加，蛇形图可能会非常混乱，丧失了直观性。因此在市场竞争越来越激烈，品牌层出不穷的背景下，知觉图开始被广泛运用。

知觉图绘制

知觉图是一幅体现品牌在属性空间中所属位置的地图，可以帮助营销人员了解消费者对多个品牌多个维度上的认知。根据收集消费者数据的类型，绘制知觉图的方式主要有两种，一种是对品牌属性进行评分，另一种是对品牌整体相似性进行判断。

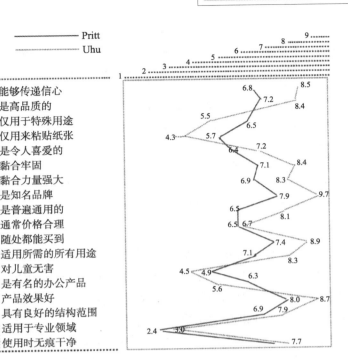

图 2-12　Pritt VS Uhu 蛇形图

资料来源：Dolan, Robert J. "Henkel Group: Umbrella Branding and Globalization Decisions."
Harvard Business School Case 585-185, June 1985.

属性评分法（attribute rating method）

属性评分法是让消费者对不同品牌的不同属性进行评分，利用这些属性评分数据绘制知觉图。多个品牌和多个属性构成的数据矩阵很难直接在平面图上显示，因此需要利用因子分析或判别分析对数据进行处理。确认需要从几个维度衡量，从原始的多个维度中提取出所需的因子数量，并对新的维度进行命名，用新维度来绘制品牌知觉图。

以下是一个利用属性评分法对美国家用汽车品牌绘制知觉图的示例过程。

（1）数据收集

数据是绘制知觉图的基础，需要了解：①家用汽车行业整体概况，包括市场保有量、各汽车品牌市场占有率、销量等作为分析的背景依据；②邀请消费者针对 6 款车型的 11 个汽车属性进行 1～7 分打分（1=完全不同意，7=完全同意）；③消费者的人口统计信息（表 2-1）。

表 2-1　6 款车型 11 个汽车属性组成 6×11 的属性评分矩阵

	尼桑 Sentra	本田雅阁	福特野马	大众高尔夫	保时捷 YYY	宝马 XXX
空间大						
高质量						
省油						
动力强						

续表

	尼桑 Sentra	本田雅阁	福特野马	大众高尔夫	保时捷 YYY	宝马 XXX
运动型						
有声望						
便宜						
家庭车						
加速快						
性能强						
豪华的						

（2）数据分析

11 个属性无法通过坐标轴展示，因此需要进行因子分析。通过计算发现前 3 个因子累计解释率可以达到 80%，因此从上述 11 个属性中提取 3 个主要因子进行分析，因子具有概括性，可以在原有的衡量指标基础上起到降维的作用，方便后续可视化比较。

在第一个因子中，关联性最强的是质量、速度、表现属性，都是描述汽车性能的属性，因此将因子 1 命名为"性能因子"；第二个因子和油耗、便宜属性关联强，因此将因子 2 命名为"经济因子"；第三个因子与空间、家庭属性相关，命名为"家庭因子"。如表 2-2 所示。

表 2-2　因 子 分 析

	性能	经济	家庭
	因子 1	因子 2	因子 3
空间	0.29	−0.27	**0.86**
质量	**0.89**	0.22	0.00
油耗	0.07	**−0.94**	−0.06
动力	0.66	−0.53	−0.24
运动	0.66	−0.18	−0.51
声望	0.84	−0.27	−0.06
便宜	−0.53	**0.66**	0.00
家庭	−0.19	0.15	**0.87**
速度	**0.76**	−0.34	−0.31
表现	**0.81**	0.34	−0.23
豪华	0.71	0.48	0.19

（3）绘制知觉图

将 11 个属性汇聚成 3 个因子，可以两两构成坐标轴，绘制一幅品牌知觉图如图 2-13 所示。

属性评分法的优点是可以直观看出各个品牌在不同属性上的对比，通过图式的方法突出品牌的定位。它的不足在于要求研究者能够准确表述产品的属性，消费者根据提供的属性进行思考评价。上例汽车的属性比较容易量化，可以采用属性评分法，但是在气味、审美、体验等难以描述或者描述理解容易产生歧义的情况下，属性评分法便无法准确衡量消费者对品牌的理解程度。

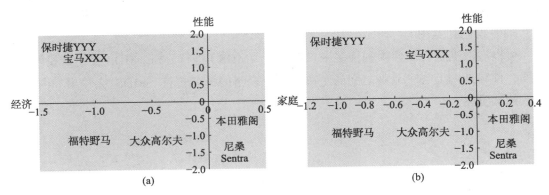

图 2-13　家用汽车品牌知觉图
（虚拟数据，仅供参考）

整体相似法（overall similarity method）

当面对属性难以描述、量化的情况，可以采用整体相似法。整体相似法要求消费者对品牌的整体相似性做出判断，对 N 个品牌的调研，需要消费者对 $\frac{n \times (n-1)}{2}$ 个两两品牌的组合从最相似到最不相似进行排序，再将消费者的排序结果进行多维尺度分析（multidimensional scaling，MDS），形成一张与消费者排序相匹配的地图。我们并不知道所形成地图的坐标轴表示什么，但可以通过研究者的分类知识对坐标轴进行命名，从而形成完整的知觉图。

利用整体相似法为南佛罗里达 6 个主题公园绘制知觉图[122]，具体如下。

（1）数据收集

和属性评分法一样，需要了解：①各个主题公园的人流量、市场占有率等背景资料；②邀请消费者针对 6 个主题公园进行 1～15 名相似性排名（最相似的一组为 1，最不相似的一组为 15）；③消费者的人口统计信息。各主题公园的相似性矩阵如表 2-3 所示。

表 2-3　各主题公园的相似性排名

	环球影城	米高梅影城	海洋世界	迪士尼乐园	未来世界
布希公园	11	12	10	6	13
环球影城	—	1	14	2	5
米高梅影城		—	15	3	6
海洋世界			—	8	9
迪士尼乐园				—	4
未来世界					—

（2）数据分析

从上述数据中可以发现，迪士尼乐园和其他主题公园的相似性较高，因为它是主流的主题公园类型。海洋世界和未来世界之间的相似度排名为 9，低于平均值，这有点奇怪，因为这两个主题公园是 6 个中教育程度较高的。因此需要利用统计程序绘制知觉图。

（3）绘制知觉图

可以在数据统计软件中利用多维尺度分析（MDS）进行分析。MDS 会尝试找到一张地图，使得地图上各个品牌之间的距离与上述表格的排名相符。MDS 会输出如图 2-14 所示的知觉图。

图 2-14　主题公园品牌知觉图

但此时我们不知道坐标轴代表什么含义，但是我们对各个主题公园的认识可以帮助我们命名坐标轴。在纵坐标上，一端是布希公园、米高梅公园和环球影城，另一端是海洋世界和未来世界，可以很明显地看出上方代表刺激性、娱乐性强的主题公园，下方是以教育性为主的主题公园。横轴可以用价格来表示，左边布希公园和海洋世界经常进行促销，而右边的景点感知价格较高。最终的知觉图解释了我们一开始通过目测数据觉得奇怪的地方，虽然海洋世界和未来世界都是以教育为主的主题公园，但是消费者根据价格高低对其进行区分，所以两者的整体相似度并不高。总结以上介绍的两种知觉图绘制方法[123]，如表 2-4 所示。

表 2-4　两种知觉图的绘制方法

方法	属性评分法	整体相似法
数据来源	品牌属性评分 属性由研究者划分	整体相似排名 相似性由被调查者定义
统计方法	因子分析或多重判别分析	多维尺度分析
输出	产品在坐标轴中的位置	相对产品位置 坐标轴由分析员解释
适用情况	属性能用语言准确描述的产品	以不易表达的属性为主的类别

资料来源：Dolan, Robert J. "Analyzing Consumer Perceptions" Harvard Business School Case 599-110, March 16, 1999.

2. 关于消费者理解的理论

前文介绍了品牌如何通过知觉图的方式了解消费者的想法，但是消费者是如何进行理解的？哪些因素会影响消费者的理解？这一部分将重点探索并讨论有关消费者理解的相关问题。

解释水平理论（construal level theory，CLT）：人们对事件的理解会随着时间的心理距离远近而产生不同。人对心理距离远的事物会倾向于用高解释水平表征，高解释水平是抽象的、简单的、本质的、去背景化的；而对心理距离近的事物则倾向于用低解释水平表征，低解释水平是具体的、复杂的、表面的、背景化的[124]。心理距离包括时间距离、社会距离、空间距离和概率距离。时间距离是个人感知事件发生的时间远近，空间距离是个人感知空间的远近，社会距离是个人与其他个体的距离差异，概率距离是事件发生的可能性与现实的距离远近。四种心理距离的作用机制相似，都是以消费者自身当前的经验为参照[125]。心理距离的四个方面不是相互独立的，而是相互作用影响的，例如用"遥远"或"附近"填空"在很久以前，有一个_____的地方"，大部分人会选择"遥远"，因为人们习惯保持时间距离和空间距离的一致性[126]。

解释水平也会影响消费者的决策：在高解释水平下，消费者关注选择的价值；而低解释水平下，消费者更关注选择的可行性[127]，较少关注选项的相似性，因此其对多样性产品的偏爱程度高于高解释水平下的消费者[128]。解释水平理论还会影响消费者对企业的评价，对于曾发生质量问题的公司，低解释水平下的消费者再次购买该公司产品的可能性更高，负面评价更少[129]。在营销宣传偏好上，高解释水平下的消费者偏爱强调自我概念的广告，而低解释水平下的消费者更喜欢关于产品质量的广告[130]。

图式一致效应（schema congruity）：图式是认知知识的一个存储框架，它表示关于主题、概念或特定刺激的信息，包括属性和属性之间的关系[131]。一致性水平是产品的特性与品类特性相匹配的程度，过去的研究表明，对一个新产品的评价可能取决于该产品的本身特性与所处品类之间的一致性水平[132]。被视为具有图式一致性的信息能给人们提供一种舒适的熟悉感，并让消费者产生有限的认知加工，而图式不一致信息则易让人产生疑问并触发更广泛的认知加工，以帮助个体理解不符合预先认知的情况。如果不一致是适度的，它能引发消费者的好奇，造成积极的情感营销，但如果是极度不一致的，消费者无法处理并解决不一致的问题，则会造成恼火甚至沮丧的消极情绪[133]。因此，与极端一致性和极端不一致性相比，适度不一致的信息在回忆和识别方面提供了最好的结果，同时也提供了最高的影响水平。

2.2　学习与浸入度

在没有喝过可口可乐的时候，人们并不知道可口可乐意味着什么。在品尝了一瓶可口可乐以后，消费者记住了清爽的口感。当下一次看见可口可乐时，消费者就会意识到这是一款能够带来愉悦感的软饮料。这就是消费者学习的过程。在营销领域中，我们非常关注消费者的学习过程。通过深入掌握消费群体的学习方式和学习过程，营销人员能够更加有效地向消费者传播产品或品牌的相关属性和利益，做出更贴合消费者的销售地点、产品使用等决策。

目前在消费者研究中还未有一个成熟的消费者学习理论，两种主流的理论包括认知行为理论和行为学习理论：认知行为理论主张，学习可以理解为个体通过日常阅读、观察和思考汲取新知识和观点的经历，学习的过程是一个纯粹的心智过程的函数。消费者是问题的解决者和主动的学习者；行为学习理论则强调刺激材料与行为响应之间的联结，主张通过外部环境因素来理解人们能够观察到的行为，把消费者学习的过程视作黑箱，只关注消费者面对刺激材料的结果而不关注其中的认知加工过程。

在本章中，我们考虑综合认知和行为主义学习观，认为学习会在人们的认知与行为中均产生重大影响，学习的过程既可以是纯粹的心智活动（如思考），也可以是可观察到的行为（如刺激和反应）。从营销的角度来说，消费者学习是指个体获得关于购买决策的知识和参与经验，并把这些形成的知识和参与经验应用到未来消费行为的过程。根据这一定义，我们给出消费者学习的以下几层含义。

第一，消费者可以通过纯粹心智思考、行为实践等多种途径进行学习，包括认知和行为两种学习方式。认知学习是指通过观察、思考等非亲身体验的方式来学习。例如，当人们在进行购房决策时，会综合阅读和考虑广告、亲友意见等信息进行评估，最终做出购房决策。行为学习又可以称为直接学习，是指通过亲身体验来获取对于品牌和商品的了解。例如，在购买食物之前消费者往往会先尝一尝味道，通过实际品尝的行为决定后续是否购买该款食品。在第 2 章开始提及的可口可乐的例子也同样是一个行为学习的过程。

第二，消费者经过学习能够获得行为或认知结果的变化。认知改变消费者行为，例如学生在课堂上学习科学文化知识，会带来他们原有认知结构的变化，有较高科学文化知识的消费者对高科技产品有更高的购买意愿；行为改变消费者行为，例如在宗教活动中非信徒群体同样会购买素斋和烧香，但这样的购买行为未必就是出于认知层面的信教，只是说为了尊重宗教习俗做出了行为上的改变。

2.2.1　行为学习理论

行为主义学习理论的两大代表分别是经典条件反射、操作性条件反射（也叫工具性条件反射）。

首先，在经典条件反射中，有两种不同的刺激：条件和非条件反射。非条件反射能够无条件诱发个体某种反应的刺激，而条件性刺激不能。如果我们将两种刺激材料进行长期的匹配，个体会逐渐养成特定的反射习惯。例如，狗在面对食物时会受到非条件性刺激分泌唾液，面对铃铛则是条件性刺激。如果让食物和铃声配对出现，长期来说狗只听到铃声时也会表现出分泌唾液的条件反射。回到消费者领域当中,人们一看到沙滩就会产生愉悦放松的情绪,因此我们说沙滩是非条件性刺激。在科罗娜啤酒为消费者所熟知之前,这款陌生的饮料并不能给消费者带来愉悦放松感,因此饮料不是非条件性刺激。通过这则广告将两者结合在一起并且持续在屏幕投放,背后的营销人员将这款饮料打造成了条件性刺激(图2-15)。消费者在商场货架中单独看到这款饮料也可能会产生愉悦放松的情绪。同理,很多商品广告都会结合耳熟能详的歌曲,把自己的商品打造为能够带来积极情绪的条件性刺激。当然,企业在建立这样的联结时要充分重视长期性,让条件与非条件性刺激重复配对出现在消费者的视野当中。如果这种重复配对不够频繁,条件性刺激的作用则将逐渐衰退,个体将不再对条件性刺激做出我们期望的反应。仍以狗进食为例,如果我们后续只摇铃铛不给喂食,摇铃带来的分泌唾液的反应也不复存在。

图2-15 科罗娜啤酒的广告

注:科罗娜啤酒的广告多与沙滩、阳光结合,并强调饮用方式需要配合一片青柠,
将舒适惬意的感受与品牌联结,引发消费者轻松愉悦的心情。

在经典条件反射中,还存在一种非常有趣的现象"刺激泛化"。刺激泛化是指当人们看到与条件刺激极其相似的刺激材料时,会非常有可能做出与条件性刺激相类似的响应。仍以科罗娜啤酒为例,当市场上开始出现与科罗娜包装风格相似的饮料时,消费者更容易产生轻松愉悦的联想。这就是刺激泛化带来的效应,它解释了小品牌常常仿照大品牌的包装的原因。综上,对于小品牌来说,可以通过参照相似的知名品牌包装风格来发挥刺激泛化效应,快时尚代表ZARA(飒拉)便是很好的例子,创立初期,ZARA在选址时特地选在香奈儿等大牌附近,在大牌时装秀过后一周时间内就能将相似风格的产品摆进橱窗,并且以更加亲民的价格出售,这种做法有效刺激了泛化效应,获得了消费者青睐;对于知名品牌来说,可以通过产品线的延伸来发挥刺激泛化效应,扩大自己的利润规模。

其次,工具性条件反射是指人们为了避免负面影响、获得正面影响而学会表现出特定的行为,这是人类非常自然的趋利避害反应。例如,当消费者进店购买商品获得五折折扣时,他们就会获得将来再次进店消费的行为激励。有三种方式能够形成工具性条件反射，正向强化、负向强化以及惩罚：正向强化是指当消费者做出某种行为后获得奖励时，该消费行为就会获得正向的强化，前述商场折扣的例子就是正向强化的典型示例；再例如，当我们今天的穿着获得了身边朋友的称赞，我们就更容易再次穿这身衣服。负向强化是指当消费者发现自己做出的特定行为能够避免某一负面影响时，该消费行为就会获得强化。例如，消费者会将错过限定时间的优惠看作一种损失，为了避免这一损失，往往会做出不必要的冲动性消费，这就是我们经常看到"秒杀"等限时抢购活动的原理。惩罚是指人们由于做出某种不当行为导致难堪局面，为了避免类似事件的发生，人们会尽量避免再次做出类似举动。例如，当我们的穿着受到了周围人的嘲笑时，我们就会避免再穿这件衣服。

工具性条件反射共有四种强化方式：第一种可称为固定时间强化，指每隔一段时间就给消费者一次正向强化。例如，服装店经常会在季末举办打折活动，价格敏感的消费者会不断受到正向强化做出购买行为。第二种为不固定时间强化，指每次给消费者正向强化的时间间隔不确定。研究表明，不确定的奖励带来的快感会高于确定的更大额的奖励。不确定性会增加消费者重复购买的行为。由于不确定性的解除能够成为一种奖赏，所以会促使人们重复同样的行为来获得这一奖赏。当不确定性不能被顺利解除时，这种效应就不会存在[134]。例如，魔法士干脆面设置集卡活动，消费者每购买一包干脆面都无法确定内置的卡片内容，于是更倾向于通过不断重复购买以获得不确定性集卡的乐趣（图 2-16）。第三种是固定比率强化，指个体通过表现出特定数量的行为获得奖励。例如，航空公司会设定常旅客计划，通过累计航空里程来兑换新一张机票；会员积分兑换也采用了此种强化方式，积分达到一定数量后可用于兑换礼品或折扣券，这种方式能有效增强用户黏性，刺激复购，在生活中比比皆是。第四种是不确定比率强化，即商家承诺当个体表现出一定数量的行为后可以获得奖励，但是具体什么条件下能够获得是未知的。例如，很多人喜欢玩抓娃娃机，虽然不知道实际玩多少次才能获得奖励，但他们相信坚持投币总会抓到。

图 2-16　魔法士干脆面卡片

注：每包干脆面里附赠一张角色卡片，有三国、水浒、海贼王等知名 IP 的角色卡片，
许多玩家享受收集卡片的乐趣。

2.2.2　认知学习理论

与行为学习理论不同，认知学习理论更强调内部心理过程，主张人们具有主观能动性，会积极通过周围信息来深入了解自己所处的环境。在消费学习领域，我们说消费者会通过观察他人的行为获得反馈，学习有关品牌或产品的信息。在日常生活中，人类的模仿行为非常普遍，当然对于认知判断能力不足的群体来说，模仿可能会有负面效果。例如，部分电视电影作品会限制青少年观看，甚至禁止暴力镜头的出现，以免导致盲目模仿。

消费者进行观察学习，包括注意、记忆、再现、动机这几个步骤。

第一，注意是指消费者关注到被观察对象的行为及所获反馈。被观察对象具备外形、能力、社会地位、共通点方面的吸引力，能够吸引消费者的眼球。

第二，记忆是指把观察对象的行为存储在记忆当中。能够记住被观察对象的行为是消费者未来发生模仿行为的前提条件。

第三，再现是指消费者有能力做出相同的行为，其中能力包括经济能力、实际货源是否充足等等。

第四，动机是指所处的环境驱动消费者去做同样的行为。例如，当人们有参加聚会、穿着光鲜的需求时，消费者就会在前述基础上模仿被观察对象的行为，做出与观察对象相同或者相似的行为。由于明星往往具有独特的吸引力，很多广告会邀请明星大牌代言，促使消费者有很强的动力去模仿购买。

在某些情境下，消费者的认知学习过程也可能是无意识的。诸如"铂爵旅拍"这样的喊麦广告，我们并非有意记住这样的内容，但因为其高频地重复相同信息起到"洗脑"作用，因而往往能无知觉地存储在记忆中，在未来面临旅拍消费行为决策时会在脑海中神奇地浮现出这些广告（图 2-17）。

图 2-17　铂爵旅拍广告

2.2.3　记忆

对于商家来说，消费者是否能够记住关于它们品牌和产品的重要信息，并且将这些信息应用到日后的消费决策中，是一件至关重要的事情。一个品牌首先要被我们记住，进入唤醒集，后续才有可能进入我们的考虑集。对于很多重要性一般的商品来说，有没有被记住决定了我们是否会去购买。例如，我们在浏览淘宝时会将自己心仪的商品加入购物车中，购物车就是我们的考虑集。记忆的过程包括三个阶段：编码、存储和提取。在编码阶段，人们会用一种系统能够识别的方式输入信息。在存储阶段，这些新的信息与已经存储在大脑记忆中的其他知识综合在一起，并存入我们记忆的仓库。在提取阶段，人们会在记忆仓库中提取自己需要的信息。

记忆可以分为三种类型，包括感觉记忆、工作（短时）记忆和长期记忆。感觉记忆分出了我们从感官中获得的信息，通常情况下持续时间少于一秒钟。例如，当我们路过面包店时，会被迎面而来的面包香气所吸引，这种感觉持续的时间非常短暂，但是也足以吸引部分消费者做出进店选购的决定。当感觉记忆的信息通过了注意的阀门，该感觉记忆就变成了工作记忆（working memory）。人们在短时记忆中存储信息的时间和容量都是有限的。工作记忆可看作一个临时的、容量有限的、可以用来暂存信息的心理工作平台，是知觉、长时间记忆和动作之间的连接口。人们在工作记忆这个平台中对所获信息进行操作处理和组装，以帮助自己理解语言、进行相关决策并解决问题。工作记忆存储的是人们当前正在使用和加工的信息。例如，当人们用大脑尝试记忆陌生的电话号码或者在超市里拿起两款产品进行详细比较时，使用的都是短时记忆。一个品牌或产品如果想要真正被人们记住，还必须经过一个深度加工的过程。在深度加工的过程中，我们会仔细思考这一信息的具体含义。经过深度加工以后，人们便形成了长期记忆，长期记忆的存储容量是无限的。

在营销场景中，我们通常会利用人们的片段记忆。片段记忆存储与个人高度相关的事件，因此人们通常会对这种记忆印象深刻。例如，很多人往往会记得自己在毕业典礼、婚礼等场景上的画面。很多营销者会利用营销活动唤醒消费者的片段记忆，抓住消费者的心思。还有一种常见的利用记忆的营销方式是讲故事，通过把品牌或者产品的介绍编织成一个故事，以有效地向消费者传递信息。由于人们可能有类似的经历，因此这个故事容易引发他们的情感共鸣，对该产品或品牌产生更正面的评价。

与记忆相关的策略技巧包括提取状态依存性、增加产品曝光度、采用新颖的刺激性材料、使用视觉语言。第一，记忆的状态依存性提取。当人们回忆时的内心状态与获得信息时相同时，人们从记忆中提取信息的过程会更加流利顺畅。例如，当学生在平时上课的教室中参加考试时，他们会获得更高的分数，因为在相同的环境里能更轻松地提取记忆。对于营销广告来说，营销相关人员也应当在广告中努力去唤起与消费者在购物环境中相同的情绪。第二，增加产品的曝光度，让消费者对于某一品牌或产品足够熟悉。这样一来，消费者会更容易回忆起自己高度熟悉的信息。当然，当同样的广告过度投放时，会让消费者不再对自己足够熟悉的信息投入注意力甚至产生厌烦。解决这一问题的方法是发布系列广告，基于同一主题或同一风格发展超过一种类型的创意表现。例如，伏特加的系列广告如图 2-18 所示，将酒的元素衍生到其他各类场景，让消费者始终保持新鲜感。第三，采用新颖的刺激性材料。新颖的刺激性材料能够让品牌相关的信息在消费者记忆中处于更高的激活程度。消费者受到好奇心驱使观看广告，直至看到最后才恍然大悟是关于哪个产品的广告。尽管消费者只看过一次，但是也足够印象深刻。第四项技巧是使用视觉语言。由于图像给人带来的视觉冲击力远远大于文字，视觉语言的运用更加有吸引力，并能给消费者留下更深刻印象。

图 2-18　伏特加的系列广告

那么，商场播放的背景音乐是否会对消费者的学习和行为决策产生影响呢？经研究发现，在播放广告的时候，如果背景音乐带有歌词，消费者对广告的信息内容处理效果相较纯音乐情境下会变差[135]。这是因为人们在通过心理工作平台进行文字信息处理时，其他人的对话（例如歌词）会自动进入该工作平台，从而占用人们文字阅读的信息处理资源，这种效应被称为注意外言语效应（unattended speech effect）。当然，当人们逐渐习惯某一背景音乐时，他们工作和学习所受到的负面影响会有所减弱。

虽然营销人员会努力提醒消费者不失去关于品牌或产品的相关记忆，人们还是可能会遗忘。导致遗忘的原因可能是衰退、干扰。其中，衰退是指人们的记忆随着时间推移产生自然的消退，干扰是指旧信息和新信息之间的互相干扰。干扰分为两种类型：后摄干扰和前摄干扰。后摄干扰是指消费者获得的新信息覆盖掉过去的信息，例如，当消费者学会对某项刺激做出反应以后，对于同样的刺激又学会了新的刺激反应，则消费者会忘记原有记忆反应的连接关系。前摄干扰是指以前学习的内容会干扰新学习的内容。例如，在我们掌握了英语以后，再学习第二门外语时往往会与之前学习的英语语法相冲突。

为了避免消费者受到干扰，营销人员应当更多地强调自己品牌的独特性。例如，迪士尼乐园的独特性在于留下亲子之间的美好回忆，2012 年迪士尼举办的营销活动"让记忆开始"也是紧密围绕自己的独特性做广泛宣传。另一种非常常见的强化消费者记忆的方法就是怀旧，很多的产品广告都运用了怀旧的元素。当产品或品牌触发了消费者的怀旧情绪以后，人们会更加享受消费的过程，进而增强品牌忠诚度。例如，大白兔奶糖在2020 年再度回归营销界，以与之前相似的奶糖包装跨界推出香水、奶茶等，如图 2-19所示。也有商家通过经典复刻的方式，将很多年前的产品款式或者设计推向市场，以获得怀旧消费者的青睐。

图 2-19　国民品牌大白兔与气味图书馆推出的联名产品

2.2.4　知识

无论是认知学习还是行为学习，消费者都会在其中获得知识的积累。我们将知识分为产品知识和品牌知识两类。

1. 产品知识

产品知识是消费者对于产品特殊的认知，产品知识可以分为三类：关于产品属性和特征的知识，关于产品使用的积极结果或收益的知识，以及有助于消费者满意或达到目的的产品价值的知识，可依次称为属性束、利益束和价值满足。不同类型的产品在产品知识方面各有侧重，如电脑是偏属性束的产品、香水是偏价值满足的产品。

属性束会对消费者决策产生影响，尤其在提倡大健康的中国背景下，消费者越来越重视产品关于健康的属性。首先是产品属性的展示方式，很多食物在商品包装上都标有所含卡路里的数据标签，当各产品的热量信息被垂直展示时，消费者能够更容易计算产品间热量的差值，从而影响消费者的偏好和选择[136]。其次，产品属性的精确程度也会影响到别人的购买意图。在水平效应（level effect）下，当消费者看到食物的卡路里含量以略低于某个整数（vs. 整数）的形式来传递信息时，他们会表现出对放纵性食物更高的消费意愿行为，但前提是他们具有非常强烈的健康动机[137]。第三，产品的外观属性会严重影响人们的购买意愿。例如，有调查发现，在商店里消费者拒绝外表不吸引人的产品。这是因为想象消费没有吸引力的产品会带来自我信号效应，促使消费者更加消极地面对自我，这种负面的自我认知让消费者对于不具备审美吸引力的产品做出低估，进而导致消费者降低自己的购买意愿[138]。

利益束是指消费者所感受到的使用价值，最典型的例子就是免费产品的提供。对于提供免费产品的公司来说，口碑往往是他们最主要的营销沟通渠道。相比付费产品，消费者面对免费产品时更容易对生产者产生互惠感，因此他们会更愿意分享自己对免费产品而非付费产品的口碑，当下很多 App、游戏等产品都是免费或可选择是否消费的，这类产品可以更好地利用消费者之间的口口相传，为自己增加流量，达到宣传推广效果，也为后续变现奠定基础。但是，如果在分发产品之前消费者的口碑数量较少并且彼此之间高度分散，这种为付费和免费产品口碑分享的意愿差异会极大减少[139]。

产品价值是指消费者个体感知到的拥有价值。拥有价值来源于拥有这种产品给我们生活带来的意义、连续性和享受感，拥有价值的效用不仅来源于使用产品，还包括对产品的占有和所有权。近期有研究发现了一种绿色消费效应[140]：相比使用传统产品，使用绿色产品能够让消费者感知到他们作为个体的社会价值增加，最终提高他们消费体验的乐趣。很多身份性的产品往往既具有较高的使用价值，也具有较高的拥有价值。由于身份会促使消费者对于自己的所有物拥有更大的所有权，所有物会融入消费者的延伸自我，进而反过来强化消费者个体的身份，因此身份和所有权之间存在着互相强化的过程，而拥有价值来自于所有权，因此身份对拥有价值的积极作用大于使用价值。对于身份商品而言，拥有价值和使用价值的差异以及由此产生的权衡，都会大于非身份商品。这种权衡越难时，消费者越有可能推迟或拒绝使用该产品[141]。

2. 品牌知识

品牌知识包括品牌形象和品牌价值，是一个品牌给人带来的印象，与品牌相关的人（员工、代言人等）、物（事件、活动等）、场景（来源地、渠道等）和其他品牌（联名、延伸等）都会影响消费者的品牌知识[142]，如图 2-20 所示。

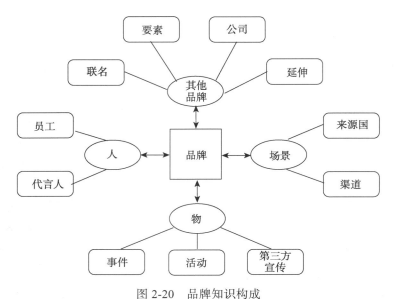

图 2-20　品牌知识构成

资料来源：Keller K L. Brand Sybthesis: The Multidimensionality of Brand Knowledge[J].
Jouranl of Consumer Research, 2003, 29(4): 595-600.

首先，品牌知识包括这个公司所请的品牌代言人、雇员形象、老板形象等这类人的因素。粉丝经济之所以能够形成，就是源于品牌代言人对于品牌知识的重要性。近年来国内娱乐行业蓬勃发展，越来越多品牌开始选择签约明星代言人进行营销，虽然选用明星代言人可以借用明星的光环，快速提高品牌的知名度和产品销量，但是和品牌调性不吻合的代言人以及代言人突发丑闻都会对品牌产生负面影响。因此品牌在选用代言人时需要慎重考察，以免因为代言人的原因在消费者心中留下负面的品牌知识。除此之外，有研究发现，相比通过"写"传达跟品牌相关的文字信息，"说"跟品牌相关的语音信息更有助于消费者建立跟自我的联系，进而刺激消费者做出与品牌保持联系的一系列行为（如更愿意为这个品牌排队等待）。企业如果希望通过带动代言人粉丝效应来宣传自己的品牌，可考虑通过直播增加与消费者说话互动的机会，而不是单单请代言人在社交平台发布文字信息[143]。

其次，品牌相关物主要是指品牌广告活动。一次成功的品牌广告活动能在消费者心中留下深刻的印象，过去营销活动多以企业官方发布为主，随着互联网和社交媒体的发展，越来越多的营销活动开始利用消费者进行内容创造和二次传播，以增强活动的参与感和传播力度。小红书、抖音等新媒体成了品牌营销活动的重要阵地，在推出新产品时，品牌方不仅通过官方账号宣传，还会付费给 KOL、大网红以及腰部尾部网红，鼓励其发帖/视频对粉丝进行种草，增加产品曝光，通过不同粉丝段网红的传播推广，加深新产品在用户群体中的渗透程度，达到更好的宣传效果，如图 2-21 所示。通过鼓励创意消费（creative consumption）不仅能加深消费者的品牌知识，还会增加消费者的积极情绪，如自信、成就感、满足感[144]。消费者进行主观创造的过程，也是品牌营销传播的过程。

图 2-21 伊利 "Y-Milk 未来牛奶" 活动

注：伊利 "Y-Milk 未来牛奶" 活动号召高校师生自由创想伊利的产品、广告、娱乐内容等。

第三，品牌宣传渠道和地点。对于大品牌而言，往往会综合线上线下各种渠道地点进行品牌知识的广泛传播。但是对于资源能力有限的品牌而言，如何在一些渠道和地点上有效侧重呢？首先，在品牌知识传播活动的选址上，我们是选择拥挤且人流量非常大的市中心地区、还是选择人流有限但能给顾客带来舒适体验的边缘地区呢？研究发现，虽然拥挤的场所会让消费者产生负面的不满，并且避免与他人互动，但是也会让消费者更倾向于将品牌作为一种替代方式以维持自己对归属感的基本情感需求[145]。其次，渠道方面，线上渠道是近年来各行业布局的重点，但是品牌需要根据产品特性决定线下渠道的比重。消费者购买大型家具、家电产品前一定会到店进行体验再做决定，即使最终是通过网络渠道购买，线下门店的服务也会影响消费者的品牌知识，因此目前许多家居品牌门店开始向体验店转型，打造线下体验、线上购买的模式。虽然电商已经成为消费者购物的重要渠道，但是线下商超仍然是品牌传播的重要阵地，甚至在消费者沉迷手机的当代，线下渠道也会带来意外的收入。根据信息处理理论，当消费者在商店购物时将信息处理能力分配给手机，分配给原来的焦点人物（购物）的注意力就会减少，因此消费者在商店使用手机会导致注意力分散，影响自己的购物效率并在商店花费更多时间、购买更多的商品[146]。

2.2.5 品牌联想

品牌联想是指消费者在看到某一品牌时产生的印象、联想、意义的总和。虽然品牌联想是自由发散的，但并不是杂乱无章的，品牌联想也具有层次，我们可大致将其分为三种层次：品牌属性联想、品牌利益联想、品牌态度。

品牌属性联想，是指对于品牌特色属性的联想，是一种描述性联想，包含价格、产品外观、使用者以及使用场景。提到小米充电宝，你会想到什么品牌属性？价格便宜，银白色简约外观，外出手机没电时使用……消费者很容易就会产生这些与品牌属性相关的联想。

品牌利益联想，是指消费者感受到的某一品牌产品或服务属性能够带来的价值和意义，包含功能性利益和象征性利益，象征性利益一般与产品物理属性无关，例如提到爱马仕的手提包，消费者们不仅会联想到手提包装东西的功能，也会联想到雄厚的经济实力，较高的社会地位，这是爱马仕品牌带来的象征性利益。

品牌态度，是指消费者对品牌的整体评价。当提及一个品牌，消费者除了想到它的属性、利益，也会自然联想到自己对品牌的喜好程度，消费者对品牌的态度会受到旗下产品的质量及性价比、品牌整体形象和定位、品牌亲社会行为等多方面的因素影响。

除了看到产品会引发消费者对品牌的联想，品牌 logo 作为企业最直接、最明显的品牌元素，也是传递品牌价值的重要途径。研究发现相较于设计尖锐的品牌 logo，设计圆滑的品牌 logo 向消费者传递出更高的产品舒适度，而更尖锐的品牌 logo 则让消费者觉得其产品耐用性更强[147]。这一现象产生的原因就在于心理意象（mental image），是由人们的各种感官体验在工作记忆中组合形成的结合体。当人们在心中形成一种心理意向时，不仅仅会受到产品本身外观属性的影响，也会受到其他线索的影响，品牌 logo 就是一种影响因素。例如，图 2-22 中福特的 logo 设计（相比奔驰）更加圆滑，让人觉得坐在车里会有非常舒适的感觉。

图 2-22　设计圆滑与尖锐的品牌标志

2.2.6　浸入度

消费者在面对不同商品的选择上有不同的决策策略，其中一个决定性因素就是浸入度。浸入度（involvement）是指一个人基于其内在需要、价值观和兴趣而感知到的与客体的关联性。其中，客体包括产品（或品牌）、广告或购物情境。例如，当我们需要购买一辆轿车时，如果这辆轿车对我们来说非常重要，则这辆轿车就是一个高浸入度的产品，此时我们就会详细了解轿车的核心功能再做出决定。而如果这辆轿车对我们来说无关紧要，那我们往往会基于一些非关键的指标做出消费决策，例如通过轿车的颜色进行选择。浸入度反映了我们处理信息的方式。浸入度越高，消费者越倾向于出于对消费结果的关心而全神贯注地解决消费问题，因此更可能拥有更高的消费意愿[144]。最低浸入度的消费决策可称为惯性，在最低浸入度的情况下我们是基于自己的惯性做出消费决策的，消费者缺乏足够的动力去认真比较每一个备选方案的优劣。最高浸入度的状态可称为心流，消费者完全沉浸在自己的消费决策当中，体验到一种掌控感和精神的愉悦，并且无法感受到时间的流逝。例如，当我们在用手机打喜欢的游戏时，我们极有可能达到了一种心流的体验。当人们在选购自己感兴趣或者热爱的领域的相关商品时，我们往往会达到心流的状态。例如，假设你是一名摄影发烧友，那么你在选购相机时极有可能百般纠结、看非常多的选择评价并乐于其中。

那么，商家能够通过哪些方式来了解消费者对于产品的浸入度情况呢？在学术研究中，我们常常会用关于"浸入度"概念的成熟量表。在实际生活中，我们也能通过平台用户的浏览记录、在做出购买决策之前会比较备选方案的数量、将商品放购物车的时间等，依次了解消费者对于产品的浸入程度。

能够触发消费者浸入的因素包括个人因素、客体或刺激因素、情境因素。个人因素指需要、重要性、兴趣、价值观。例如，一位服装设计师会觉得服装 DIY 活动跟自己职业相关，更有可能会参与这样的活动；客体或刺激因素包括备选方案的区别、沟通的来源和沟通的内容。例如，当消费者知道某品牌举办的活动质量是业内相对最高的，他们会更希望去参加；情境因素包括购买或使用情境、场合。例如，相比日常，在圣诞节人们更希望参与商场的庆祝活动。

浸入的形式包括产品浸入、信息-反应浸入和购买情境浸入。产品浸入是指消费者对特定产品感兴趣的程度。一旦消费者选择某一产品，并且该产品让他们非常满意，消费者就非常容易形成对品牌的忠诚度。因此，很多商家都非常希望提高他们商品的浸入度。常见的方法包括私人定制和大众化定制。

首先是私人定制，对于消费者提供定制的差异化服务，很多高端的西装店至今都保留着量体裁衣的服务。其次是大众化定制，大众化定制是在私人定制的基础上拥有足够多的消费者，允许消费者定制自己的产品。例如，耐克结合 AR 技术给消费者提供自己设计运动鞋的服务，消费者可以自主选择心仪的款式、颜色、材质等（见图 2-23）。除此之外，很多企业的营销活动就是为了提高产品的浸入度，例如通过让消费者参与到产品设计过程中来吸引消费者。玛氏食品公司就曾让其品牌的糖果爱好者在线选择 13 种颜色中的一种，并让他们帮助确定出现在 M&M 糖果包装侧面的个性化口号。

图 2-23　耐克专属定制广告

信息-反应浸入是指消费者对营销信息的兴趣程度。消费者对不同信息媒介的关注程度各不相同，如对电视的信息浸入度较低，因为消费者无法掌控电视机里正在放映的内容。相比之下，纸质媒体和移动的客户端都是高浸入度的媒体，消费者在这样高浸入度的媒体当中能够更加主动地接入到信息处理当中，并且更加灵活地决定信息处理的节奏。商家如果将自己的产品或品牌广告投入到低浸入度的媒介当中，就需要在吸引消费者眼球上多费功夫，例如请自带流量的明星代言、用户生成内容（邀请用户在你的网站上撰写体验评价）。另外，在日常生活中我们也能注意到一些有创意的、出人意料的广告媒介，如飞机机身、超市购物车等（图2-24）。

图 2-24　广告的创意渠道

购买情境浸入是指购买情境对消费者的唤醒程度。此处的情境包括实体情境、社交情境、时间情境、促销情境、使用情境多方面的影响。在熟悉的超市中，消费者处于低唤醒、低浸入的状态下，会根据习惯来到自己需要的产品区域，而忽视其它区域展示的信息；当消费者来到较为陌生的超市时，会处于更加兴奋、高唤醒的状态下，此时需要花费更多注意力来处理周围的信息，表现出更高的浸入程度。因此超市、商场时常会改变场地中央促销产品或活动的展示，希望为消费者带来耳目一新的体验，这就是实体情境浸入带来的影响。

2.3　消费者的需要

消费者的需要是指消费者生理和心理上的匮乏状态。需要和人的购买活动紧密相关，人们购买产品、接受服务都是为了满足一定的需要。当然，需要虽然是人类活动的原动力，它也不会始终处于唤醒激活的状态。只有当消费者的匮乏感达到一定迫切程度时，需要才会被激发并促使消费者做出对应行动。需要一旦被唤醒，消费者就会为了消除自己的匮乏感而采取行动，但不会对具体行为有定向作用，因为中间还会受到驱动力等因素影响。例如，当消费者感到饥饿，他们会为了填饱肚子而开始行动寻找食物，但具体选择哪种食物充饥的指向性并不明确。

营销相关人员需要通过明确消费者的需要，提供能够满足消费者需要的产品或服务。因此，掌握消费者的需要，是企业在做市场细分和精准营销过程中必不可少的前提。五菱汽车就是典型的能够敏锐察觉消费者需求的企业。2020年2月，在新冠肺炎疫情肆虐时，口罩成为最为稀缺的资源，五菱开始自建口罩、防护服生产线，紧急召集技术人员组成口罩机生产团队，仅花76小时，广西第一台全自动化"五菱牌"口罩机正式投入使用，数百万只口罩"只赠不卖"（图2-25）。疫情过后，国家开始鼓励摆摊经营，助力经济复苏。五菱汽车再次嗅到风口上的巨大需求，发布了"摆摊神车"——五菱荣光翼开启售货车，车厢三面可一键开关，仓储空间大，移动灵活，乘着"地摊经济"的东风销售火爆。"人民需要什么 五菱就造什么"成为五菱汽车深入人心的宣传口号，一方面体现了民族企业的责任与担当，另一方面也是五菱敏锐洞察消费者需求的体现。

图2-25　上汽通用五菱在疫情期间生产口罩，支持抗疫

2.3.1　需要

需要就是一种驱动力，会驱使人们做出特定的行为从而满足这种需要。需要背后的机理是：消费者的需要会诱发人们紧张的状态，这样的状态让消费者感到不适，因此消费者有足够的动力去削弱甚至彻底消除这种状态。

需要有很多种分类方式，从大的类别来看，可以分为生理需要、心理需要。生理需要的典例就是前文提到的饥饿驱使人们购买食物，心理需要的典例则包括成就需要、归属需要、权力需要和独特性需要。心理需要对于消费行为的影响更强烈并是潜移默化的。成就需要是指人们重视自己的个人成就，因此会特别看重能够彰显自我成功的商品，例如奢侈品；归属需要是指为了与他人建立联结关系，人们会更愿意选购以群体形式消费的商品，例如聚会时的酒饮料；权力需要是指为了能够对自己所处环境有控制感，人们更倾向于选购能够对周围环境产生影响的产品，例如环保型的汽车；独特性需要是指为了能够彰显个人特质，人们会选择具有信号意义的商品来表现自己的独特特质，例如香水。从消费者需要的目的划分，需要可以分为功能性需要和享乐性需要。例如，同样是满足对食物的需要，蔬菜、大米等是人们的功能性需要，薯片、奶茶等就是人们的享乐性需要。

我们要区分几类不同的"需要"：需要（need）、想要（want）和需求（demand）。

需要是指不受外部因素影响，自然存在的消费者需要，可以分为生理需要、社会需要和个人需要。生理需要指的是食物、空气等生存基本要求；社会需要是人对不同社会关系的基本需求，例如家庭、朋友；个人需要是针对个人发展的需求，包括教育、自尊等。

想要则是指消费者存在需要且企业通过提供实际产品或服务可满足的欲望，例如在消费者感到口渴，需要饮品的情况下，他想要喝喜茶。正是因为喜茶提供的产品能够满足消费者对食物的需要，因此消费者产生了想要的念头。

需求是指消费者想获得、企业可满足且消费者有能力支付的需求。因此当一个消费者感到口渴，想要喝喜茶，并且能够支付得起，此时喜茶就成为他的需求。

市场营销的过程就是洞察消费者的需要，利用产品、服务和宣传使自己的品牌或产品成为消费者想要的对象，通过价格定位、促销活动等最终形成消费者的需求。

马斯洛需要层次理论

需要可分为很多层次，这里我们参考美国心理学家马斯洛的观点，将人类的需要按由高到低的顺序分成 5 个层次，包括生理、安全、情感和归属、尊重、自我实现这五种从低层次到高层次的需要，越低层次的需要和动物越相似，较高层次的需要则是人类区别于动物特有的需要（图 2-26）。人们会先考虑低层次的需要，当低层次的需要被满足时，便会产生更高一层次的需要。但是当一个低层次需要再次丧失满足时，它又会成为消费者行为的首选满足对象，例如当一个完成尊重需要的消费者感到饥饿时，他的生理需要开始凸显，需要尽快被满足。

图 2-26　马斯洛需要层次理论

生理需要是需要层次理论中最基础的一层，是人类最基本的需要，包括食物、水、空气、衣服等维持生命的必需产品。当一个人的生理需要长时间得不到满足，它就会占领消费者心智，对于饥肠辘辘的人来说，他无法考虑其他需要，只想得到食物填饱肚子。

能量棒品牌士力架将人们饥饿时可能出现的负面状态印在包装上，例如瞌睡的、呆滞的、暴躁的，告诉消费者"你饿的时候就不是你了"，以此来吸引消费者购买士力架来解决饥饿的生理需要（图2-27）。

图2-27 士力架针对生理需求——饥饿的广告

安全需要是第二层次的需要，包括生理上的人身安全、身体健康，也包括心理上的稳定，例如，收入和财产受到保障。当人们的生理需要获得满足后，安全需要就成为主要需要，人们就会开始希望能有健康的身体、舒适的居住环境，开始进行储蓄、购买保险等降低未来风险的行为。汽车品牌沃尔沃将安全作为品牌的重要定位，正是抓住了消费者的安全需求；越来越多人购买医保、重大疾病保险等，也是为了满足自己的安全需求，希望自己的生命健康有所保障，不致生病时无钱医治；而各类财险保障的则是投保人的财产安全，帮其一定程度上减轻自然灾害或意外事故造成的经济财产损失。

情感和归属需要是一种社会需要，每个人都是社会的一员，需要有亲情、友情、爱情等社交情感，需要付出关怀和接受关怀。因此情人节、父亲节、母亲节、重阳节这些具有情感联结的节日成为商家借势营销的关键时间节点，例如天猫在这些节日都会推出满减等促销活动，煽动消费者情绪，让其为了满足情感与归属的需要而在这些节日做出消费行为。

尊重需要分为内向和外向两个方面，内向尊重是人们对自己的接受和尊重，对自己感到满意的需要，外向尊重则是对社会地位、声望和他人认同的需要。外向尊重需要是消费者炫耀性消费的原因，想要利用物质来体现自己的地位从而获得他人的尊重。品牌也常常利用消费者的尊重需要进行营销，例如房地产广告常用话术"至尊顶配""奢享人生"等，都是利用彰显地位的词语，来满足消费者的尊重需要。

自我实现的需要是最高层次的需要，是指完成个人的理想和抱负，展现自我。兴趣爱好、职业成就等都是自我实现的重要途径。每个人都是独立的个体，有独特的内在追求，因此每个人对自我实现的定义、自我实现的途径是不同的。虽然自我实现是最难达到的最高层次需求，但是企业可以利用消费者对自我实现的追求和渴望进行营销，给消费者以精神鼓舞。许多运动品牌都以鼓励消费者的话语作为广告语：李宁"一切皆有可能"，阿迪达斯没有不可能"Impossible is nothing"，耐克想做就做"Just do it"。

马斯洛需要理论存在一个假设：只有低层次的需要被满足后消费者才会考虑更高一层次的需要，但是现实生活中，没有哪种需要能被彻底满足，因此这五个层次的需要是存在重合部分的，即使人们低层次的需要仍未获得完全满足，人们还是能够去追求高层次的需要。例如，贫苦的孩子还是会有自己的兴趣爱好，通过努力读书来实现自我提升；孟子提出"一箪食，一豆羹，得之则生，弗得则死。呼尔而与之，行道之人弗受；蹴尔而与之，乞人不屑也"所表达的也是人们为了高层次的尊重需要，而放弃了生理需要。

当消费者存在某些未被满足的需要，且有品牌或产品恰好满足消费者需要时，便会产生购买动机。营销人员通过向消费者传递其品牌或产品能够很好地满足某种需要的信息，从而激发消费者的购买动机。

2.3.2　购买动机

购买动机是指决定个体购买行为的内在动力，是驱动个体做出特定行为或表现的过程。人们从事任何消费活动都是由一定动机所引起的。需要会直接引起动机，如人口渴就会有买水的动机。当然，除了生理需要能够影响动机以外，心理需要也会对动机产生影响：延迟满足是指消费者为了长远目标放弃自己即时满足的取向，以及等待期间的自控能力。例如，有减肥目标的群体会为了减肥的目标，控制自己不去吃眼前的美食。真正能够驱动消费者购买行为的仍然是人们的期望和愿景。根据期望理论，人们的行为是由未来获得自己想要结果的期望驱动的。例如，为了获得健康的体魄或身材，人们会坚持锻炼并注意自己的日常饮食。

1.　动机与情绪

动机与情绪之间有着紧密的联系，人们的消费动机会受到自己原生情绪的驱动影响。这是因为我们都有充足的动机强化正向情绪、弱化负向情绪。消费者往往会通过消费行为来缓解负向情绪，在许多年轻人之中流传着一句话"没有什么是一顿火锅解决不了的，如果有，就两顿"。社会化媒体的成功秘诀之一，就是为消费者提供了释放情绪的出口。在大数据的支持下，很多机智的商家利用社会化媒体搜集对产品或公司的评论信息，通过分析消费者评价产品或者公司的情绪关键词，从而了解消费者的情感体验，这一过程也被称之为情感分析（sentiment analysis）。情感分析的结果能够体现消费者对品牌或产品的喜好程度，为企业下一步的产品改进、营销动作提供真实、大量的用户反馈。现如今，消费者购买产品前往往会在社交媒体上进行搜索，企业可以利用社交媒体广告投放，通过传达正面情绪信息引导消费者的购买动机。

2. 动机的分类

购买动机可分为情感动机与理智动机两大类。情感动机，即基于自己情绪体验的动机，包括攀比动机、炫耀动机等。研究发现当身份认同是消费者强烈的消费动机时，他们会拒绝使用自动化的产品[148]。这一现象背后的原因在于，根据自我信号理论，有强烈身份动机的消费者会非常重视参与他们目标身份相联系的一些活动，因为这些活动是一种"自我"的信号。所以，有强烈身份认同的消费者会有很高的内部归因的需求，他们会重视一些自我信号效益更高的任务。自动化轻易地取代了消费者能够拿来表明身份的技能，因为内部归因需要消费者对某一行动拥有效能感和控制感，当某一个产品的使用挑战了消费者的掌控感时，它同时就剥夺了消费者进行内部归因的机会。理智动机，即基于产品认知属性的动机，包括求廉动机、求简动机等。其中，求廉动机是指消费者希望以低价买到自己想要的商品，求简动机是指追求购买或者使用流程简单化。

动机还有两个非常重要的维度，动机强度和动机方向。动机的强度是指人们愿意花多少精力来达成一个特定目标。动机的方向指的就是目标效价。当人们希望达到的是一个积极正向的目标时，我们称之为趋近动机（approach motivation）；当人们希望避免一个消极负向的结果时，表现出的则是回避动机（avoidance motivation）。例如，禁烟或禁毒广告中会出现骷髅、死亡等令人恐惧的元素，目的就是希望人们能够对烟草或毒品表现出回避动机。

由于人们拥有趋近和回避两种动机，因此在做消费决策时可能会出现三种不同的动机冲突，包括趋近和趋近冲突、趋近和回避冲突、回避和回避冲突：

第一，趋近和趋近冲突是指人们在面对两种选择时，这两种选择具有相同的吸引力。在这样选择困难的情境下，如果人们必须要做出选择，就会发生认知失调，即试图合理化自身的认知和选择。例如，当你选购手机时，可能既喜欢 A 品牌的外观设计，又喜欢 B 品牌的拍照功能，但是一般情况下只能在二者中选择一个。因此企业在设计产品时可以通过多种卖点组合进行营销，以缓解消费者趋近和趋近的冲突。

第二，趋近和回避冲突发生在一个商品既有明显的优点、又有明显的缺点的情况下。如果此时消费者无视负面效应，坚持选购这一款商品，就会产生心理的罪恶感。例如，女性穿皮草一方面是财富的象征，另一方面也会被质疑不够环保。在这种情况下，为了帮助消费者解决这一冲突问题并最终促成皮草的消费，营销人员需要尽力削弱消费者感知到的产品缺点。仍以皮草为例，皮草相关营销人员可以通过强调自己出售的皮草采用的是环保仿真的原材料，以促进消费者的购买选择。

第三类冲突是回避和回避冲突，即消费者面对的两个选项都不是自己希望选择的选项。例如，在电脑发生损坏无法使用时，人们只能选择重新买一台电脑或是花重金维修。在这种场合下，营销人员应当向消费者传达某一选择能够带来意外好处的信息。仍以电脑为例，营销人员应当向这类消费者强调新电脑更时尚等信息。如果消费者认同这一观点，那他们很有可能就会做出相应的选择。

总　　结

每个消费者都是独立的个体，拥有与众不同的特点，本章主要关注影响消费者行为的内部因素。从最初的消费者接触营销信息引发认知，到进一步通过学习形成关于品牌的记忆、知识和联想，到最终形成消费者需求产生购买行为，通过营销信息对消费者行为影响的全过程，并分析营销人员如何利用内部因素进行营销活动。

消费者认知是指外界的信息被消费者内部吸收和理解的过程，分为展现、注意、知觉、理解四个环节。展现是消费者对营销信息产生的第一步反应，因此营销人员需要使产品展现在消费者心中留下深刻、良好的印象。当消费者接收到展现刺激，就开始加工所得的信息，进而引起消费者的注意，引发消费者知觉的反馈，通过五官触觉的刺激，帮助产品脱颖而出。随后消费者会展开思考，理解产品信息。这四个环节是紧密连接的，企业需要关注消费者的整个认知过程，介入合适的环节完成营销活动。

学习是认知的下一个步骤，是消费者通过思考或实践产生的，对产品、品牌的经验。通过学习，消费者在脑海中会构建对品牌的记忆、知识和联想。外界信息是在不断更新的，消费者会通过持续学习获得新的相关信息，修正自己对世界的认识。这些信息在消费者脑海中沉淀，成为消费者做出购买决策的重要依据，因此营销人员可以通过营销活动影响消费者的学习过程，达到宣传目的。

需要和购买动机也是影响消费者行为的重要内在因素。消费者需要和产生购买动机是完成购物决策的前提，当消费者有某种未被满足的需要，就会通过消费来满足，此时便产生了购买动机。敏锐洞察未被满足的消费者需要，识别消费者购买动机，是市场营销人员需要具备的能力。

◇ 复习和讨论问题

1. 消费者认知分为哪四个阶段？

2. 消费者回避展现的方式有哪些？在营销中有什么策略可以防止消费者回避展现？

3. 知觉包含哪些维度？营销人员如何刺激消费者知觉？

4. 解释水平理论和图式一致效应是如何分析消费者理解的过程？

5. 行为学习理论和认知学习理论分别是什么？二者之间存在什么差别？

6. 举例分析营销人员如何利用消费者记忆进行营销活动。

7. 品牌联想分为哪三种层次？描述你对一个品牌的联想。

8. 需要、想要、需求有什么差别？

9. 简述马斯洛需要层次理论，你现在处于哪一层需要？

10. 三种动机冲突分别是什么？

答案解析　　扫描此码

营销案例

茶颜悦色的与众不同

2020 年 12 月 1 日，茶颜悦色在武汉的首家门店开业，标志着茶颜悦色终于走出长沙，踏出它迈向全国化的第一步。武汉店开业后，排队时长超 8 小时，原价十几元的一杯奶茶，在黄牛手中炒到了 150 元一杯，仿佛回到了数年前喜茶最火爆的时刻。

2013 年在长沙成立的茶颜悦色，主打以中国风为主题的新式茶饮，立志要做"一杯有温度的奶茶"。与其他奶茶品牌以文字（奈雪的茶、一点点等）或简洁人物头像（喜茶、乐乐茶等）为 logo 不同，茶颜悦色的品牌 logo 是一名古风女子手持团扇的形象，外边框采用中国传统的八角窗造型，多种中国元素让这个 logo 具有很高的辨识度。除此之外，从店铺装修、产品名称、产品包装都贯彻着中国风的特点，"幽兰拿铁""声声乌龙""烟火易冷"等一众古风饮品名称帮助茶颜悦色从众多竞品中脱颖而出，具有自己鲜明的特点。

除了在设计上加强与中国风的联系，茶颜悦色的成功离不开出色的产品。作为奶茶饮品，好喝是最重要的，茶颜悦色的价格定位远低于竞争对手喜茶、奈雪的茶，接近平价奶茶品牌一点点，但是其在原材料上并不平价，使用安佳淡奶油（动物奶油）、斯里兰卡红茶、雀巢纯牛奶、美国进口碧根果等优质原料，高性价比也是消费者喜爱茶颜悦色的重要原因。与其他奶茶品牌主营各类珍珠奶茶、果茶不同，茶颜悦色主要是以茶底+奶+奶油+坚果、茶底+奶的形式，没有加料的选项，并且没有杯盖（打包除外），推荐即刻饮用，产品具有独特性。

在经营策略上，与其他品牌在全国遍地开花不同，茶颜悦色主要在长沙范围内扩展，门店遍布在长沙人流量最密集的街道，100 米之内、一个商场内能有三家门店，仅长沙一个城市，茶颜悦色就有超过 200 家门店。在中国风、奶茶热的潮流中，在互联网的助推下，本地品牌茶颜悦色成为网络红人，网络上各种茶颜悦色测评内容层出不穷，引发了众多外地消费者的好奇，这款只能在长沙喝到的茶颜悦色究竟有多好喝？长沙也成了旅游热门城市，不少游客来到长沙只是为了喝一杯茶颜悦色，这款奶茶已经俨然成了与臭豆腐齐名的长沙新地标。

前 7 年，茶颜悦色立足于长沙地区，不追求快速扩张，专注于品牌建设、产品研发和人员培养。如今有一定实力基础的茶颜悦色开始走出长沙，离开长沙的茶颜悦色能保持辉煌的成绩吗？还有待市场的考验。

讨论题：

1. 基于本章介绍的消费者认知的过程，解释消费者为什么喜欢茶颜悦色的设计风格。

2. 茶颜悦色满足了消费者哪些需要？

3. 通过本章介绍的影响消费者行为的内部因素，分析茶颜悦色的成功秘诀。

答案解析 扫描此码

即测即练

自学自测 扫描此码

第 3 章

消费者的态度与决策

不同消费者对同一广告的反馈

延续第 2 章的情境，小贺在看到肯德基广告后之所以会选择购买，是基于她对肯德基品牌和产品的积极态度，基于过往经历，肯德基的产品能够带给她快乐的情绪，以及幸福感和满足感。但是，同样的广告对另一位消费者却没有引发购买行为：小元是健身爱好者，注重身材管理和健康饮食，对饮食比较节制，她不喜欢油炸类高热量的食品，对肯德基等快餐品牌并不感冒，认为这类食品不够健康营养，而且容易导致发胖，所以当她看到肯德基投放的开屏广告时，广告内容并没有引起她的兴趣，甚至因为广告造成她打开 App 的延迟感到一丝不悦，便迅速点击了"跳过"。不同消费者对品牌的态度是不同的，因此同一则广告对不同消费者会产生截然不同的影响，从而导致不同的购买决策。

消费者在接触、了解和消费某一品牌所提供具体产品或服务的过程中，往往会对该产品、服务或背后的产品提供方形成一种态度。这一态度不仅决定了消费者看待企业和它所提供产品或服务的方式，也在很大程度上影响着消费者的购买决策行为。当营销相关人员希望维持或者改变消费者的消费决策行为时，首先需要考虑如何改变其态度。

3.1　消费者态度及其功能

消费者的品牌态度是指由消费者的情感、认知和行为所构成的一套持久性系统。由于人们的态度不太容易在短时间内突然改变，且随着时间推移会对特定品牌旗下的所有产品或服务产生相似态度，因此态度具有持久性、一致性的两大特征。在不考虑品牌突发事件的前提下，消费者的品牌态度一旦形成，就很难发生大的改变。因此，帮助消费者形成正向的品牌态度对品牌方来说非常重要。

3.1.1 态度的功能

参考卡茨（Katz）的四功能说，消费者的动机决定了消费者的态度，态度的存在主要是因为四大功能的实现，包括实用功能、自我防御功能、认知功能及价值表达功能。

实用功能，指基于产品实用性产生的功能，消费者会根据自己使用产品的感受直接产生对产品或品牌的态度。例如，某药物帮助一位消费者有效缓解疼痛，带来舒适的感受，该消费者会对此药物产生积极的态度，但是如果该药物对另一位消费者几乎没有感知作用，就会带来负面消极的态度。

自我防御功能，指由于产品帮助个体回避或忘记难以正视的现实、保护个体的现有人格和保持身体健康而形成的态度。例如，霸王防脱洗发水帮助消费者预防脱发窘境，消费者对防脱洗发水的态度取决于其能否达到良好的预防效果。

认知功能，产生于人们对事物的认识与理解的需要。当消费者面对新产品或服务时，有详细了解产品和服务的需要，因此品牌可以通过强调产品的定位、优点，加深消费者认知，从而影响消费者态度。例如，糖尿病病人因为有定期检测自身血糖情况的需要，会自发主动地了解血糖检测仪的使用方法，此时如果产品介绍无法帮助消费者清晰了解产品信息，则可能造成负面影响。

价值表达功能，指形成某种态度能够向别人表达自己的核心价值观。消费者购买产品可能是出于实用性需求，也可能是因为该产品能展现其个人特性。例如，部分消费者会通过购买故宫文创产品来表达自己热爱中华传统文化的特质，当消费者顺利通过产品传达自身的特性时，其将对产品产生积极态度。

3.1.2 态度的表达与形成

研究发现，自我表达可以通过一个人的言论、写作、行为、选择等方式表现出来[149]。态度作为言论的具体表现形式之一，同样具有自我表达的功能，包括喜爱度评价等。例如，小王是一位流行音乐的爱好者，这一点能够非常明确地表达出其身份特征，可以作为识别其特质的重要因素。

那么消费者的态度是如何形成的呢？人们对于特定产品或品牌的态度是通过学习形成的，这种学习包括三种方式：经典条件反射、工具性条件反射和观察学习。经典条件反射就是选择能够激发消费者积极情绪的刺激材料，然后将商品与该刺激材料进行匹配。例如，可口可乐的广告背景音乐往往是热烈和充满激情的，这样带来的结果就是人们在面对可口可乐的产品或品牌时激情会油然而生（图 3-1）。工具性条件反射是指营销人员为使用商品的消费者提供正向的强化，使得消费者对于这一商品形成积极的态度。仍以可口可乐广告为例，当广告宣传中不断传递可口可乐畅爽解渴的信息，人们就很有可能在自己口渴的时候也偏好可乐这款饮品。观察学习是消费者可以通过观察他人的行为，最终形成对于产品的态度。例如当消费者看见身边的朋友在口渴时举起一杯可口可乐开怀畅饮，消费者可能也会做出相同选择。

图 3-1 可口可乐广告

3.1.3 态度投入水平

对于营销者而言，只是让消费者对其产品持有积极态度还远远不够。这是因为虽然同样持有积极的态度，对应这一态度背后的投入水平仍然有很大差异。具体来说，态度的投入水平可以分成三种不同的类别，由低到高包括顺从、身份认同和内部化三种水平。

第一种投入水平的态度是顺从，当处于顺从水平的态度时，消费者的投入程度是最低的，其态度也最容易发生改变。顺从态度的形成原因就是消费者能够从商品中获得奖赏或者避免惩罚。例如，一位星巴克的狂热爱好者可能会在买不到星巴克咖啡的时候考虑其他可以暂时替代的品牌咖啡，对于其他品牌的咖啡形成一种顺从的态度，因为其他品牌的咖啡在当下能够满足他的需要。但是这样一种顺从的态度并不稳固，在后续条件具备的情况下消费者还是会回过头来买星巴克的咖啡。

第二种投入水平的态度是身份认同。由于消费群体具有社会属性，处在一定的社会压力下，身份认同就是消费者为了与他人或者其他团队保持一致而形成的态度。例如，面对口感相似但价格偏贵的有机食品，消费者可能并不愿意去购买。然而，当身边的朋友都选择购买有机食品，人们就很有可能为了跟自己的参照群体保持一致而做出相似的有机食品购买举动，此即身份认同感给消费者带来的影响。

第三种投入水平的态度是内部化，这是一种高水平的态度投入，也是消费者价值体系的一部分。当消费者对某一产品或品牌的态度已经根深蒂固，他们的态度就很有可能已经内部化并且成为自身价值体系的一部分。此时，这种态度对于消费者而言已经具备非常重大的意义，并且也是最难被改变的。可口可乐之所以在美国非常成功，一个重要原因就是内部化水平的建立，可口可乐已经成为美国人生活方式的一部分。其他饮料虽然提供了多样的口味，但始终无法撼动可口可乐在美国人心目中的霸主地位。对于品牌方而言，消费者对品牌旗下的产品产生身份认同甚至是内部化的态度都是至关重要的，商家应当积极让消费者对自身品牌达到这样一种状态。

3.2　消费者决策的过程

　　决策是从多个选项中选择一个，每个人每天都要面对许多决策：早餐吃什么？穿什么衣服？乘坐什么交通工具？大大小小的决策贯穿于消费者的日常活动中，部分重大的决策也会影响他们的一生，如高考志愿填报、就业选择、伴侣和婚姻选择等。消费者的决策直接决定了商家的销量状况。明确消费者在购买决策全流程中的内容及影响因素，有助于帮助商家做出针对性的营销方案。

　　消费者的决策策略可分为认知型决策、情感型决策和习惯型决策：认知型决策是基于理性思考、深思熟虑得出的结果，是消费者按照既定步骤做出的决定。情感型决策是消费者在受到强烈正向情绪的驱动下，在某一瞬间做出的选择。习惯型决策同样历时较短，是消费者在潜意识的状态下自发做出的决策。基于前述浸入度的概念，当消费者在面对低浸入度的商品时，会更容易做出习惯性决策。相反，在面对高浸入度的商品（如电脑、汽车等）时，消费者会在认知和情感型当中进行选择，可能会通过搜集大量信息做出决策（即认知型决策），也可能会基于对某一品牌的强烈好感做出决策（即情感型决策）。例如，在购买手机时，人们可能会通过亲朋好友推荐和查阅大量产品信息来做出理性的手机购买选择，也可能由于特定人群本身就是"果粉"或"米粉"，在品牌正向情绪的驱动下选择购买苹果或小米手机。

3.2.1　决策的过程

　　消费者购买决策的过程主要包括认识需要、信息搜集和品牌评价这三个阶段。

　　认识需要方面，首先，消费者的购买决策应当从意识到某个需要解决的问题开始。从实质上来说，这种问题的认识主要源于消费者的期望状态和目前感知状态之间的差距。然后，受内外部因素的刺激，消费者开始意识到自己存在的问题。最后，这项意识是否会转化为购买行动，取决于消费者感知差距的大小和感知到的该问题重要性。如果说感知差距并不大，或感知问题并不重要，消费者便不会付诸任何的后续行动。

　　信息搜集，是指当消费者意识到某个需求问题的存在并且感到十分有必要采取行动去解决时，他们就会从各方面搜集信息，包括内部和外部两种方式。其中，内部方式是指通过自我付出努力来获取决策信息，如从过往记忆中搜寻相关信息。外部方式是指借助外界其他人的资源获得帮助，如亲友推荐、各种网络平台的口碑评论等。在互联网信息充斥的时代背景下，我们常常面临信息过载。由于人的认知资源是有限的，当环境中信息过载时，人们无法对所有的信息进行处理和加工。因此，在可用认知资源充足的情况下，人们的决策行为往往经过深思熟虑，以较为理性的方式给出自己的决策结果。而在可用认知资源被占用时，人们的决策则更多依赖于感觉或本能，以感性的方式去加工处理信息[150]。例如，面对拥挤的就餐环境，消费者认知资源往往容易被环境分散，因此更依赖自己的本能做出选择，最终增加了卡路里摄入量。

完成信息搜集后，消费者会形成一个自己的品牌考虑组，用一定的评价标准来决定哪一个方案会在满足各种约束条件的情况下，最适合解决消费者所面临的需求问题。通过确定评价标准和备选方案在每一评价标准上的绩效值，选取最优方案最终做出购买决策。

3.2.2 影响决策的因素

前文提到的内部、外部因素及消费者的态度都是影响消费者决策的重要因素。除此之外，消费决策过程所用时间会受到消费者情绪的影响。在 2020 年全民攻坚克难、抵抗新冠肺炎疫情的时候，人们的恐惧情绪降低了消费者的决策延迟，加速他们对于产品或服务的选择决策过程[151]。这是因为人们在经历恐惧时，相对过去和未来会更加关注当前的威胁，将自己的注意力资源更多集中到现在，对现在有可能发生的威胁产生警觉。同时，为了注意并记录到潜在的威胁，个体对周围环境的记忆力也会增强。这也解释了疫情期间的消费者在做选择时能够高效选择相关性评估信息的原因。

线下门店的情境设置也会影响到消费者的购买决策。目前来说，实体店正在尝试利用各种方法来记录消费者的行为，包括 VR 手势识别、眼动技术等。在店内决策中，店面布局、店面氛围、心理账户、销售人员等都会影响消费者的消费决策行为。

第一是巧妙的店面布局，巧妙的店面布局会让消费者在逛商店的过程中更多维地观察到丰富的商品，进而增加消费的金额或数量。以宜家为例（图 3-2），由于消费者不得不逛完所有的区域才能走到结账区，消费者自然会在逛店的过程中发现各种新奇的小物件并顺手将它们放入购物车内。

图 3-2　宜家迷宫般的店内布局

注：宜家门店往往面积很大，通过巧妙的店内布局和引导，确保消费者能充分路过门店的每一个区域。

第二是店面氛围，商家应特别关注店面的颜色、气味和背景音乐，在本章前述内容中也有涉及这些外部刺激的重要性。如果这些刺激材料让消费者感到精神愉悦，消费者就会在店里停留更长的时间并消费更多数量或金额。例如，在条件允许的情况下采用自然光照明能够增强消费者的正向情绪，最终显著提升销量。在餐厅播放快节奏的音乐会让食客的食量大增。在一些健身房，商家使用了黑色和红色作为装修主色调，刺激消费者产生兴奋的情绪，更符合运动氛围，为他们营造更好的健身环境，有利于他们获得更有效的健身体验。

第三是心理账户，心理账户是指消费者为自己的日常消费设置不同的心理账户和相应预算。在预算不足的情况下，消费者可能会放弃购买一款商品。对于商家来说，要设法诱导消费者为其出售的商品设置单独的心理账户，避免消费者产生预算不够的情况。有的时候，消费者的店内决策需要一些神秘力量的助推，例如，商家可以通过手机自带的 GPS 或连接店内网络的手机掌握到店用户的信息，并向这类到店人群推送电子优惠券。由于消费者往往是厌恶损失的，人们通常不会放弃商品打折的机会，因此优惠券能刺激消费者选择购买。

第四是销售人员，销售人员是商品与消费者之间的重要桥梁。销售人员需要着装得体，并具备足够强的动机来做好销售工作。消费者在和销售人员的接触过程中，会直观感受到销售人员对工作的热情程度。当消费者感受到销售人员的专业和真诚时，他们也会有更大的概率去购买这件商品。除服务专业度和真诚度外，销售人员本身的一些特质也会影响到消费者的购买意向。例如，身材健硕的男性销售员会让男性顾客产生社会比较的压力感，进而做出购买高价商品的行为以证明自己社会地位。优秀的销售人员也应当寻找自己跟客户之间的相似性，以拉近双方之间的心理距离。

3.3　消费者的购后行为

在做出实际购买行为以后，消费者会决定是继续重复购买还是不再购买的决策，这取决于消费者购买产品后对于产品的整体感受，我们可称之为消费者满意度。在互联网时代，商家的口碑非常重要。当消费者满意度高时，他们会更容易形成对品牌的依恋，并在需要时重复购买，甚至在微博、微信等平台自发做商品的宣传推广，因此企业需要想方设法提升消费者对品牌的依恋程度。例如，对于强调体验感的享乐品而言，在包装上使用手写字体能够加强消费者对其的情感依恋，最终提高对该产品评价的满意度和重复购买意愿[152]。研究发现，拥挤的环境能够增强人们的品牌依恋，最终增加复购率[145]。例如，很多网红奶茶店虽然严重排队，但是消费者仍然非常愿意继续购买其产品。对于商家来说，把一件商品卖出去还远远不够，需要密切关注消费者对产品的满意度。

对于商家而言，为了提升消费者的售后满意度，商家可以考虑从两方面着手进行改进。

第一，进一步提升产品或服务的质量。首先商家要提供高质量的产品或服务，以满足消费者的需求，当商家提供的产品或服务让消费者在体验和使用的过程中感到舒适、满足，消费者满意度自然得以提升。同时，当消费者使用产品或服务遇到问题产生不满情绪时，商家需要通过优质的售后服务，积极解决消费者的问题，以此弥补消费者满意度的损失。除了消费者主动寻求的售后服务，商家应当关注对于负面事件的舆论情况，在应对自己的产品或服务出现质量等负面事件时，应当迅速、主动采取行动，提出合理的解决方案，恢复消费者对于产品的信心。例如召回所有存在质量隐患的商品，做好危机公关等。

第二，管理消费者对产品或服务的预期。根据期望不一致模型，消费者会基于之前使用的类似产品或服务的经验，以及他们手头掌握的有关产品的信息，形成对于产品质量的期望：如果某一产品或服务的使用体验与消费者的预期一致，消费者不会对此做出过多的反应；如果实际使用体验低于消费者的预期，消费者的售后满意度则会大幅度降低；如果商品的实际使用体验高于消费者的预期，消费者就会对这一件商品非常满意。例如，人们在进入一家餐馆前会根据餐厅的选址、装潢、价位等因素，对于这家餐馆的服务和菜肴品质做出预估。同样是发现杯具上有轻微污渍，如果这发生在一家高档餐厅中，消费者会感到非常恼火，但如果发生在路边小店中，消费者很有可能会不以为意，自己擦干净再继续使用。因此，商家在管理消费者预期时，应重点注意不要做出自己无法兑现的过度承诺。例如，某电器商家因售后服务等待时间过长受到消费者诟病，商家短期内无法实现服务快速响应，因此直接延长了为消费者承诺的售后服务响应时间。这一举措反而提升了消费者对于售后服务的满意度。

消费者满意度除了受到内部因素的影响以外，一些外部因素（如口碑）也会影响到消费者的购后行为。在现实生活中，当消费者对同一产品或服务有不同的评价时，有消极经历（负面产品体验）的人在与有积极经历（正面产品体验）的人交谈后，有消极经历的消费者会提高对于该产品或服务的整体评价，并且产生更强烈的回购意愿。相反，有积极经历（正面产品体验）的人在与另一个有消极经历（负面产品体验）的人交谈后并不会改变对于该产品的评价[153]。这种不对称的现象表明，在一对一交谈形式的口碑传播过程中存在积极效应。消费者对产品使用经历的归因往往会影响产品的评价。在以某种产品或服务为中心话题的一对一交谈中，许多消费者都会分享关于自身使用产品或服务的真实经历。这是因为一对一的交谈属于窄播（narrowcast），消费者只对一个人讲述他们的经历，所以消费者的分享动机不在于给他人留下积极印象，而是注重传播和搜集有用的产品信息。因此，消费者更愿意分享真实的经历，并且相信身边朋友所说的也是真实的经历，进而将身边朋友的产品使用经历归因于产品本身，而不是他们的分享动机。

优秀的商家还会主动进行消费者满意度调查，关注消费者产生不满情绪的原因，根据消费者反馈做出相应调整。例如，某航空公司会对乘客在旅行全程的旅行体验进行调研。经调研发现，乘客在空中飞行环节的满意度较高，主要不满意的原因在于办理值机和等待托运行李到达的环节。了解到这样的用户反馈信息以后，该航空公司更加注重在航线全过程中给乘客带来的旅行体验，与机场沟通后对协助办理值机的相关工作人员进行了培训，让其整体更加专业化且态度更加真诚；此外，督促行李托运环节的速度及效率，尽量减少托运行李旅客的等待时间，最终提升了该航空公司的服务满意度。

总　　结

消费者的品牌态度和决策是决定品牌方最终盈利状况的直接性因素，对于商家而言是至关重要的环节。营销相关人员应当重点把握影响消费者态度和决策的因素，促使消费者形成正向的品牌态度与购买决策，最终获得业内良好的口碑。

由于品牌态度能够帮助消费者实现实用、自我防御、认知及价值表达的四大功能，消费者往往会对某一品牌拥有一致性、持久性的态度评价。这样的态度是通过消费者学习形成的，包括经典条件反射、工具性条件反射和观察学习三种学习方式，这也是品牌商家能够重点发力的三大途径。借由这三大途径，品牌商家能够帮助实现不同水平程度的品牌态度，由低到高分别是顺从、身份认同和内部化三种水平，其中内部化是品牌商家期望达成的终极目标。基于特定的品牌态度，消费者会通过认识需要、搜集信息和评价品牌的过程来做出决策，包括认知型、情感型或习惯型决策。影响消费者决策的因素包括外部宏观环境、人群口碑、线下门店以及消费者内部特质因素。品牌商家应基于外部宏观背景以及不同消费者内部的差异化特质，合理安排线下门店布局、店面氛围、心理账户、销售人员，提供适销对路的产品或服务。

消费者的满意度会直接影响到其购后行为。当消费者对某项产品或服务的满意度较高时，他们更容易做出重复购买或正向口碑推荐的行为举措。因此，为了提升消费者满意度，品牌商家应进一步提升产品或服务的质量，恰当管理消费者对产品或服务的预期，并主动进行消费者满意度调查。

◆ 复习和讨论问题

1. 什么是消费者的品牌态度？如何理解态度的四大功能？
2. 品牌态度的形成原因有哪些？如何从成因入手促使消费者形成正向的品牌态度？
3. 如何理解态度的不同投入水平？请举出现实生活中的实例。
4. 消费者的决策过程包括哪些内容？有哪些因素会影响消费者决策？
5. 研究消费者购后行为的意义是什么？商家应在哪些方面重点发力以提升消费者的购后满意度？

答案解析 扫描此码

◆ 营销案例

海底捞如何应对变与不变

海底捞餐饮公司成立于1994年，是一家融汇各地火锅特色的大型连锁餐饮企业，以极度人性化的高质服务闻名于餐饮行业。多年以来，海底捞历经市场与消费者的检验，成功地打造出美誉度极高的优质火锅品牌。其中，一直不变的是满足消费者无微不至服务需求的理念，而需要应对的变化包括科技变革与进步，以及负面的突发事件。

海底捞是贯彻"以人为本"理念的公司典范，其所提供的人性化服务已成为教科书级的存在。海底捞的服务包括"三级服务体系"，即满足、超出和感动：当用户对产品或服务有需要时，此即满足顾客基本需求的时机；当用户有个性化需求时，此即能够超出用户期望的时机；当用户有困难需要帮助时，此即让用户感动的时机。基于这样的服务理念，海底捞拥有其他餐饮企业难以想象的创新服务。例如，在海底捞可以免费做美甲，单人吃火锅可以抱一只毛毛熊陪伴用餐；海底捞餐厅常常会有顾客排起长队，为了安抚顾客在等待时的焦躁情绪，海底捞为顾客提供了飞行棋、千纸鹤等小游戏，顾客不仅能够玩游戏消遣时间，还能够边玩游戏边积攒代金券，每五只千纸鹤可以兑换一元代金券，玩"王者荣耀"击败对方英雄达到一定数量后截图给店员可以兑换相应菜品。

"以人为本"的理念不仅体现在客户服务上，也体现在员工管理方面。海底捞鼓励员工创新思考，赋予基层员工免单的权利，并且在员工的衣食住行上提供家人般的条件：穿着方面，海底捞给员工提供的统一服装鞋饰上身都非常专业体面，给顾客带来良好的就餐环境视觉体验；饮食方面，海底捞包管员工日常四餐，且不同于大众餐饮品牌提供剩菜，海底捞提供了高品质的员工餐；住宿方面，海底捞会专门给员工配备宿舍，提供贴心舒适的住宿基础；交通方面，由于员工宿舍往往在门店附近二十分钟可至的范围，员工上班通勤也非常便利。

在科技时代的大背景下，海底捞自2017年起开始涉猎人工智能并推出首家无人智慧餐厅，让消费者从进店到离店的全过程都能享受到全面且全新的体验：在进店排队等候处，为了减轻消费者在排队等候过程中的负面情绪，海底捞打造了电影院般充满科技感、酷炫的等候区，提供休闲项目和零食。海底捞还与松下电器合作，推出了自动出菜机，后续的点菜、出菜、传菜、买单等环节也均由机器人提供专业高效的服务。这一举措既能够提质增效，也营造了海底捞与时俱进、不断创新的企业形象。

2017年8月，海底捞在北京的劲松店和太阳宫店相继被记者爆料存在食品安全问题，包括后厨老鼠四窜、洗碗池用来洗簸箕抹布、洗碗机蓄水池都是腐臭油脂等，一时成为众矢之的。作为餐饮行业的巨头，且品牌宣传中特别注重食品安全的海底捞，这样关键性的问题让媒体大众广泛产生了负面情绪和评价，很多回头客甚至纷纷表示以后不会再光顾海底捞。然而，在舆情爆发的三小时后，海底捞官方迅速响应，向大众发表了致歉信，并在后续的三小时内公开发布了7条对应这一问题的处理通报，给广大关注者提供了公开透明和充满企业责任感的食品安全控制措施承诺。这样及时良心的企业公关，让海底捞在这次食品安全丑闻中减少了重创伤害，也在一定程度上挽回并重塑了海底捞的企业形象。据披露，海底捞后厨事件发生后，最终公司的股票和运营并没有受到大的打击，反而有一定上涨。

2020年新冠肺炎疫情期间，海底捞再一次曝出负面事件：受门店高成本与低客流影响，海底捞管理层决定提价。有关"海底捞复工后涨价约6%"的话题阅读量超过5亿，部分消费者觉得疫情让餐饮企业受到很大的财务打击，提价情有可原。而另一部分人则认为海底捞缺乏企业责任意识，表示涨价后不会再去海底捞消费。在网络形成热议以后，海底捞官方基于大部分消费者的负面评价又很快发出道歉信，并宣布价格仍将恢复至疫情前水平。对于提价事件是否只是海底捞的品牌营销策略，我们不置可否。而此次事件全程中，海底捞的品牌表现以及预期的后续影响仍有待讨论。

讨论题：

1. 海底捞促使消费者形成对于品牌正向态度的主要做法是？

2. 你认为海底捞能够吸引消费者重复光顾的因素包括哪些？

3. 你如何评价海底捞两次应对负面事件的处理方式？你认为这种做法成功或失败的主要原因是什么？还有哪些被忽略的可改进之处？

答案解析　扫描此码

即测即练

自学自测　扫描此码

第2篇　从消费者的便利出发 传递消费者价值

　　传统4P理论将渠道（place）视为营销过程的一个重要环节，从产品视角出发，渠道代表产品如何从生产商流转至消费者手中。4C理论从消费者视角出发，渠道代表着消费者获取产品的便利性（convenience）。如何选择适合的渠道，提升消费者便利是企业需要考虑的重要议题。

　　本篇从消费者便利的评估维度、新技术应用两大方面展开介绍。消费者便利可以从决策便利、获取便利、交易便利、使用便利、售后便利五个维度出发，全面评估消费者整个购物流程的便利程度，并通过渠道设计、渠道成员选择以满足消费者的便利性需求。近年来，新技术被广泛运用于营销领域，第5章将着重讨论新零售和前沿技术对消费者便利的影响。

第 4 章

提升消费者便利的渠道设计

一双球鞋的诞生

小李在电商平台购买了一双新款球鞋，通过快递送到他的手中，完成交易过程。这看似是小李和品牌之间的一次简单交易，但是这双球鞋到达小李手中之前，经历了一系列复杂的渠道流转。品牌方设计好球鞋样式，下发给合作生产商进行生产，为了方便后续运输，生产商遍布全球各地。同一批生产出来的球鞋，可能流向不同渠道，有些经过地区经销商的手，层层下发到达线下门店；有些来到电商专用仓库，等待来自不同平台的买家下单，最终到达像小李这样的消费者手中。在这个过程中，生产商、批发商、零售商、运输公司、运营公司等多种角色参与其中，共同构成了完整的销售渠道。

过往营销教程中强调渠道的重要性，企业通过不同的渠道发送、售卖各式各样的商品，消费者通过渠道获得自己需要的产品[154]。从消费者角度观测每一次完整的渠道流通，可以分为购买前、购买时、购买后三大阶段，每个阶段又能细分为多个环节，每个环节都会影响消费者对便利的感知，进而影响消费者的购买行为。企业在选择各个渠道环节的设计和布局时，不仅要评估是否能提升产品流转效率，还要评估是否能改善消费者便利，综合考虑自己的成本和消费者的需求，来制定合适高效的渠道策略。本章将从横向和纵向两个视角，探讨渠道设计如何从不同维度提升消费者便利，讲解渠道的多种结构和环节，并探讨如何根据消费者的不同需求来选择合适的渠道成员。通过阅读本章节，读者可以初步了解如何从消费者需求和便利的角度出发，来考虑企业的渠道设计策略。

4.1 影响消费者便利的渠道结构

一条完整的渠道，可以包括生产商、代理商、分销商或批发商、零售商或经销商、最终消费者等，这些中介环环相扣使得商品或者服务可以从生产者到达最终购买者。从横向看，渠道结构有众多类型，各渠道类型包含的各环节中间商数量不一，各环节平行的经销商数量也存在差异，不同企业布局的渠道数量也不同。总结看来，渠道结构受到渠道长度、宽度、广度的影响。

渠道长度是指产品从制造商手中转移至消费者手中所经过的中间环节的多少。如果中间环节越多，产品要经过多种中介才能到达最终消费者，则说明渠道越长，中间环节越少说明渠道越短。根据中间环节的多少，渠道长度可以划分为直销和分销。

渠道宽度是由经销某种产品的并列批发商数量、零售商数量、代理商数量来确定的。生产商为进行产品的分销利用的经销商数量越少，则渠道越窄。根据渠道的宽度，可以分为密集型分销、独家分销、选择性分销。

渠道广度是指生产制造企业选择渠道条数的多少。如果采用的渠道数量越多，则渠道广度越高。根据企业的渠道广度，可以划分为单渠道策略和多渠道策略。

4.1.1 渠道长度：直销 VS.分销

直销是指去掉中间商，减少流通环节，厂家直达消费者的模式，是短渠道的体现。**分销**是指产品通过一定的中间环节销售给消费者，是长渠道的体现。生产供应商可以选择直销的方式直达终端购买者，也可以选择分销，通过中间商覆盖更多的消费者。

直销、分销的形式选择，决定渠道设计的长短，受市场、产品、购买行为、企业自身等多方面因素影响（表 4-1）。

表 4-1　直销渠道和分销渠道的差异

渠道设计	市场	产品	购买行为	企业自身
直销	市场规模小，覆盖面小	技术性强，非标准化	购买量大，频率低	资金实力强
分销	市场规模大，覆盖面广	技术性弱，标准化	购买量小，频率高	资金实力较弱

市场

如果主营产品的市场覆盖面广，目标消费者遍布各地，例如洗发水、沐浴露等日用品，消费者遍布全国甚至全世界。此时，就需要采用分销的方式，在各个地区设立分销机构，通过代理商、零售商将产品送达各地，利用长渠道降低厂商的销售成本；如果产品市场规模较小，或者目标消费者聚集度高，适合采用短渠道直销的方式。

产品

技术性强的产品需要专业的安装指导和售后服务，厂商一般不愿意将自己的技术传授给中间商，技术泄露带来的附加成本往往高于自行销售带来的成本，因此更适合选择直销模式；技术性较弱的生活用品，主要依靠大量出货来获取利润，则可以放心交给中间商销售。非标准化的产品需要按照客户需求定制，增加中间商会导致信息传递成本的增加以及信息偏差风险的增加，厂商选择直销方式便于了解客户的需求。

购买行为

购买量大或购买频次低的产品，适合采用短渠道直销方式，例如，企业购买办公用品，会一次性购买大量产品，但数年才会采购一次，采用直销的方式能降低物流和仓储成本。但如果是购买量小但频次较高的产品，则适合采用分销方式，提高消费者获取产品的便利性。

企业自身

采用直销方式需要企业自己掌控营销的全流程，此方式对企业资金、人员要求较高，需要有强大的资金支持，而资金能力弱的企业如果要承担全流程的运作，风险比较大。所以，如果企业无法独自完成整个销售流程，可以引入其他中间商的力量来完善渠道。

以上分类只是基于普遍情况探讨，并不代表所有企业都要按照以上分类选择渠道长短，例如资金实力强的企业并非必须选择直销，需要考虑投资回报率具体分析，如果将资金用于投资其他领域的收益远远高于建设直销渠道，则应该选择分销方式。

直销的渠道结构比较简单，由生产商直接联系消费者。如果企业选择直销模式，则需要承担中间商从事的职能，建立自己的销售队伍和分销店、规划自己的营销网站等。如此，一方面，企业付出了更多的成本，另一方面，企业能够获得信息沟通效率上的提升，可以更快、更直接地获取消费者的反馈。比如，消费者可以直接和生产商沟通自己需要怎样的产品和服务，目前的产品和服务有哪些可以改进的地方等，从而获得更高的消费满意程度。

生产商如果采取分销模式，则对渠道的投入较少，对自身管理能力的要求会相对降低。如果产品是标准的，单位价值不高，技术含量不高，人员促销对销量的贡献比重较小，生产商可以采取分销的模式。

4.1.2 渠道宽度：密集分销 VS.选择性分销 VS.独家分销

分销根据不同的渠道宽度，即零售商数量的多少，可以分为不同的渠道结构，不同分销类型有不同的优缺点，适用于不同的品类，如表 4-2 所示。下面将对分销进行进一步讲解。

表 4-2 不同分销类型的优缺点分析

	密集分销	选择性分销	独家分销
优点	市场覆盖范围最广	生产商对渠道控制程度较高；成本较低；市场覆盖范围较广	生产商容易控制经销商，决定渠道策略；生产商和经销商关系更加密切，避免渠道内竞争
缺点	生产商对渠道控制程度低，管理较困难；容易存在渠道内竞争	生产商需要为选择的经销商提供一定的服务；可能存在渠道内竞争	市场覆盖范围更小；不利于快速适应市场；对经销商依赖性过强，风险较高；降低消费者购买便利性
适用品类	便利品	选购品、特殊品	技术性强的耐用消费品、高档奢侈品

密集分销是指生产商利用尽可能多的零售商销售自己的产品。对于生活必需品，消

费者重视便利性，更适合采用密集分销的渠道结构。比如，罗森和全家这样的便利店在全国各地开设大量门店，是典型的密集分销渠道。截至 2019 年 7 月，全家便利店在全国共有超过 2800 家门店。截至 2020 年 10 月，罗森在全国约有 3000 家门店。这些小型便利店主要分布在办公写字楼、住宅区、交通枢纽等人流密集处，主要服务对象为门店周边小范围内的消费者。以上海交通大学徐汇校区为例，方圆 1 公里范围内，据不完全统计，有超过 30 家各连锁品牌的便利店，包括全家、罗森、好德等，其中全家多达 10 家。采取密集分销可以使消费者更容易接触到自己需要的产品，但是生产商对分销渠道的控制程度会降低，各中间商之间也可能产生激烈的冲突，需要投入更多的成本去管理各中间商。例如，可能存在某个分销商私自降低价格或提供其他优惠方式以抢夺市场、分销商服务客户范围重叠导致的效益与成本比降低等问题。为了解决渠道中的冲突，生产商可以选择在早期设立制度化机制，如设置奖赏和惩罚、第三方介入机制、建立关系规范等[155]。

选择性分销是指制造商在特定地区选择几家零售商销售其产品，这样的策略下分销商的数量会低于密集分销，在一定程度上可以降低密集分销带来的弊端，生产商无需在数量众多的分销点上消耗金钱和时间成本，也提升了对分销渠道的控制，同时保障生产商能够较大范围地覆盖目标市场。但选择性分销对企业提出的新要求则是如何选取恰当的、优秀的、足够数量的中间商。选择性分销模式比较适合选购品和特殊品，即顾客需要通过精心比较和挑选后才决定购买的产品，如家电、汽车、服装等。

独家分销是指在某地区内仅独家授权一家中间商经营公司的产品，也要求被授权的中间商不能再销售同类竞品，生产商和分销商之间相互捆绑，依赖性强。独家分销可以避免渠道中间商之间的竞争和摩擦，使得渠道策略可以统一实行，确保了中间商服务的统一化和标准化。但独家分销覆盖的消费者范围可能会比密集分销和选择性分销更小。同时，独家分销对绑定的双方均有较高风险。分销商可能面临着生产商抽成以及授权费用变动的风险、产品在区域内竞争力不足带来的营收减少的风险等，从而可能采取一定的备择方案，造成生产商更大的风险；如果中间商发生变动无法正常销售，生产商在该地区的销售渠道将被切断，导致失去该地区的市场。双方之间的博弈使得看似捆绑在一起的两家有了更多的不确定性。因此比起其他分销方式，选择独家分销的企业需要更加注意合作伙伴的选择。独家分销作为最窄的分销渠道，适用于技术性强的耐用消费品或者高档奢侈品等，其首要目标并非大规模覆盖市场，而是针对小范围目标市场提供高水平的技术服务，或展现其高贵、稀缺的品牌形象。

4.1.3　渠道广度：单渠道策略 VS.多渠道策略

单渠道策略是指生产商仅通过一条渠道销售产品。单一渠道搭建成本低，能够方便快捷地进行部署。过去，前往线下实体门店直接选购是消费者购买产品的唯一途径。随着科技进步，渠道选择更加丰富，消费者对便利性的要求日益提高。单渠道策略限制了企业获客的规模，企业很难仅仅通过一条渠道去满足消费者的购物需求。由于不同类型的消费者可能选择不同的购买渠道，企业难以预测消费者的渠道来源，所以现在企业一般采用多渠道策略。在目前的市场状况下，仅有市场规模非常小的小众品牌适合采取单渠道策略，例如服装设计师的独立品牌。为了保证设计理念和品牌的价值观不偏离设计师自身的价值观念，独立品牌的创始人一般亲自主导设计、生产、营销等环节，由于其精力有限，各个环节无法像企业一样进行管理，故适合单渠道策略。

多渠道策略则是采用多条渠道来销售产品，可供使用的营销渠道包括实体渠道、电商渠道、其他渠道。实体渠道可能包括线下自营店、分销店等；电子商务渠道可能包括通过微信小程序、独立开发 App 等方式自建官方商城、入驻第三方电子商务渠道如淘宝天猫等；其他渠道可能包括目录邮购、电视购物等[156]。多渠道策略使消费者可以通过丰富的渠道接触到产品，使产品覆盖更大范围的消费者，从而提高产品的销量。

通过多渠道策略，商家可以满足不同消费者的多样化需求，为顾客提供更便利的消费体验。从购买过程看，消费者可以通过社交媒体（如微博、微信）、视频软件（如抖音、快手）、电商平台（如淘宝、拼多多）等渠道获取产品信息，和商家进行互动，再到线下渠道（如商场专柜、超市）亲身体验产品。当全面获取产品信息后，对比各购买渠道（各电商平台、线下渠道）的价格，选择最优价格下单。虽然消费者是通过某一单一平台做出最终的购买行为，但整个购买过程却涉及多个渠道。品牌通过多渠道的整合营销，最终促成消费者的购买决策。

从消费者特征看，不同类型的消费者偏好的购物渠道也不同。年龄是影响消费者渠道决策的重要因素，年轻消费者能够快速接受新兴的渠道，是各社交平台、电商平台的主力军；年长消费者则更习惯于传统的线下渠道。地域也会限制消费者的购买渠道，中国幅员辽阔，品牌专柜无法覆盖所有城市。有些品牌仅在一、二线城市设置专柜，当地消费者可以选择去专柜试用、购买，其他地区的消费者无法直接接触到产品实物，但可以通过电商渠道购买。如图 4-1，百雀羚通过丰富的渠道建设，尽可能触达更多数量的消费者。

图 4-1 国产护肤品牌百雀羚的多渠道策略

注：在线下渠道，百雀羚开设自营门店，入驻大型商超大润发、沃尔玛等，以及个人护理店屈臣氏。
　　在线上渠道，百雀羚在天猫、京东、唯品会等多平台开设旗舰店。

虽然多渠道策略可以增加消费者的覆盖范围，但也可能会带来更多的渠道冲突[157]，消费者可能会在不同渠道之间搭便车[158]。例如，消费者可能会在实体店试用产品，但是最终在比较不同渠道的价格和服务之后，再选择通过哪个渠道进行购买。不同的渠道之间也可能会发生冲突，比如不同渠道之间会相互竞争，如果采取价格竞争的方式，不同销售渠道之间价格不一致，消费者则会流向价格最低的渠道，导致销售收入降低，最终会对生产商或者品牌本身产生不良的影响[159]。由此特征，品牌选择多渠道策略即可通过个别渠道提供一定折扣的方式对消费者进行定向引流，将消费者的购买行为引导至成本最低的渠道，这样可以降低销售成本，从而提高企业利润。在竞争日益激烈的今天，商家应该迎合市场变化，以消费者为中心，提供全渠道、个性化、多样化的服务满足消费者不断变化的购物需求，但同时需要注意对各渠道的统一管理，规避渠道冲突。

4.2　影响消费者便利的渠道环节

4.1 节从横向视角分析各渠道结构的差异，本部分内容将从纵向视角出发，介绍各渠道环节对消费者便利的影响。对于供应商来说，他们可以根据终端用户希望通过何种渠道购买产品和服务来细分市场，而不仅仅通过消费者想要购买怎样的产品或者服务来细分市场，为不同的客户群体提供多种多样的渠道环节设计。也就是说，供应商需要为消费者提供更便利的消费体验，根据消费者对各环节的不同需求来划分市场。例如，有些顾客非常重视商品获取的便利性，有些顾客则可能非常看重售后服务的便利，供应商就可以把这两部分顾客分为两个细分市场，通过不同的渠道来满足他们的需求。针对前者，可以利用电商渠道"次日达"等便利服务，送货上门，降低消费者购买行为所伴随的交通费用、取货时间等成本，以满足顾客对获取便利性的需求；而针对后者，可以在成本和收益的平衡较为理想的前提下，提供覆盖更大范围的售后服务，例如借助分销商建立售后点、自营店提供售后服务等。同时，部分企业的规模、能力有限，无法从各个环节提升消费者的便利感知，因此可以根据自身产品和目标消费者的特性，选择关键环节进行改善，以提升关键环节的消费者感知。本书将渠道环节根据消费者购物流程顺序划分为决策→获取→交易→体验→售后五个环节，探讨企业在各环节的设计上如何满足消费者的便利需求（见图 4-2）。

图 4-2　影响消费者便利的五大渠道环节

4.2.1　决策便利

决策便利是指消费者在做出购买决策前的评估产品阶段感受到的便利程度。决策便利可以分为两类，一是品类便利，即生产商提供的产品能否满足消费者的需要；二是信息便利，即消费者能否轻松获取所需要的产品信息。当消费者从生产商现有渠道获得所需的产品品类和足够的产品信息时，消费者的决策便利需求得到满足，能够加速消费者的购买决策，提升对该产品的购买意愿。

品类便利

品类便利要求生产商提高产品设计的丰富度和多样性，满足消费者对产品的多样化需求。品类便利包含以下两方面的便利要求。

一方面是生产商需要提供足够丰富的产品设计，供消费者选择。基础的产品设计差异是从产品外观上做出改变，例如颜色、尺寸等外在差异，常运用于服饰、鞋帽等生活用品；进一步的产品设计差异是从产品功能出发，例如采用的零件、技术等内在差异，常运用于电子产品、汽车等技术含量较高的产品。以苹果 iPhone 12 系列为例，iPhone 12 系列共有 4 款产品，每款产品有不同的尺寸、影像系统配置、内存、颜色，对应不同的价格，以满足不同消费者的购机需求（表 4-3）。价格较低的 iPhone 12 mini 和 iPhone 12 的颜色选择较多且更为亮丽，适合年轻消费者；价格较高的 iPhone 12 Pro 和 iPhone 12 Pro Max 的颜色选择较少但更为大气，适合商务人士。从尺寸来看，手小及喜欢小尺寸屏幕的消费者可以选择 iPhone 12 mini，而各方面均需高配且不介意尺寸和重量的消费者可以选择 iPhone 12 Pro Max，一般消费者根据影像系统等差别在中等尺寸的 iPhone 12 和 iPhone 12 Pro 中进行选择。

表 4-3　iPhone 12 系列产品对比

产品	配置	内存	颜色	价格
iPhone 12 mini	5G，A14 芯片，5.4 英寸显示屏，双摄	64 GB、128 GB、256 GB	黑色、白色、红色、绿色、蓝色	5499 元起
iPhone 12	5G，A14 芯片，6.1 英寸显示屏，双摄			6299 元起
iPhone 12 Pro	5G，A14 芯片，6.1 英寸显示屏，三摄		海蓝色、金色、石墨色、银色	8499 元起
iPhone 12 Pro Max	5G，A14 芯片，6.7 英寸显示屏，三摄			9299 元起

另一方面是需要考虑不同类型消费者对产品品类的需求差异。例如，企业购买员工服装，主要需求是整齐划一，或至少在色彩搭配、版型设计上进行统一；而个体消费者在挑选服装时，则更在意服装的款式设计。个人消费者通常愿意到集聚众多品牌和风格的商场购买服装，在很近的距离中享受更大的多样性选择权。有些顾客希望供应商可以提供更丰富的多样性选择，对花色品种有更高的要求，而另一些客户可能不在意品种的多样性，对其他方面有另外的要求。供应商需要考虑客户对这方面的不同需求，来进行市场细分，分别满足不同细分市场的消费者需求（图 4-3）。苹果公司为个人消费者提供定制化服务，消费者可以在官网购买苹果设备的同时选择镌刻独一无二的内容，这满足了消费者的个性化与多样性需求。苹果公司也为企业开通了商务选购服务，能根据消费者的预算建议合理的设备，提供优惠价格的持续的售后支持。

信息便利

当企业提供了消费者所需的产品设计，并在合适的渠道触达相应的消费者后，企业就完成了实现决策便利的第一步，下一步则需要提升消费者的信息便利。在购买商品前，消费者希望能够更深入地了解该产品。在网络购物普及的今天，互联网成为消费者获取产品信息的重要途径，因此商家会通过丰富的途径向消费者提供产品信息。首先，商家会通过多渠道策略，在不同渠道进行大范围的产品宣传。一方面能更大范围地覆盖消费者，另一方面消费者能够更轻松、频繁地接触到产品信息。随着社交媒体在营销中的作用日益突出，微博、微信、抖音、小红书等平台都成为消费者获取产品信息的重要渠道，通过多渠道、多数量的产品信息推广，消费者无论在哪一平台进行信息搜索，都能获得所需要的产品信息。其次，在产品信息介绍方式上呈现多样化、趣味化的趋势。产品信息传递不再局限于简单的文字描述，图片、视频、互动等多样化的呈现方式使得信息传递更有趣、更高效。以淘宝平台为例，商家可以通过直播、视频、图片、文字描述、买家秀等功能全方位展示产品信息。

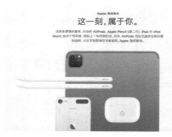

图 4-3　（a）Apple 为消费者提供免费的刻字服务；（b）Apple 为企业提供团体商务服务

虽然网络渠道极大提升了消费者获取产品信息的便利程度，但对于部分品类，消费者在购买前往往希望能够亲身体验产品，以获得真实体验感受，例如，汽车、家电等低频重决策的产品，以及化妆品、服饰等个性化需求高的产品。因此汽车、家电企业多在线下开设体验商店，化妆品、服饰企业在线下铺设门店，消费者可以走进实体店亲自体验这些产品的使用感受，再决定是否要购买产品。

无论是线上还是线下渠道，除了产品自身的性能，服务人员的介绍也是影响消费者购买决策的重要因素。在客户服务这方面，不同的产品或者个人特征使得差异较大。企业客户需要供应商提供专人对接等服务，而个人消费者会直接自行在网上下单，询问在线客服，不需要过多的服务。有的顾客在购买时会希望得到宾至如归的服务，而有经验的顾客可能不需要太多的服务。如今信息获取方式非常便利，部分消费者在选购产品时已经有一定的相关认知或品牌偏好，不再依赖导购员的介绍和帮助，如果导购员仍旧像过去一样执着地向顾客推销，会适得其反，降低消费者在实体店的消费体验，导致购物决策的改变以及复购率的下降。屈臣氏的导购就是一个反面案例，导购服务的初衷是为了给消费者提供更全面的服务，但屈臣氏的导购以销售提成为首要目标，频繁推销不一定适合消费者的产品，这种强行推销的行为很容易引起消费者的抵触情绪，加之产品使用后体验不令人满意，引起了广大消费者的不满。随着利润的下滑，屈臣氏意识到问题所在，在部分屈臣氏商店，商家推行了新的客户服务策略，消费者可以自行选择需要售货员服务和不需要售货员推荐的标识，使得售货员可以根据顾客不同需求来提供相应的服务。

与生活必需品不同，对于高价格的商品，无论何时，服务都是至关重要的一环，因为商品价格较高，消费者需要较长时间考虑决定，如果在售前导购能够提供贴心服务和专业信息，可以帮助消费者缩短犹豫时间。奢侈品门店为了保证每位消费者都能得到一对一的服务，一般采取限流措施，因此奢侈品店内人数稀少，但是门外往往会排起长队。可接受时长内的排队不仅会使店内正在选购的顾客购买体验提升，也会提高排队者对奢侈品的感知心理价值，从而提高其进店后购买的欲望，一举两得。

4.2.2　获取便利

获取便利是消费者决定购买后获取商品的便利程度，即厂商的渠道布局能否让消费者方便快捷地购买到想要的产品。可以从时间和空间两个维度解析消费者获取产品的过程，空间便利是指终端客户接触产品的交通要求和搜寻成本，时间便利是指消费者订购和收到商品之间必须等待的时间长短。

空间便利

对于个人消费者来说，空间便利是他们购买产品时一个非常重视的因素，供应商致力于用各种方式提升消费者获取产品的空间便利，主要可以分为三类策略：①提升密度；②便捷交通；③创新方式。

当消费者想要购买各类日常用品时，他们会倾向于在住所附近进行采购。连锁便利店，如前文提及的罗森、全家等，通常采取了高密度的开店策略，使得消费者可以在很短的时间内到达任一门店，选购自己所需的产品，极大地提升了获取商品的便利程度，因此生活必需品企业将连锁便利店作为重要的销售渠道。

如果距离稍远的供应商希望获取这些消费者，需要提供更便利的接驳服务。过去，许多大型连锁超市由于占地规模较大，所处位置比较偏远，交通不便，为了方便消费者往返，提供免费班车服务（图4-4）。但是现如今公共交通四通八达，私家车日益普及，导致免费班车利用率低，运营成本高，部分超市选择停运免费班车。现如今，是否有公共交通路线、是否方便停车等影响交通便利的因素，成为消费者选择购物地点的重要考量，是大型商超选址时需要着重规划的设计，也是生产商选择供应商时需要考察的要点。

近年来，技术创新在渠道领域的运用缩短了消费者与产品间的空间距离。网络购物和仓储物流的普及，使得消费者足不出户即可享受世界各地的产品。即时配送服务迅速发展，越来越多商超开始提供配送服务，打破空间距离，解决配送环节中"最后一公里"的难题。目前市场上提供送货上门的商超主要分为两类，O2O生鲜电商和传统连锁巨头。新兴生鲜电商如每日优鲜、叮咚买菜、朴朴超市等，一般没有线下实体门店，通过建立

"城市分选中心＋社区前置仓"的极速达冷链物流体系，使得消费者在线上下单，就可以享受到配送到家的服务。传统连锁超市巨头在生鲜电商的冲击下，也开始逐步转型。大润发、永辉超市、沃尔玛、家乐福等大型连锁超市纷纷开始建立自有配送渠道或与外卖平台合作提供配送服务（图 4-5）。即时送货上门服务大大提升了消费者选购商品的便利程度，降低了商品的获取成本，打破了空间的局限，使得消费者愿意选择离自己物理距离较远的商家进行消费[160]。

图 4-4　大润发的免费班车

注：大润发为消费者提供免费班车服务，像公交车一样有不同的路线、站点和详细的班车时刻表，基本完全覆盖周边的居民小区，方便消费者到店消费。上海大润发（大华店）单门店拥有 12 条免费班车线路。

图 4-5　2019 年中国生鲜电商行业图谱[161]

注：供应商、生鲜电商、冷链物流、仓储服务商等环节共同构成了生鲜产品从生产者传递到消费者的渠道。

时间便利

时间便利是指消费者订购和收到商品之间必须等待的时间长短。和以往线下渠道一手交钱一手交货的交易模式不同，线上渠道消费者在下单之后需要等待商品配送。商品配送由快递公司或货运公司承接，快递公司能够满足个人消费者的配送需求，而企业消费者或者个人消费者大宗商品的配送需求则需要专业的物流公司承担。最近几年，我国的物流行业蓬勃发展，物流服务质量的提升和技术的进步使得消费者的等待时间大大缩短。著名的快递公司包括联邦快递、EMS、"四通一达"（申通快递、圆通速递、中通快递、百世汇通、韵达快递）、顺丰速运、京东物流等。不同快递公司提供的服务核心是一致的：将产品配送到消费者手中。但是各个快递公司的服务特色不同，例如，联邦快递主打跨国快递业务；EMS是中国邮政速递服务，比起民营快递业务，EMS能够覆盖众多偏远地区，配送安全性高，重要证件、文件一般选择投递EMS；顺丰速运主打配送速度快，提供不同价位、多种时效的服务，如顺丰即日、次晨、标快等，消费者可以根据需求自行选择（图4-6）；京东物流在全国各地建立起自己的仓库，通过京东自营购买的商品可以实现下单即安排就近发货，让消费者针对其自营商品打消对配送地理距离的担心。

图 4-6　顺丰航空保障顺丰速运的时效性

注：截至 2020 年 7 月顺丰拥有超过 60 架货运飞机，占国内全货机数量的三成，是目前国内
最大的货运航空公司。顺丰航空已成为顺丰快递业务核心竞争力的重要保证之一。

如表 4-4 所示，不同货运物流方式有着不同的特长。货运物流企业的主要差异则是经营不同物流渠道，海运、包括航运、铁路、公路，商家可以通过产品特性和顾客需求选择适合的配送渠道。与个人快递由一家企业负责全过程运输不同，大宗货运有时是由数段不同的货运方式组合形成的，例如通过公路运输从厂商处将货品运到临近机场，运往目的地附近机场，落地后再通过公路转运至最终收货地点。

当消费者希望尽可能快地收到自己所需要的产品，供应商就需要考虑在尽量缩减自己成本的同时，选择怎样的物流去满足消费者的需求。也有一些消费者不介意多等待一些时间，以换取更低廉的价格，供应商也需要综合考虑这部分顾客的期望，选择合适的渠道策略。例如，许多零售商家在网络店铺中和指定快递公司达成合作，大量发货换取低廉价格，一般为"四通一达"，价格较低，等待时间在 3～7 天。但是如果消费者希望等待时间更短，则可以额外付费使用顺丰快递。

表 4-4　货运物流不同方式的特点

方式	优点	缺点	适用范围	代表企业
铁路	运量大，准点率高，运价低	投资大，建设周期长，不灵活	大宗货物长距离运输	中铁物流
公路	机动灵活，投资小	运量小，能耗高，成本高	内陆地区短途运输	德邦
航空	速度快，机动性强	受自然条件影响大，运量小，能耗高，成本高	时效性强，体积小价值高的货物	中国货运航空
水运	运量大，运价低	受自然条件影响大，速度慢	港口城市大宗货物运输	中国远洋海运集团

4.2.3　交易便利

交易便利代表消费者支付过程中的便利程度。交易便利主要可以从支付的操作方式是否简单、交易过程是否安全两方面考量。

在过去，现金和银行卡是人们在日常生活中频繁使用的支付方式。使用现金支付需要随身携带足够的现金，还要经过计算、找零的过程；银行卡支付一定程度上简化了交易的操作过程，但是仍然需要携带卡片，完成输入密码、签名等操作。

电子支付方式出现之后，只需"扫一扫"即可完成支付，其使用的便捷性、交互性、易用性使得这种支付方式占据了消费者日常支付中的重要位置。目前无现金支付已经推广到了各个领域，电子支付进入了千家万户，极大地提升了人们生活和交易的便利程度。

如图 4-7 所示，移动支付已经形成成熟的产业链，支付宝、微信、电子银行等多方电子支付平台已经成了中国消费者生活中不可或缺的移动支付工具。以大家所熟知的支付平台支付宝为例，最初支付宝作为淘宝配套的线上支付平台，逐渐发展为移动支付平台，消费者通过支付宝平台进行签约，把银行卡和支付宝进行绑定，使得每笔电子消费在支付宝平台上完成交易。目前，支付宝已经和全球一百多家银行和维萨（VISA）等金融组织机构建立了合作伙伴关系。截至 2019 年 6 月，支付宝全球用户已经超过 12 亿，功能也不断丰富，从最初的只能在淘宝网上完成购物支付，拓展到线上完成水电气费缴纳、信用卡还款、充话费、理财保险等；线下购物也可以通过扫码支付完成。消费者也可以通过电子支付平台进行付款，这极大地方便了消费者和商家的交易。现在，支付宝还推出了健康码等功能，使用场景不断扩大。此外，各大银行如中国银行、建设银行、中信银行等，都开发了自己的电子银行 App，用户可以在这些手机电子支付平台上快速地完成转账、购买保险或者理财产品等交易，也可以通过网页进行交易。而微信将支付结合到社交 App 中，减少了部分用户的账号注册环节，一定程度上缩短了使用流程，使得电子支付更加触手可及（图 4-7）。

电子支付的便捷程度还在不断提高。当用户开通小额免密支付功能时,金额小于等于 1000 元的订单无须验证支付密码。消费者还可以录入指纹和面部信息,通过指纹支付、面部识别等方式进行资金转账、消费等活动,比密码支付更加便捷。

电子支付方式极大地提升了人们生活的便利程度,现在出门不需要再携带现金,只需携带手机,但过于便捷的支付过程也存在一定的风险。失去了实体介质,消费者难以感受到花钱的"不舍"和"痛苦",因此更容易造成冲动消费[163]。网络借贷等电子支付方式的延伸业务的出现,使得更多消费者尤其是青年出现超前消费的情况,不利于其个人资产财富的管理与合理配置。小额免密、指纹、刷脸等无需输入密码的支付方式,消费者可能习惯性、无意识地按键,导致错误地支付,造成金钱的损失。同时,网络诈骗案件层出不穷,各类新颖的犯罪骗局让消费者防不胜防。因此电子支付平台需要不断提升技术,保障消费者的财产安全;消费者也该提高警惕,不随意提供个人信息和交易密码;有关部门也应该制定相应法律法规,加强监管,严惩各类互联网犯罪。

图 4-7　移动支付已经形成成熟的产业链[162]

4.2.4　体验便利

体验便利是指消费者购买产品后,使用过程中的便利程度。从商品属性出发,体验便利可以分为两类:使用型商品的使用便利和服务型商品的服务便利。

使用便利

使用便利包含两方面,一方面是指通过产品设计改变提升消费者的使用体验。一是从产品外观设计上满足消费者需求,例如,塑封包装上方便消费者打开的缺口,饮料瓶身采用方便消费者拿取的设计等一些看似微小的改动,却从细节处提升了消费者的便利性感知。二是从产品技术创新上提升消费者便利,如智能家居产品,使用手机 App 或语音即可控制家中的各类家电，并且能够将所有智能家居产品组成一个智能互联的家居系统，在此基础上，可以为用户提供更加智能、全面、便捷的居家体验。另一方面是清晰且简洁易懂地介绍产品的使用方法，使消费者更快速掌握正确的使用方法。传统的产品说明介绍都是通过说明书的方式附带在产品之中，消费者通过阅读文字学习如何正确使用产品。如今，产品说明的形式多种多样，厂商会引导消费者扫描观看视频介绍或者关注官方社交账号，获取更加详细、直观的使用说明。同时，消费者在网络上检索关键词，可以在各类购物及社区交流平台上获得更多消费者自发或厂商投放的使用介绍。因此，为了提高消费者的使用便利，厂商不仅需要从产品技术升级、外观设计，由内到外地提升产品使用的便利度，还要通过更加丰富多彩、简单易懂的产品说明介绍，教育消费者如何正确使用产品，并通过这种方式增加消费者对自身品牌产品的了解，培养其使用习惯，增加消费者对本品牌的依赖性，从而降低消费者的学习成本，提高消费者的复购率。

服务便利

服务产品是指没有实物载体，以劳务形式表现的无形产品，如咨询服务、法律服务、旅游服务等。服务便利是提升消费者在服务体验过程中的便利，对服务人员提出更高的要求[164]。海底捞火锅以服务著称，在排队等候过程中提供免费零食饮料、美甲服务，缓解消费者等待的无趣，鼓励消费者用折叠千纸鹤、玩手游兑换现金券的方式帮消费者打发时间；在用餐过程中，服务员保持微笑并提供围裙、皮筋、眼镜布等能够提升消费者便利性感知的物品，主动发现消费者在等餐、饮品、煮菜等各个环节的不便与需求，耐心解决消费者的所有需要，为消费者营造良好的就餐体验。

4.2.5　售后便利

即使消费者已经完成产品的购买和使用，整个购买流程并未结束，售后保障的便利程度也是影响消费者购买决策的重要因素。

对个人消费者来说，售后服务是影响消费者重复购买、产品评价的重要因素。当产品发展到成熟期，各厂商的制造技术几近相同，此时服务的差异性能帮助厂商在激烈的同质化竞争中脱颖而出。厂商需要构建完善的售后服务体系，包括安装、技术支持、维修、回访等环节，提升各环节的服务水平，以提升消费者获取售后服务的便利性。过去消费者购买商品的渠道多为线下门店，可以在充分试用、了解产品后购买，到门店进行售后服务。如今网购渠道兴起，消费者在购买前并未真实接触过商品，也无法直接到店完成售后服务，在此背景下，电商平台实行相关规则以保障消费者权益，例如 7 天无理由退货、运费险等功能；一些有能力的大型厂商打通线上线下渠道，线上购买的产品也能在线下门店进行售后服务。以国内手机行业为例，OPPO 和 vivo 凭借其全国各地大量铺设的授权经销商，建立起完善的售后体系，对消费者的售后需求响应快、服务好，能够提供消费者购买产品的心理保障；而小米从互联网渠道开始发展，线下售后服务覆盖地理范围较小，其低成本一定程度上是以轻售后为代价换来的，而邮寄售后又会使消费者等待时间拉长，尤其是智能手机产品，消费者对购买保障的心理感知会明显弱于OPPO和vivo。

对于企业客户来说，服务的重要性更为突出。因为企业客户一般是大额、大量采购，需要后续服务的频次远高于个人消费者。虽然企业客户对产品多样性需求没有个人消费者高，但各企业仍有一定的个性化需求需要被满足，如图4-8所示。因此在售前需要有专门负责该企业的销售向企业介绍产品，定制方案，沟通价格。售后则需要提供长期、专业的售后服务。

 专属服务保障团队
在护航服务期间，腾讯云为您组建专属的服务保障团队，为腾讯云相关的云产品提供7×24小时的运维保障。

 专属技术支持
配备专属的高级技术专家进行1V1的驻场服务以及各项资源的协调处理工作。

 秒级应急响应
1分钟内响应紧急情况，7×24小时的应急处理和运维保障服务。

 稳定渡过高峰期
高级技术专家为您提供专属的护航保障服务，助您稳定渡过服务高峰期。

图4-8 腾讯云为企业客户提供的全方位护航服务

注：云服务的消费者多为企业客户，腾讯云为企业客户提供全方位的护航服务，包括7×24小时的运维保障团队、专属技术专家到场支持、快速响应等。完善的售后服务，不仅保障客户的业务需求，也提升了产品的竞争力。

4.3 渠道成员的选择

正如前文介绍，各品牌选择的渠道设计存在一定差异，可能是横向渠道结构的差异，也可能是纵向的不同渠道环节突出性不同，但无论哪一种渠道的选择，都离不开选择渠道成员的步骤。渠道中成员众多，包括成员性参与者（生产制造商、批发商、零售商、最终用户）和非成员性参与者（运输公司、库存公司、物流公司、广告代理商等）。不同的渠道成员可能承担不同的渠道功能，如所有权、运输、促销、支付等。企业需要通过合适的渠道成员为顾客提供便利，深入目标市场，在提供顾客价值的同时为自身创造收益。有些商家选择长渠道，引入更多不同类型的上下游中间商为顾客提供服务，覆盖更多的市场；有些商家选择宽渠道，引入相同类型的并列中间商提高市场覆盖率。公司的分销密度越低，渠道成员的选择就越重要。衡量渠道成员的标准主要有三个维度：是否能帮助厂商触达目标市场、塑造统一形象、提升经营效率。

触达目标市场

渠道成员需要有助于商家到达目标市场，使消费者可以更快捷更方便地选购自己所需的产品。不同渠道中间商的市场覆盖范围不同，例如零售商包括百货商店、专卖店、大型超市、便利店等，这些零售商的规模、实力、品牌价值等方面都不相同，覆盖的市场范围和目标客户也是不同的。生产制造商出于希望产品市场覆盖范围更广的考虑，会选择市场中实力更强的零售商作为渠道成员，利用大规模零售商接触更多消费者。例如，许多生产商都会选择沃尔玛作为自己的零售商之一。从单店规模看，沃尔玛超市的面积比一般的超市更大，销售的产品品种丰富齐全，基本可以满足普通家庭的所有需求，为消费者提供了"一站式"的购物体验。从覆盖地区看，沃尔玛在全国各地均有连锁，辐射范围广，入驻沃尔玛可以帮助产品快速在全国范围内铺货上架。生产商通过和沃尔玛合作，可以接触到大量的目标消费者，覆盖大多数目标市场。除了中间商的市场覆盖范围，中间商的地理区位优势也可以帮助生产商接触目标消费者。许多购物中心选址于繁华市区、地铁站旁等人流量大的位置，这使得消费者可以减少购物所需的时间成本。例如，Ole'精品超市主打进口产品，自身定位为高端连锁超市，其选址基本都位于市区中交通便利之处，大多位于购物中心底层，距离地铁站、车站都十分近，满足了白领阶层的高品质消费，使目标消费者可以很方便地在下班后购买到自己所需的产品。生产供应商选择具有地理区位优势的零售商，可以为消费者提供更便捷的服务，减少消费者的时间成本，更高效地满足他们的需求。

塑造统一形象

渠道成员需要有助于商家塑造统一而良好的品牌形象。中间商和品牌的契合度、合作程度，以及各中间商采用的促销政策都会对商家的品牌形象产生影响[165]。

渠道成员作为其所在环节上厂商的代表，需要与厂商品牌形象契合，以确保整个产品流通渠道的品牌形象一致性。例如不同商场之间的定位存在差异，高档品牌应当选择与之契合的高端商城进行销售，否则可能也会损害自身的品牌形象，带来负面的消费者回应。而低端零售商品如果强行在销售环节选择高端购物中心，不但会增加销售成本，也会使得产品难以被其真实受众所接触（图4-9，表4-5）。

南京新街口商圈被誉为"中华第一商圈"，汇集数十家综合性商场。虽然众多商场同处一个商圈内，但商场定位有所不同。以一街之隔的德基广场和新百为例，德基广场定位为高端商业的综合购物中心，新百则是大型百货零售商店，因此两家商场入驻的品牌也存在差异。

图4-9　南京新街口商圈

表4-5 南京新街口商圈不同商场的入驻品牌

商场名称	一楼入驻品牌
南京德基广场	爱马仕、LV、香奈儿、CELINE、宝格丽、卡地亚……
南京新百	优衣库、施华洛世奇、卡西欧、Urban Revivo……

如果同类型的中间商之间不合作，会产生渠道冲突，例如定价不同、擅自跨区域销售等，可能会使得终端消费者对该产品品牌形象产生不一致的看法，进而破坏品牌形象，降低品牌价值。例如，同样的产品在A商城买价格为10000元，在B零售商处可以便宜1000元，这种定价不一致的情况会引发消费者的不满，降低自己心目中对该品牌的评价和忠诚度[166]。此外，中间商的促销政策也会影响品牌形象。例如，定位中高端的产品，在某购物中心换季大促销，折扣力度很大，这会使消费者认为该品牌的档次降低了，可能不会再选择该品牌的产品，对未来的品牌产品销售产生不利的影响。为了解决此类问题，商家和中间商都需要投入专项资产，协调各方利益，设立相同的目标，采用统一标准进行销售、定价等行为，以降低渠道冲突。商家可以通过经济激励以及惩罚机制来减少这种冲突的发生。例如，供应商和零售商可以签订合同，对产品进行限价、约定共同的目标和规则。如发现违背合同的情况，将采取一定的罚款甚至解约等惩罚措施，促使渠道成员遵守约定。

提升经营效率

厂商在不同的渠道环节引入中间商，希望利用中间商在某领域的专业能力，提升经营效率，使得厂商能专注于产品的生产制造。各个环节中间商的能力直接影响了消费者感知的便利性。消费者在选购产品时，可能会询问很多关于产品特征、细节、服务政策的问题，如果直接接触终端消费者的中间商缺乏完备的、深入的产品知识，无法准确回答消费者的问题，会使消费者的购买决策产生犹豫。

中间商标准化的操作、规范化的经营管理，都有助于完成消费者的要求。有实力的中间商可以高效地对产品进行入库、仓储、配送等处理，也可以指定专业人员对产品进行管理，使得产品可以更快捷地到达消费者的手中，获得消费者的信任。携程就是可靠专业的在线旅游中间平台（online travel agency，OTA），在携程等OTA发展之前，消费者的旅行消费依赖于线下的旅行社作为中介，因此在过去，跟团游是消费者出行的首选。携程等平台的出现，搭建了酒店、旅行社和消费者之间的桥梁，在一个平台上汇集了世界各地的酒店、旅行信息，并能够提供游客分享旅游经历的平台，针对消费者的需求提供相应的建议，减少了消费者搜寻信息和进行决策的成本，并为商家和消费者之间互相联系、达成交易提供可信的第三方保障，通过先进的技术、完善的管理制度和运作系统可以极大地提升商家交易的效率和消费者旅行决策的便利程度。在线旅游图谱（图4-10），最左侧的旅游资源供应商可以通过直销形式直接将产品售卖给消费者，也可以通过中间的分销商——各类旅游代理平台，将产品售卖给消费者。在整个行业渠道中，在线旅游平台、支持服务平台、媒体营销平台都是渠道成员。资源提供者可以引入适合的渠道成员来帮助自己提高效率和利润。

总的来说，渠道成员的选择需要考虑消费者的具体需求。如果消费者需要降低获取成本，那么生产商就应该选择市场覆盖率高的、拥有地理区位优势的中间商，如知名商场超市、购物中心；如果消费者需要完善的服务，了解更多产品信息，那么生产商应该选择产品知识完善、综合服务能力更强的中间商；如果消费者重视统一且良好的品牌形象，生产商应该选择声誉高的中间商，以及合作程度更高的中间商。只有当渠道成员有能力满足消费者的需求，甚至超出他们的期望时，商家才可能获得更大的收益。

图 4-10　在线旅游行业图谱[167]

总　　结

品牌的完整销售渠道并非由品牌自身独自组成，当目标市场的终端用户对服务产出的需求水平越高、需求内容越丰富，仅靠生产商无法满足消费者需求时，中间商越有可能介入到渠道之中。从品牌视角看，引入中间商能够更高效地将产品传递到消费者手中，获得更高的收益。从消费者视角看，中间商能提供更专业的服务，提升购物的便利性。

横向观测渠道设计，渠道结构的长度、宽度、广度各不相同。根据渠道的长度可以分为直销和分销。直销可以使生产商及时而全面地了解消费者需求和市场变化情况，减少流通费用，但市场覆盖面可能过窄，也会分散生产商的精力，承担更多的分销风险[168]。分销意味着有更多的中间商，减少生产商在销售上所付出的精力和成本，降低了其承担的分销风险。但同时长渠道中的流通环节更多，会产生更多的成本，无法及时获得最终消费者的反馈。根据渠道的宽度可以分为密集分销、选择性分销和独立分销，更宽的分销布局形成庞大的销售网络，可以使供应商覆盖更多的市场，扩大产品销售。根据渠道的广度可以分为单渠道策略和多渠道策略，厂商接入多渠道使市场中的消费者有更多方式去获得自己需要的产品和服务，但宽渠道和多渠道策略都需要处理各中间商、各渠道之间的关系，避免产生冲突。

纵向观测渠道设计，每一条渠道都囊括了消费者购物行为的全流程。由于不同消费者对各环节便利性的需求程度不同，而且出于成本考量，厂商难以在全流程各环节都满足消费者的便利需求，因此本章从决策-获取-交易-体验-售后各环节分析了如何通过渠道设计提升消费者便利感知。其中决策便利涉及产品品类、信息提供，获取便利包含空间和时间上的便利，交易便利需要考量交易过程的简单和安全，体验便利根据产品品类可分为使用便利和服务便利，售后便利中个人消费者和企业消费者提出不同的需求。厂商需要根据产品特性和目标消费者特性，以及自身的能力进行评估，利用恰当的渠道，来提升关键环节的便利性。

为了满足消费者的需求，企业应当选择合适的渠道成员，渠道成员需要有助于企业到达目标市场，帮助商家塑造统一而良好的品牌形象，提升运营效率。总的来说，企业渠道设计的核心是消费者的需求，而不应局限于企业自身的需求。商家应当根据消费者的多样化需求，提供满足消费者需求的最便利的渠道服务，设计效率更高的渠道策略。

复习和讨论问题

1. 渠道结构的长度、宽度、广度分别是指什么？如何细分？
2. 直销和分销渠道的差异是什么？
3. 分销模式有哪几种？分别适合怎样的场景？请举例说明。
4. 简要说明渠道各个环节是如何影响消费者便利的？
5. 企业如何确定需要着重关注的渠道环节？
6. 作为一个消费者，在你心中各个渠道环节便利性的重要程度如何排序？为什么？
7. 购买不同商品时，上述排序是否有所变化？为什么？
8. 企业应该如何选择渠道成员？

答案解析　扫描此码

营销案例

新晋女装品牌 OVV 如何构建渠道

OVV 品牌成立于 2017 年，由上海型度服饰有限公司投资，是海澜集团旗下的精致时尚女装品牌。其总部位于上海，主要销售面向都市白领女性的、价格中等的女士服饰。OVV 主打新经典系列、精致休闲系列、度假派对系列三大主题产品。OVV 品牌自主设计、自主生产、自设零售店铺进行直营管理，提供统一的形象、管理与服务。目前，OVV已经在北京、上海、南京、杭州、深圳等多个城市的核心商圈设立了数十家实体门店，消费者可以在全国多个城市享受到 OVV 提供的试穿服务和服装产品。OVV 实体店风格简约，装修时尚，在这里，导购会根据消费者的需求推荐合适的产品，及时回应顾客对产品的疑问。OVV 每年都会推出数百款新品，满足消费者多样化的需求。

在线上，OVV 开设了官方网站、天猫和京东品牌旗舰店，以及微信官方公众号和官方商城小程序。消费者可以通过任一线上渠道购买 OVV 品牌的产品。OVV 在线上渠道以丰富的照片和视频展示了服饰的穿着效果，并提供有关服饰材质、尺码的详细信息。在天猫和京东旗舰店，在线客服会以很高的效率答复顾客的疑问。顾客下单后，OVV 会通过顺丰快递将产品快速送达消费者手中。在江浙沪地区，基本可以实现产品次日到达消费者的手中。如果消费者在试穿后不满意，可以在规定时间内无理由退换货。

与 OVV 品牌定位相似的女装品牌不在少数，包括欧时力、Lily、播（Broadcast）等，这些品牌在服装风格、产品定价及目标用户选择方面都与 OVV 相似，并且比 OVV 成立时间更早、资历更深，线下门店数量上也更有优势，除了在天猫等渠道开设官方旗舰店外，这些品牌还与唯品会平台展开合作业务，以相对亲民的价格处理尾货、断码货，扩大自己的用户范围，吸引更多价格敏感的消费者，这些品牌已经在消费群体中建立起了良好的口碑，让新兴品牌 OVV 处在了激烈的竞争当中。

讨论题：

1. 请简要分析 OVV 的渠道结构（长度、宽度、广度）。

2. OVV 采取了什么渠道模式？采取该模式有哪些利弊？

3. OVV 的渠道选择从哪些环节为消费者提供便利？消费者是否会满意这样的渠道设计？

4. 从消费者的角度，你觉得 OVV 应该如何改进目前的渠道设计，在渠道方面获取优势，以此应对欧时力等竞品的激烈竞争？

答案解析　扫描此码

即测即练

自学自测　扫描此码

第 5 章

提升消费者便利的创新

引例

生鲜购买渠道的变迁

在计划经济时代，所有的生鲜产品都需要通过票证兑换，国营性质的菜市场是生鲜产品流通的唯一渠道。在改革开放之后，自由交易的农贸市场开始代替了国营菜场，让生产者个人能够直接与消费者进行交易，很长一段时间，农贸市场都是消费者购买生鲜产品的主要渠道。随着连锁超市的普及，连锁超市既有完善的冷链供应渠道能保证生鲜产品的品质新鲜，又具有较强的议价能力保证生鲜产品的价格优惠，因此超市成为消费者生鲜消费的另一重要渠道。近年来，随着电商服务、即时配送服务、生鲜冷链等技术进步，生鲜电商逐渐走进消费者家中，只需在手机下单，即可享受送菜上门；此外还出现了另一种形式的电商平台——社区电商，以兴盛优选为代表，利用当下的人口红利，将线上线下资源有机整合，低成本地组织用户和低价商品并进行有效配置。在新冠肺炎疫情期间，消费者对生鲜电商、社区电商的需求暴涨，在网上买菜的习惯也在年轻人之中逐渐养成。

技术发展引领消费进步的同时，也带来渠道的变革。其中最显著的渠道变革便是互联网渠道的兴起。互联网作为新兴的、与线下渠道相对的线上渠道，极大地丰富了人们的生活，提升了人们生活的便利程度。电子商务技术范围遍及全球，具有通用标准、丰富性、互动性，信息密度大，可以实现个性化和定制化，社交技术逐步完善[169]，使得电子商务在消费者的生活中占据了不可或缺的位置。经过数年的发展，线上渠道已逐渐成熟，商家开始探索线上线下相融合的新零售模式。同时，有许多新兴技术开始运用于消费领域。本章从新零售、前沿技术两方面关注新技术对消费者便利的提升。

5.1 提升消费者便利的新技术

随着科技的飞速发展，新兴技术的出现为消费者带来了更多的便利，使得消费者可以通过更加便捷的方式体验和购买产品。在二十年前，人们还无法想象，有一天网络购物会如此流行，足不出户就可以获得海量的产品信息，拇指在手机上轻轻一按，就可以完成支付下单的流程。人们在虚拟的网络世界中已经可以完成许多曾经只能在现实世界中完成的交易或进行的活动，无实体的数据流在不断交换之中，促成了现实中发生的实体或非实体的交易。如今，新的技术浪潮席卷了全球，海量的数据每天都在产生，基于此，大数据行业得以迅猛发展，商家收集了众多消费者的信息，希望由此来提升自己的产品和服务，更好地满足消费者的需求，提升交易的效率，获得更高的收益。同时，为了加强虚拟世界的体验性，虚拟现实技术在消费领域广泛运用，使得消费者可以在虚拟世界中尽可能真实地去获得体验。

　　本节主要分为四个部分，介绍了目前逐渐走入人们生活的虚拟现实技术、大数据技术、物联网技术与人工智能技术，举例说明了这些前沿技术如何在营销中得以应用，并提高消费者的生活便利程度。通过阅读本节，读者可以对这些技术形成基础的认识，对技术发展对于消费者生活和营销策略产生的影响有更加深入的了解。

5.1.1　虚拟现实技术

　　虚拟现实技术可以细分为虚拟现实技术（virtual reality，VR）和增强现实技术（augmented reality，AR）。主要是通过计算机模拟使人们产生环境沉浸感，借助近眼显示、感知交互、渲染处理等新一代信息通信技术，构建身临其境与虚实融合沉浸体验。其中虚拟现实（VR）通过隔绝式音视频内容带来沉浸感体验，增强现实（AR）强调虚拟信息与现实环境的"无缝"融合[170]。

虚拟现实（VR）

　　2016年，虚拟现实概念走红，众多企业纷纷推出第一批VR产品，这一年被称为"VR元年"，目前VR技术的发展仍处在初期高速增长阶段。根据用户交互体验的强弱，VR可以分为弱交互VR和强交互VR。弱交互VR是指用户与虚拟环境中的物体无互动，通过切换视角与已经设定好的虚拟环境进行互动，用户观察到的内容是提前设计好的，无需实时渲染，对设备性能要求较低。许多企业推出的云游览功能采用的就是弱交互VR技术，例如房地产企业、租房平台、酒店纷纷推出的VR看房功能，消费者只需在手机上通过手指操纵改变方向就能实现全景看房。在电商平台中，部分店铺提供产品VR体验服务，用户可以通过旋转来观察商品各个角度的细节，或是某些服饰店铺中可以将自己的身体数据输入，以便匹配服装和饰品的颜色及尺码，较为真实地反映服饰在自己身上的效果。奢侈品品牌迪奥（Dior）在实体店中提供了名为"Dior Eye"的虚拟现实穿戴，让消费者可以体验时装秀后台的真实场景。强交互VR是指用户通过特定设备与虚拟环境中的物体实时互动，需要根据用户的姿势变化实时进行渲染，对设备的要求较高。目前应用最为普遍的为游戏场景，索尼PlayStation VR是第一个专门为游戏主机设计的头戴式VR设备，通过手柄、摄像头检测玩家的动作，在VR设备中实时传输内容，为玩家提供沉浸式的游戏体验。目前，VR 技术在房产交易、零售、文旅、教育以及医疗等领域广泛运用，未来随着 VR 技术发展和数据积累，将为消费者创造更加真实的体验，消费者能从中获得更直观、有效的信息，更好地去评估产品，降低获取信息的成本[171]。

云游敦煌是由敦煌研究院、人民日报新媒体、腾讯联合推出的敦煌石窟欣赏小程序。小程序中"全景洞窟"板块利用 VR 技术，让用户可以足不出户欣赏莫高窟 30 个经典洞窟的高清数字化内容及全景漫游。该小程序用全新的数字创意和交互形式演绎敦煌文化，用户可以多维度、近距离欣赏敦煌风采（图 5-1）。

图 5-1　云游敦煌

增强现实（AR）

与 VR 技术展示的纯虚拟场景不同，AR 技术强调的是虚拟与现实相结合，只需要带有摄像头和显示屏的电子设备，借助 AR 软件，都能实现 AR 技术，因此 AR 在日常生活中的应用更加广泛。在本书第一篇中介绍过，引起消费者注意是消费者认知过程的重要环节，消费者注意进而引发消费者的知觉、理解，在消费者脑海中留下品牌相关的记忆。因此品牌尝试利用各种有趣、新颖的营销方式提升消费者面对广告展现时的注意和记忆。营销公司 Neuro-Insight 与 AR 开发公司 Mindshare UK，Zappard 的合作研究显示 AR 场景下用户的视觉注意力水平接近非 AR 场景的两倍，在 AR 互动场景中，用户可以沉浸85 秒以上，与普通场景相比互动率提高 20%，购买率提升 33%，同时记忆编码比普通场景下高 70%。随着智能手机的普及，AR 技术呈现的硬件条件摄像头和显示屏得到满足，AR 技术的应用随处可见。AR 应用场景主要可以分为两种类型：基于物体成像和基于消费者成像。前者是 AR 通过扫描物体或场景进行互动，每年春节支付宝集五福活动，就是利用 AR 扫描识别"福"字，同理，许多品牌也利用 AR 扫描品牌 logo 或产品包装的形式与消费者进行互动。

如图 5-2，任天堂推出的 AR 宠物养成对战类 RPG 手游《Pokémon GO》的游戏地图是基于现实世界的地图生成的，玩家在现实世界中进行探索，利用摄像头捕捉周围环境，通过 AR 技术在显示屏中展现宝可梦形象，玩家可以与之互动，完成对宝可梦的捕捉。

这款游戏利用 AR 功能，让虚拟和现实进行结合，满足了众多玩家在真实生活中寻找、收集宝可梦的梦想。

图 5-2　AR 游戏 Pokémon GO

注：《Pokémon GO》是一款由任天堂推出的 AR 宠物养成对战类 RPG 手游。

自 2016 年发行以来，《Pokémon GO》全球收入已经超 40 亿美元。

后者基于消费者成像则是在 AR 识别用户形象的基础上进行虚拟加工，例如虚拟试衣间，AR 识别消费者身材体型帮助消费者虚拟换装，不必脱去身上的衣服就可实现查看试穿效果的功能，使消费者能更直观地观测服装是否合身。视频、图片编辑美化平台上同样应用到这一技术，一些涉及人物的作品在拍摄时能够实时渲染衣着、配饰、场景等元素，用户可通过购买喜欢的图像效果来增加拍摄的搭配元素，从而为拍摄体验增添可玩性和趣味性。

AR 滤镜营销是近年来被广泛运用的 AR 营销方式。美国比萨连锁品牌棒约翰（Papa John's）与 Snapchat（照片分享 App）在 2020 年情人节合作推出比萨 AR 滤镜，用户可使用滤镜拍照分享，并直接通过 Snapchat App 订购情人节心形比萨。据统计，活动期间，使用 Papa John's 心形比萨滤镜后购买情人节限定产品的用户超过 25%，如图 5-3 所示。

图 5-3　AR 滤镜营销

5.1.2　大数据

随着市场规模的不断扩大，传统的抽样数据已经无法满足企业在数据分析上实效性、准确性的需求。互联网、云计算等技术的成熟，也为大数据应用发展提供坚实基础。大数据是指由于数据规模巨大，以致传统软件无法完成获取、存储、管理、分析等工作的数据集合，其具有海量的数据规模、快速的数据流转、多样的数据类型和价值密度低四大特征。在新时代激烈的市场竞争下，大数据的作用日益凸显。"得大数据者得天下"，要求企业不仅能够获取大量的数据信息，还要对这些数据进行有效处理，实现数据的增值，帮助企业在市场中抢占先机。在许多不同行业中，大数据技术已经得到广泛应用：在金融行业中，大数据技术可以促进高频交易、信贷风险分析、金融产品定向开发等领域的发展；在汽车行业中，大数据技术可以快速分析和模拟路况及可能发生的事故，并针对性地做出反应，推动无人驾驶技术的发展；在城市管理中，大数据技术可以帮助管理者实现高效智能的交通、城市规划；在社会安全领域，大数据技术可以使相关机构和组织建设更完善的安保体系，例如犯罪嫌疑人行迹的搜索、快速定位与跟踪。

精准营销的概念在互联网发展初期就已被提出，但大数据的应用，使得精准营销实现高精准、高自动化。利用大数据技术，企业能够高效便捷地收集整理海量消费者数据，并进行分析。综合消费者过往的购买记录、消费习惯、人口变量、地理位置等因素，抽象出消费者画像，根据不同消费者类型制定具有针对性的营销方案。在营销活动结束后，对营销过程中的数据及营销结束后的反馈进行收集分析，一方面可以归纳出对各营销环节优化改进的建议，另一方面可以重新修正、丰富消费者画像，实现更精准的投放。在各大电商平台上，消费者浏览的数据会作为推送界面信息的依据，消费者在某种商品上停留的时间、点击的次数，都会影响到展示在首页、搜索建议及搜索列表前排的商品；在短视频平台上，用户所观看视频的内容风格、地理位置、展现形式等都会使后续刷出的视频承接前面的特点，停留越久的视频类型后续出现的频率越高。无论大数据在哪个行业的应用，都可以使企业更加了解消费者的个人消费习惯，并为他们提供更深层次的个性化服务，于消费者而言，获得了更便捷的消费体验；于企业而言，将提升企业的经营收入。学术研究也验证了这一观点，个性化的在线推荐系统可以影响消费者的支付意愿，例如，在控制了消费者的偏好和人口因素的情况下，歌曲推荐仍然会影响消费者的支付意愿[172]。

虽然大数据技术已经发展至较为成熟的阶段并被各行各业广泛运用，但仍然存在技术上的限制，许多大数据个性化算法假设消费者的偏好是稳定的，消费者在过去的行为可以用于预测他们在未来的选择，但是这一假设有时是不成立的[173]，因为很多时候消费者的消费行为是冲动、突发的。同时，大数据技术的不当使用可能造成消费者的损失。首先，数据安全是大数据技术发展的重中之重，但是数据泄露事件频频发生。很多时候消费者在无意间被企业采集了相关数据，这不禁让人思考企业获取数据的界限在哪里？什么样的数据属于个人隐私？数据泄露的危害如何避免？这些问题尚未有准确的答案。

其次，企业罔顾消费者权益，利用大数据谋取利润。大数据推送算法是为了商家精准营销，消费者更便捷获取商品，然而不少企业却利用大数据"杀熟"，将相同产品或服务以不同价格卖给不同消费者，从而获取高额利益。目前，大数据相关的法律法规尚未完善，监管力度不足，消费者面临取证难、维权难的困境，因此相关部门亟须规范大数据技术的应用和管理，保障消费者的合法权益。

5.1.3 物联网

物联网（the internet of things，IOT）是指借助互联网，实现物品之间、物品和人类之间的广泛连接，以及对物品的智能化管理。在这个过程中，会应用到多种设备和技术，包括各种信息传感器、射频识别技术、全球定位系统、红外感应器、激光扫描器等[174]。根据物联网技术的受众不同可以将其分为产业物联网和消费物联网，产业物联网顾名思义是在产业中运用的物联网技术，例如智慧城市、智慧园区、智能交通平台等为企业或政府所运用的大体量物联网技术[175]；消费物联网则是面向个人消费者的物联网技术，根据使用场景不同，可以细分为家用物联网和个人物联网，本部分着重关注消费物联网。

家用物联网

家用物联网是物联网技术在家居领域的应用，目标用户主要为家庭用户，适用于固定的家庭空间，包含物联网硬件设备和物联网云平台两大部分。家用物联网硬件设备把家中的各种设备连接起来，实现智能联动，不同品类的产品可以互联互通，例如，消费者可以通过手机等移动设备，直接控制家中的摄像头、冰箱等设备，实现家电间的互联和信息交换，进行远程控制，节省时间，提高生活的效率。硬件设备与人工智能、云平台深入融合，产品无需人为干涉，即可自助控制，自动化服务，学习用户的使用习惯，为消费者的家庭生活提供便利。例如，智能空调可以调用智能门锁的数据学习消费者回家和离家的习惯，在用户回家前15分钟根据室内外温差开启空调，在用户离家后自动关闭。对消费者而言，家用物联网为消费者提供一个舒适、安全、方便和高效的生活环境，对企业而言，家用物联网产品之间的紧密关联将带来更高的用户转化率和用户黏性，例如消费者在选择购买小米智能电饭煲后，很有可能持续购买小米其他智能产品；同时，家用物联网丰富的应用场景背后代表着海量的消费者数据，数据的增值和利用蕴含着无限的价值，能够提升企业的竞争力。

个人物联网

个人物联网是以个人消费者为中心的智能设备，适用于移动性强的各类场景，是万物互联实现的关键基础，能够联通家用物联网和产业物联网。一方面，智能手机普及率不断提高，为个人物联网发展提供用户基础和设备基础，厂商可以以智能手机为中心，延伸出各类个人物联网产品；另一方面，消费者对生活品质的要求在逐步提升，更加注重运动健康，也为相关领域个人物联网产品发展提供契机。个人物联网产品可以分为三大类：第一类，智能手机、平板、电脑等核心产品，这类产品是各类智能设备联通的关键节点；第二类，智能穿戴设备，例如智能手环、智能手表等；第三类，工具型设备，如智能耳机、智能眼镜等兼具实用性功能和智能联接的智能工具产品。如果说家用物联网是多种智能设备的组合，个人物联网则是控制众多智能设备组合的遥控器，正是基于智能手机、平板、电脑等消费物联网核心产品，才能实现消费者对物联网的统一控制和简单操作。在不同使用场景下，占据主导地位的设备可能不同：在家庭场景下，智能手机是连接的中心；在工作场景中，电脑是连接的中心；在移动场景、运动场景中，智能手环和智能手表是使用频率很高的常用设备。

家用物联网和个人物联网不是相互独立的两个网络，只是两类产品的侧重点不同才有这样的分类，智能产品的分类并不是非此即彼的，例如个人物联网中的智能手机是操纵家庭物联网的重要设备，从某种程度上说智能手机也是家庭物联网必不可少的一环（图 5-4）。家用物联网和个人物联网是相互连接，相互促进的，共同构成整体的消费物联网体系。同时，消费物联网和产业物联网也是相互连通的，消费者也是产业物联网的重要使用者，例如当消费者使用电脑接入智能办公系统，个人物联网和产业物联网就形成了连接；有些产品是产业物联网和消费物联网的结合，例如智能汽车虽然作为一种消费品，但它的背后离不开汽车产业物联网的系统和数据支持[176]。随着物联网技术的不断升级发展，个人物联网、家庭物联网、产业物联网将实现更加紧密的联通。也许在未来某一天，各小型物联网之间的数据壁垒将被打破，实现真正的万物互联，消费者也将获得更加便利、舒适的生活体验。

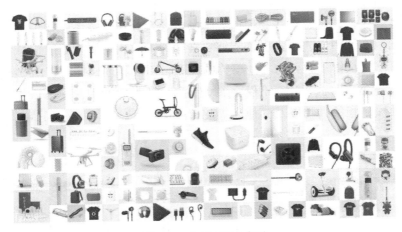

图 5-4 小米 AIoT 产品

注：小米正在构建 AIoT（AI 人工智能+IoT 物联网）生态圈，以小米手机为核心，延伸出一系列家用物联网和个人物联网产品，为消费者提供了完善的闭环式的智能体验。

5.1.4 人工智能

人工智能技术（artificial intelligence，AI）是一门聚焦于模拟人类智能，并把该智能延展到其他领域的新兴技术科学，目前已广泛运用于各行各业。本部分将人工智能技术分类两大类：第一类是人机交互技术，第二类是数据处理技术。

人机交互技术

人机交互技术是实现人工智能与人互动的技术，例如语言识别、计算机视觉等，其特点在于需要获取用户部分信息，才能触发后续动作，用户信息包括外观、指纹、虹膜、语音、动作等[177]。人脸识别、指纹识别都属于人机交互范畴，通过识别消费者生物特征完成指令，人机交互在电子支付、安防治理等领域发挥了非常重要的作用，使得消费者可以节省时间、降低成本。自然语言处理可以对人类的自然语言进行处理和加工，进行人类和计算机之间的信息沟通。目前这项技术广泛用于智能客服领域，智能客服识别消费者发送信息的关键字，自动回复关联性强的内容，极大提高了客服的效率。除此以外，语音识别的应用也非常广泛。语音识别就是将语音信号转化为文本字符。搜狗公司表示其推出的语音识别听写技术，可以使得录音笔更高效地完成语音转文字任务，准确率在95%以上，该技术可以使得"录音一小时，出稿5分钟"成为可能。

数据处理技术

数据处理技术则是通过人工智能完成对数据的处理。其中最突出的是机器学习和知识图谱两项技术。机器学习通过对数据分析模拟和预测人类行为，当前机器学习的发展与大数据紧密结合。机器学习能够高效地利用信息、分析数据，在大数据时代数据需求逐渐提升，这也推动着机器学习的发展。随着数据生产速度不断加快，同一时间需要处理的数据规模不断提升，数据种类也在增多，文本理解、情感分析、图像理解等，对机器学习提出更高效、更智能的要求。知识图谱是结构化的语义知识库，用于建立数据与知识库中实体的映射，迅速描述物理世界中的概念及其相互关系。知识图谱常被运用于搜索场景，利用知识图谱，搜索引擎能够更准确地理解用户所搜索的信息，并反馈相关内容，用户可能会从中了解到与其他事物的关联，引发新理论搜索（图5-5）。例如，当用户搜索"上海交通大学"时，不仅会展示上海交通大学的相关网站、各个学院，还能获得录取分数线、相关人物以及其他高等院校的信息。

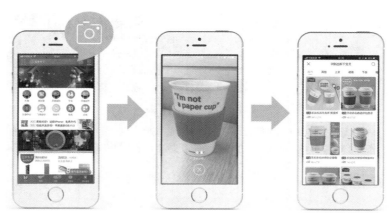

图5-5　淘宝"拍立淘"功能

注："拍立淘"功能可以帮助消费者搜寻图片中类似的产品，使得消费者可以快速地收集该产品的相关信息。

人工智能覆盖了非常多的技术领域，以上仅介绍了部分常用技术。需要注意的是，人工智能各技术领域不是完全独立的，相反，各技术之间相互配合，才能共同实现高水平的人工智能。同时，人工智能常与大数据、虚拟现实、物联网等技术结合使用，提供更智能、更便利的产品和服务。

5.2 提升消费者便利的新渠道

进入 21 世纪，人民的生活产生了翻天覆地的变化，全世界的居民开启了网络社会，纯线下的购物方式被打破，消费者开始通过个人电脑端和移动设备端在网络世界中进行消费，电商渠道成为消费者购物的重要渠道。截至 2020 年 12 月，我国网民规模为 9.89 亿，互联网普及率达 70.4%，其中网购用户规模达 7.82 亿，占网民整体的 79.1%[178]，无论是互联网用户或网购用户的规模都接近饱和，伴随我国互联网行业蓬勃发展而快速成长的传统电商行业逐渐迈入成熟期，流量红利正逐渐萎缩，用户增长放缓，传统电商陷入增长瓶颈，亟须谋求发展新路径。根据图 5-6 计算公式可知，电商平台成交金额由流量、转化率、客单价共同决定，随着人口红利逐步消失，电商平台需要将成交金额的增长由原本的流量驱动逐渐转化为每用户平均收入（average revenue per user，ARPU）驱动，通过提高用户消费频率、转化率、客单价以获取更高收入。在此背景下，一些基于电商平台的创新渠道开始涌现，成为电商平台转型的方向。本节主要介绍内容电商、社交电商、O2O 电商、新零售模式这四大类型的新渠道及其对消费者便利的影响。

$$电商平台交易金额 = 流量 \times 转化率 \times 客单价$$
$$\|$$
$$人数 \times 频次$$

图 5-6　电商平台交易金额计算公式

5.2.1　内容电商

传统电商以产品为中心，消费者产生购买需求后开始搜索产品相关信息，此时产品才有可能出现在消费者面前，产品展现概率小。较为单调的产品介绍无法帮助消费者迅速决策。不同电商平台对消费者的主要影响在于价格，消费者平台黏性弱，需要多平台比价，获取信息成本较高，多重原因叠加造成了消费者转化率低。内容电商改变传统电商以商品为中心的营销形式，以内容发布者为中心，以内容为介质，通过优质的内容传播引发消费者的兴趣，关联产品实现购买。内容形式丰富，包括文字、图片、视频、直播等，通过深度推荐、高互动的方式带来更高的用户黏性和更优质的用户体验，从而提升转化率。内容电商诞生的原因除了电商平台获取流量的需求，也有消费者习惯改变的影响，年轻消费者正在逐渐成为消费市场的主力军，传统电商枯燥的购物流程无法满足他们对娱乐、社交的需求，电商平台的有趣性和丰富性满足了新时代消费者的新需求。同时，利用发布者的私域流量，可以极大降低企业的获客成本，提高营销效率。

目前内容电商渠道主要有两类建设者。一是电商平台的内容化，为平台带来新的流量来源，代表性企业有淘宝、京东、拼多多等。电商平台通过引入丰富的内容展现产品信息，将搜索式购物变为发现式购物，利用内容在消费者原有需求外挖掘潜在的消费需求，丰富平台的流量来源。平台通过培养内容发布者，树立具有吸引力的个人 IP，不仅可以利用粉丝效应降低消费者决策门槛，还能提高消费者对平台的黏性。二是内容平台的电商化，为平台带来新的盈利来源，代表性企业有抖音、快手、小红书等。与电商平台希望利用内容建设打开新的流量入口不同，内容平台则是希望将现有流量利用电商形式变现。虽然电商平台正在转向以发布者为中心，但仍然是以介绍产品为主要目的。与之不同的是内容平台更强调内容质量，希望通过有吸引力的内容带动消费者购买。虽然在内容电商领域电商平台和内容平台是竞争关系，但是双方有很强的资源互补性：电商平台有丰富的电商运营经验和产品，内容平台有大规模的流量来源，因此有些平台选择合作，将内容平台的流量引入电商平台。

图 5-7　京东快手达成深度合作

以京东为例，京东在平台的内容建设上选择了两条路径：一方面自主培养专业主播。京东平台在主播培养方面主打专业化策略，培养或引入垂直领域头部主播，通过专业、优质的直播体验在带货同时打造京东的品牌形象。另一方面与内容平台快手合作。如图 5-7，京东的优势在于其丰富的管理经验和产品资源，但面临流量瓶颈，尤其是下沉市场占有率不足；快手有庞大的下沉市场用户群体，是强有力的流量支持，但自建电商产品质量差，后续物流、售后能力不足，双方强强联手，加码内容电商领域。最初京东与快手的合作形式是发布者在快手平台发布短视频或直播，通过外链导流到京东平台，用户跳转京东进行下单。在 2020 年 5 月双方达成进一步合作协议，京东商品直接上架快手小店，消费者无需跳转即可购买京东自营商品，同时享受京东配送、售后等服务。

内容电商的另一大创新在于改变了过往品牌在营销中的主导地位，人人都是内容的生产者，人人都有可能影响他人的消费决策。目前各平台的内容生产主要有四种形式：平台主导、品牌主导、达人主导和消费者自发。平台主导内容是指由平台策划的内容，例如"双 11""6·18"等购物节期间举办的晚会，消费者可以边看晚会边购买。品牌主导是由品牌发布的内容，例如品牌官方账号发布的图文信息和品牌官方直播间。达人主导则是由有一定影响力的发布者生产的内容，可能是明星、网红、主播等。消费者自发则是由消费者在真实消费后产生的评论，例如淘宝上的买家秀、小红书上的测评等。不同的内容来源为消费者提供了更多元的信息渠道，帮助消费者更全面、真实地了解产品，做出更准确的购买决策。

5.2.2　社交电商

社交电商是借助社交平台进行传播，通过社交互动辅助商品销售。社交平台成为重要的流量入口，随着智能手机的普及，社交平台成为用户手机中必不可少的软件，截至2020年底，微信拥有超过 12 亿的月活跃用户。社交电商带有强烈的社交属性，可以高效地在社交关系网中传播产品信息。对消费者来说，来自熟人的推荐信息更为真实可信，转化效率更高。社交平台不仅具有社交的基本功能，还有丰富的内容形态，以微信为例，有朋友圈、公众号、小程序等内容触点，并且能在微信内直接完成支付，形成传播—触达—购买的全链路。同时，社交平台覆盖用户范围更广，尤其是下沉市场和高年龄用户，他们手机里可能没下载淘宝，但几乎都有微信，因此社交平台为电商拓宽了用户渠道[179]。

社交电商利用消费者的社交关系，实现裂变式增长。传统电商的用户转化呈现经典的漏斗模型：展现—点击—访问—咨询—下单—复购，每个环节都存在一定的用户流失率，转化率逐渐降低。社交电商改变以往信息被动展示的情况，由消费者主动将信息传播至社交圈内，消费者同时是购买者和推荐者，利用用户之间的亲密关系进行传播，降低获客成本，提高转化效率。社交电商利用消费者的个体传播，形成去中心化网络。传统电商平台作为网络购物的核心，从搜索到购买，消费者的一切行为都围绕电商平台展开，形成中心式的购物模式。社交电商中每个用户都能自由进行产品传播，都可以是购物流程中的关键节点，引入新流量并触发购买行为。

目前社交电商的类型主要有三种：拼购类社交电商、会员制社交电商、社区团购。拼购类社交电商通过多人拼团折扣模式吸引用户自发分享，邀请亲友参团，其主要客户是价格敏感型消费者，销售产品多为个性化程度低、单价低、普适性高的商品，拼多多就是典型的拼购类社交电商，邀请人拼团低价购买商品、邀人助力领现金和免费商品等方式均带有强烈的社交属性。会员制社交电商是通过分销机制，平台负责供应链流程，用户成为分销商，邀请他人购买获取提成，适合有分销能力和意愿的消费者，贝店、云集等是会员制社交电商的代表。社区团购是在社区基础上建立的团购模式，居民通过社区团购平台下单，平台将居民订购商品配送至团长处，团长再配送至消费者手中，目标用户是家庭消费者，主要产品为购买频率高的家庭生活用品，目前主要平台有兴盛优选、橙心优选等。同时，内容电商也带有社交属性，但与社交电商依靠社交关系进行传播的模式稍有不同，内容电商依靠内容进行传播，有相同兴趣爱好的消费者会形成社群并传播相关内容，但其亲密程度不如社交电商下的熟人社交。

5.2.3　O2O 电商

内容电商和社交电商本质上还是网络购物模式，只是商品传播和购买的渠道进行创新，吸引了更多消费者和更多流量进入。O2O（online to offline）是指线上渠道向线下门店引流的交易形式，消费者在线上平台进行购买，在线下体验服务，完成交易，美团、大众点评、携程等是典型的 O2O 平台，主要覆盖餐饮、电影、酒店、休闲娱乐等服务型行业。传统电商模式无需消费者到店或商家提供上门服务，因此商家可以利用物流服务将商品销往全国各地，无需广泛布局线下门店。但 O2O 电商模式则强调线下服务履约，商家门店需要设在消费者附近才能方便完成交易流程。按照服务交付场景差异，O2O 可以分为到店 O2O 和到家 O2O 两种，到店 O2O 是指消费者在线上完成购买后，需要到店才能完成消费体验，例如餐饮、电影、酒店、休闲娱乐、到店美容等服务。到家 O2O 则是消费者在线上完成购买后，商家提供上门服务交付，例如外卖、家政、上门美容等服务。随着移动支付的普及和安全性提高，消费者线上支付习惯逐渐养成，对 O2O 电商先支付后兑现的模式接受度提高。中国居民收入水平不断提升，消费升级趋势显著，消费者对享乐型、服务型消费的需求提高，助力 O2O 电商发展。

O2O 电商成为连接商家和消费者的桥梁，为双方提供便利，作为 O2O 平台，需要兼顾商家和消费者双方的权益，满足双方需求。从商家视角看，可以在 O2O 平台上进行推广，以获取更多的曝光和流量，通过精准投放降低获客成本；平台提供咨询、预约、交易等功能，减少商家运营成本；线上交易留存丰富的用户数据信息，帮助商家进行用户画像分析，高效决策，提升运营效率。从消费者视角看，可以通过 O2O 平台获取丰富的商户、产品信息，减少信息获取成本；参加各类团购、促销活动，消费者能以更实惠的价格获取商品；通过平台可以完成咨询、预约、排队、支付等环节，减少消费者等待时间，提升消费体验；交易后可以通过评价、投诉等方式反馈商家服务质量，平台作为交易第三方保障消费者权益。

O2O 模式发展初期，各平台为了抢夺市场份额，进行大力度的补贴以吸引消费者，但这种不健康的价格竞争难以持续，一方面，商家虽然获得了客户和流量，但收益率不高，而且面对大量客流，商家无法保证高品质的消费体验，造成负面影响；另一方面，低价带来的消费者忠诚度低，往往哪个平台优惠力度大，消费者便选择哪个平台。因此 O2O 平台开始将重心转移至提升商户运营效率上，通过更丰富的产品功能实现精细化运营：通过线上品牌建设，提升商户吸引力；利用精准大数据营销，降低获客成本；采用会员制度、次卡模式增加消费黏性；完善评价投诉体系，提升用户满意度。同时，O2O 平台也开始打通内容电商、社交电商新渠道，利用多元方式提升平台流量、获取增长。

5.2.4　新零售

回顾中国零售业发展历程，可以大致划分为三个阶段：实体零售阶段、网络零售阶段、新零售阶段。实体零售阶段是零售业发展初期，实体门店规模扩张阶段，以百货商场、大型商超、购物中心为代表。网络零售阶段是基于互联网技术的发展，电商平台的崛起，目前国内市场以淘宝、京东、拼多多为代表。随着电商人口红利消退等问题出现，零售转型的呼声渐高，遂进入新零售阶段。新零售是指深度融合线上、线下渠道的零售模式，在互联网场景下，运用大数据、人工智能等先进技术，对商品制造、流通、营销全环节的优化。虽然都是线上与线下渠道相结合，但O2O渠道和新零售渠道存在差异，O2O是指线上向线下引流，商家在线下门店履行交易；新零售则突出线上线下相融合，线上向线下引流的同时也是重要的交易渠道，销售商品不限于服务产品，消费者不一定要到店才能完成交易。

线上渠道和线下渠道各有优势和劣势，商家需要根据消费者不同的需求来设立合适高效的渠道整合策略[180]。线上渠道可以为消费者提供足不出户的消费体验和更多更丰富的产品信息，但是消费者无法直接体验产品使用过程，需要等待物流递送；线下渠道可以为消费者提供更直接的产品体验和更完善的服务，消费者可以即时拿到自己需要的产品，无需等待。新零售整合了双渠道优势资源，首先，新零售模式将打通线上线下渠道，扩宽产品销售渠道，消费者通过线上下单，商家就近配送，打破时空限制，为消费者提供更便捷、高效的购物体验。其次，利用大规模的线上线下多场景数据，更加准确地描绘消费者画像，并实施精准营销、个性化营销。为了获取更全面的消费者数据，商家往往会使用会员模式，用优惠政策来鼓励消费者线上注册会员账号，在每次购物时，消费者出示会员号，可以获得积分，积分可以兑换一定的优惠。这样就可以轻松收集消费者全渠道的购物数据，通过进一步分析消费者的个人特征和购买偏好，借助算法系统实现个性化产品推荐。

目前新零售企业主要有三种类型，第一种，以往的纯线上零售品牌开设实体门店，由于传统电商渠道的流量红利消退，网络零售增速逐渐放缓，为了寻求新增长，开始布局线下渠道。这类品牌的线下门店还肩负着向消费者传递品牌形象的任务，以往不熟悉这些互联网品牌的消费者们有了新的线下渠道接触并了解它们。典型企业是三只松鼠、小米等互联网品牌（见图5-8）。

图5-8 三只松鼠线下门店

注：三只松鼠成立于2012年，最初定位为纯互联网食品品牌企业，近年来也开始开设线下门店，
将线上丰富的经验迁移至线下，使得门店成为未来增长的重要来源。

第二种，以往的纯线下零售龙头数字化转型，由于实体零售受到电商冲击明显，且整体效率较低，希望通过新零售模式突破困局，利用线上平台为线下门店引流，线下门店作为现成的产品仓库提升配送效率和用户体验[181]。典型企业是银泰百货、沃尔玛、永辉超市等大型商超（图5-9）。

图5-9　阿里巴巴与银泰集团的合作及共同推出的"喵街"App

注：银泰百货是发源于杭州的知名百货连锁品牌，随着电商行业的壮大，百货公司受到极大冲击。2013年起，银泰与阿里巴巴达成了一系列的合作。

第三种，兼具两种渠道的零售品牌打通线上线下，由于消费者对服务便利性、快捷性的要求提升，同时数据在渠道运营中的作用越来越突出，为了更好地利用消费者大数据、提升服务品质，许多原本就有电商渠道和实体门店的品牌突破线上、线下的壁垒，实现相互引流、精细化运营，以提升消费者体验和品牌营业收入[182]。典型企业是优衣库、屈臣氏、苏宁电器等（图5-10）。

图5-10　优衣库线上买线下取的新零售模式

注：2002年优衣库中国首店开幕，2009年优衣库入驻天猫，2016年优衣库实现了线上下单、线下取货的数字化模式，一方面缓解了库存、配送的压力，另一方面，节省了顾客等待时间。

　　线上线下多渠道融合的新零售模式，为消费者提供了多种多样的和商家及产品的接触点，消费者可以通过不同的方式获得多样化的消费体验。这使得消费者在线上的需求可能延伸到线下实体店铺，同时通过提升和完善消费者在线下店铺的体验来增加客户转化率，以此促进消费者在线上继续进行购买，推动线上渠道和线下渠道融合，渠道之间优势互补，为消费者提供更加便利的多场景购物解决方案[183]。新零售是零售行业发展的必然趋势，但是线上线下渠道谁为主，谁为次，怎样为消费者提供更便利更深入的服务，都是商家需要着重思考的问题。总而言之，商家应该利用好线上渠道和线下渠道的优点，尽可能地规避缺点，为消费者提供更全面、更便利的服务，使产品和服务以消费者想要的方式到达他们的手中。

总　　结

　　本章主要介绍虚拟现实技术、大数据、物联网、人工智能四项新技术，内容电商、社交电商、O2O电商、新零售四种新渠道对市场营销的影响，尤其是对消费者便利的提升作用，分析企业如何利用技术创新、渠道创新为消费者带来更加优质的消费体验。

　　虚拟现实技术（VR）和现实增强技术（AR）为企业营销提供新方式，通过虚拟场景搭建，为消费带来身临其境的体验，能够帮助消费者获取更真实有效的信息，降低信息获取成本，同时提升消费者与营销内容之间的互动性，增强消费者对产品和品牌的记忆。利用大数据技术，企业不仅能提供功能更强大、更高效的各类产品，为消费者带来更便利的服务；还能通过海量消费者数据，实现更精准的营销投放，帮助消费者获取更具个性化的广告信息，降低企业获客成本。实现万物互联的物联网技术使得城市、园区、小区等区域性管理更加智能化、便捷化，也让消费者可以轻松在移动终端上控制各类智能设备，从室外到家中，全方位为消费者创造更加安全、便利、舒适的生活体验。人工智能在多领域的广泛运用：便捷的语音识别转化、精准画像实现针对性的数据决策、提供全天候客服支持等，为消费者带来更便捷的服务。

　　内容电商以图文、视频、直播等内容形式为载体，引发消费者购买行为。通过丰富的内容形式吸引消费者注意力，满足年轻消费者的多样化需求，通过深度推荐、高互动的方式带来更高的用户黏性和更优质的用户体验，利用内容发布者的私域流量提升转化率。社交电商通过社交关系网传播，以社交互动推动商品销售。一方面利用用户的社交网络完成裂变扩散，降低成本，提升效率。另一方面，社交电商极大补充了电商平台的下沉用户来源。O2O电商从线上向线下导流，为商家提供曝光机会和流量扶持，降低其获客成本，通过丰富的平台功能培育商家成长，提升运营效率。同时，为消费者提供丰富的商家信息、优惠的价格并为服务体验提供一定保障。新零售则是将线上线下渠道打通，线上购买、就近配送或线下提货，利用多渠道数据更准确进行用户画像，实现个性化、精准化营销，从线上到线下，全渠道为消费者提供更便捷、高效的购物体验。

新技术、新渠道的发展改变了消费者原有的消费习惯，企业需要善用技术和渠道的创新为消费者带来更便捷的消费体验。

复习和讨论问题

1. 虚拟现实技术如何提高了消费者生活的便利程度？请举例说明。

2. 分享你体验过的人工智能营销场景。

3. 新技术的应用带来了哪些积极影响和消极影响？

4. 生活中你还观察到哪些运用于营销领域的前沿技术？

5. 内容电商如何提升消费者便利？

6. 作为年轻消费者，你是否接受社交电商？为什么？

7. 线上渠道和线下渠道各有哪些优势和劣势？

8. 介绍一个企业采用新零售渠道的案例，你认为它有什么优点和不足？

9. 生活中你还观察到哪些渠道创新？

 答案解析 扫描此码

营销案例

电商浪潮中的永辉超市

永辉超市成立于2001年，是中国500强企业之一，其总部位于福建省福州市。永辉超市是中国大陆地区第一批把生鲜农产品业务引入现代超市的企业之一。永辉超市的经营特色是各类生鲜农产品：许多门店的生鲜农产品经营面积超过40%，果、蔬、禽、肉、蛋、鱼等品种十分全面。永辉超市采用直采方式销售生鲜产品，自己构建了数十个采购基地，直接到农民家中采购，永辉自己也承包了许多果园，将水果直接运到门店进行销售，而省略了各级经销商的繁冗步骤，既能有效避免中间商赚取差价，又保证了生鲜产品的新鲜。

在电子商务技术的冲击之下，永辉超市试图解决自身在线上业务方面的短板问题，改善自己的运营模式，向全渠道布局进行转型。永辉超市在2015年接受了京东公司入股，二者在电子商务业务和物流配送方面进行了深度的合作。永辉超市推出了官方App"永辉生活"，在微信上推出了小程序，消费者在线上渠道下单，省去线下挑选购买的步骤，超市实体店提货或送货上门，享受生鲜即时配送到家的服务。在永辉生活线下店，消费者可以自助称重、结账，通过支付宝、微信扫码等电子支付方式，迅速完成购买。永辉超市基于线下实体门店和线上渠道的会员数据，对客户进行个性化的精准画像，更加有针对性地满足顾客的需求。此外，腾讯公司协助永辉超市设立了永辉云计算中心，提升了永辉超市在获得数据和分析运用数据等方面的能力。线上和线下渠道中对新技术的运用，大大提升了消费者的便利程度。通过对移动平台和社交平台的新渠道布局，永辉超市已经在全渠道转型策略中迈出了坚实的一步。

讨论题：

1. 永辉超市的传统销售渠道是怎样的？

2. 永辉超市在新技术的冲击下采取了哪些措施，采用了哪些新技术？

3. 你觉得永辉超市还可以采用哪些新技术，更好地满足消费者的需求？

答案解析 扫描此码

即测即练

自学自测 扫描此码

第3篇　从消费者的价值感知出发制定最优的定价策略

　　消费者在进行购买决策时感知到的价值对于他们的购买决策有着不可忽视的重要影响。本篇基于产品由生产环节完成到抵达消费者手中的顺序，从产品设计、定价策略、销售策略三个方面论述影响感知价值的因素、行为或策略等。产品设计是指企业在生产产品时赋予产品的各类属性，是产品生命周期的最初阶段，是决定产品价值的基础。定价策略是指在产品生产完成后，企业根据产品基本价值，利用消费者心理，通过制定不同的价格以获取更高利润。销售策略则是在消费者最终获取产品过程中，利用不同的销售方式吸引消费者购买。产品设计影响消费者价格感知的因素分为产品基本属性和产品附加因素，定价策略可以分为心理定价策略和对比定价策略，销售策略包含饥饿营销、商品陈列、促销活动等，本篇将基于这些因素对于消费者感知价值的影响进行分析讨论。

第 6 章

影响价格感知的产品设计

 引例

同类产品的差异价格

当你在超市中挑选产品时，会发现在同一货架上摆放着的同品类产品，它们的价格存在较大差异。乳制品是一个典型的例子，由于原产地牧场不同，进口牛奶，尤其是原产地为澳大利亚、新西兰的牛奶，价格一般高于国产牛奶；由于生产制作过程的要求不同，有机奶的价格普遍高于普通纯牛奶，巴氏鲜奶的价格高于利乐包装的常温牛奶，由此可见，产品本身的属性能够影响产品的价格。知名牛奶品牌光明联合大白兔推出光明大白兔牛奶，价格高于普通牛奶，因为和大白兔的联名增加了牛奶产品原有的附加价值。虽然各品牌、各类乳制品的价格存在不小的差异，但消费者并不是都偏爱低价的产品，而会根据自己的需要选择相应类别的牛奶：比较在意原产地的消费者愿意付出高价选择进口牛奶；比较在意乳品品质的消费者会选择有机奶；正在健身减脂的消费者会购买脱脂牛奶；而对口味有特殊偏好的消费者则会购买各类调制乳。

产品本身具有的价值是决定产品价格的基础，而产品设计是决定产品价值的根本。产品设计可以划分为产品基本属性和产品附加价值，产品基本属性决定了企业生产产品的成本，而产品附加价值则能通过附加价值提升消费者对产品价值的感知。本章主要讨论产品基本属性和附加价值包含的细分因素，以及它们是如何影响消费者对产品的价值感知的。

6.1 产品基本属性

产品基本属性是指产品本身固有的特性特点，这些属性会对未来消费者的价格感知产生影响。产品基本属性包括产品原材料、产品原产地、产品专业性等。产品原材料的稀缺性会影响消费者市场中的供给需求平衡；产品原产地会影响生产成本、产品质量等；产品专业性对消费者评估过程产生影响。

6.1.1 产品原材料

产品原材料指生产某种产品的基本原料，是处于生产过程起点的产品。原材料包括自然形态下的森林产品、矿产品与海洋产品以及农产品，如粮、棉、油、烟草等，这些产品再生能力强，供货方较多，储备充足，且质量上没有什么显著差别，因而消费者对于其价值感知不会存在很大差异，感知到的价格高低往往由产品直观的品质好坏、新鲜与否决定。但对于一些产品，其原材料数量稀少，或在一定时期内供货严重不足，则该产品原材料就具备了稀缺性。具体来说，产品或其原材料稀缺性是指现实中某段时间内市场中产品或资源的供给不能满足人们需求欲望时的一种状态，它反映的是欲望的无限性与资源的有限性之间的矛盾。这种稀缺性会对消费者的价格感知产生很大影响。

导致产品稀缺的原因有很多，若这种"稀缺性"不是原材料稀缺所导致的，而是一种由市场、季节或其他突发因素所引起的短期现象，那么一些消费者就能够从"等待"中受益。如果产品稀缺性是由于厂商暂时的供应能力无法满足市场上消费者的需求，消费者可以在等待下一批次生产的期间里收集更多的信息，对产品有更多的了解，从而在商品补货销售时，对价格有更合理的预期和估计，做出更明智的购买决定[184]，这时候商家可抬升价格的区间和幅度将会变得很小。部分商品具有很强的季节属性，例如水果，在上市初期往往价格较高，但当大量上市后价格骤降。如果商品出现不合理的高价，政府也会进行干预，对物价进行调控。

在新冠肺炎疫情暴发初期，医用口罩以及 N95 口罩等隔离细菌能力较强的口罩具有稀缺性，成为典型的暂时性稀缺商品，在全民购买佩戴口罩的背景下供不应求[185]。有不少商家借机哄抬物价，牟取暴利。随着国内疫情形势趋于平稳，国家加大生产力度和管控力度，口罩的价格恢复到正常水平。疫情期间不少高价销售口罩的商户，因涉嫌非法经营，扰乱市场秩序而受到处罚。

但还存在另一种情况，即稀缺性是由于原材料本身所导致的，客观情况、特定生产技术受限等原因导致某种商品的产量在长期都不能满足市场消费者需求。以依云矿泉水为例，世界上的水由大约 97%的盐水、2.1%地球两极的冰川融水和 0.84%可供人类饮用的水组成，而依云水更是取自阿尔卑斯山超过 15 年的冰川石岩层的水[186]，造就了其原材料本身的唯一性和独特性，原材料导致的产品稀缺性才能够使其拥有相对长期、稳定的溢价优势。这种长期稳定的原材料稀缺性会从根源上影响消费者的价格意识[187]。具体表现为长期以来，消费者对稀缺和炫耀性商品的渴望可能十分强烈，甚至会减弱价格效应[188]。

对待原材料稀缺的商品，消费者价格敏感性低，愿意为其支付更高的价格,甚至对极端高价产品的购买意愿也不会减少[187]，这便是原材料珍贵稀缺的金刚石拥有高昂价格的原因之一。原材料具有稀缺性的产品除了对消费者感知价格产生影响，也会间接影响产品受欢迎程度和消费者购买行为。与普通商品价格上涨销量下降的市场规律不同，具有稀缺性的产品往往能够获得很高的销售量和消费者热捧[189]，原材料稀缺性能够为产品生产者提供很高的溢价区间，消费者往往可以接受其高于预期的价格[190]。

概括而言，消费者对于长期、稳定的原材料稀缺产品更愿意支付高价，并且有较低的价格敏感性，此时他们的行为不符合传统的供求曲线，即他们不会因为价格升高而降低购买意愿，可见产品原材料属性对于消费者的价值感知和消费意愿具有显著的影响。但是如果稀缺性是由其他因素导致的短期稀缺，消费者可能会选择等待，做出更理智的消费决策，此时稀缺性对消费者价格感知和购买意愿的影响不如长期稀缺情况下显著。

6.1.2　产品原产地

产品的原产地是指其最初来源，主要指产品的生产地。进出口商品的原产地是指作为商品而进入国际贸易流通货物的来源，是商品被制造成型或产生实质改变的加工地。不同品牌生产的相同类型产品可能来自不同原产地，原产地的不同将会导致产品生产成本的差异，也会造成产品质量的不同[191]。因成本不同，所以同一品牌下不同原产地的产品往往会制定不同的价格，产品质量上的差异会通过直接或间接的方式被消费者感知到，进而影响他们对于产品价值的感知。综上，原产地对于产品定价和消费者价格感知的影响过程如图 6-1 所示。

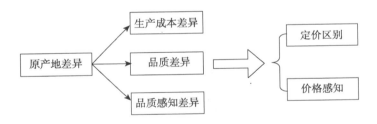

图 6-1　原产地对产品定价和消费者价格感知的影响过程

因原产地不同而导致质量差异的产品中，食品是典型案例。以乳制品为例，奶牛所食用牧草的品质是决定乳制品质量好坏的重要因素之一，新西兰草场、中国的内蒙古草场都以优质肥美的草料而闻名，于是，很多乳制品厂商便选择这些草料优质的牧场作为自己生产的原产地，而不是"就近取材"。路途的周转增加了产品在途运输成本、仓储费用，这都在一定程度上增加了产品生产成本，高昂的成本势必导致更高的销售价格。但即使如此，仍有越来越多商家将原产地作为产品卖点，利用优质原产地打造高端产品线。伊利金典系列从 2007 年开始，不断钻研高端有机产品，最终打造出获得原产地认证、具有 3.6g/100ml 乳蛋白并且全程有机可追溯的金典有机奶[192]。这是国内为数不多通过生态原产地产品保护评定的有机奶，这款牛奶平均每盒（250 毫升）售价比金典系列纯牛奶高出 1.5～2 元，比伊利纯牛奶高出 3.5～4 元，但因其具有更高的营养价值、更严格的生产流程和严选的产品原产地，因此消费者关注度和喜爱程度都占同类产品上风。在 2018 年 7 月 10 日，伊利金典更是创造了有机奶销售额世界纪录，并获得了吉尼斯世界纪录认证[193]。金典有机奶并没有因为高价格而失去消费者的喜爱，相反，它通过高品质的定位，获得了目标消费者的青睐（图 6-2）。不仅乳制品，其他新鲜农副产品、肉制品生产商也开始关注产品原产地。有研究表明消费者在购买水果和蔬菜时，最关注的便是其营养价值、食品安全性以及原产地认证标签[8]。当产品原产地得到保证或认证，一定程度上说明该产品的生产工艺更出色，生产流程把控更严格，产品质量更好，因而消费者的价值感知上升，即使为此支付了高价也会认为物有所值。

但是消费者对原产地的偏好并不是固定不变的，一方面，消费者对原产地的偏好受行业技术水平、原材料聚集度影响，当行业领先企业、优质原材料集聚于某地，消费者自然会偏好该地区生产的产品，但是当这种地域领先优势被赶超，原产地效应则会削弱。以电器产品为例，过去中国消费者不惜花高价购买进口电

图 6-2　金典有机奶原产地认证证书

注：金典推出广告片记录金典牧场奶牛的生活，广告中展现奶牛的惬意生活：饮食营养搭配均衡，拥有独栋"五星级"牛舍，每日享受 SPA 按摩、莫扎特音乐熏陶等，体现金典牛奶的高品质。

器品牌，尤其是日本制造，但是随着中国制造业发展，海尔、格力、美的等优秀国产品牌产品质量和科技含量不亚于进口产品，因此原产地对消费者电器产品购买决策的影响不再显著。另一方面，对原产地的偏好还有可能受到消费者自身消费习惯的影响。当消费者具有足够经济实力且在意食品品质时，可能会选择购买价格较为昂贵的高质量原产地产品，但是如果消费者的经济水平下降或不再追求食品品质，消费者可能会降低对原产地的高要求。

概括而言，当今世界经济科技发展迅猛，人民人均收入显著提升，生活质量不断改善。更多消费者在满足基本物质需求后，选择关注产品品质和食品安全。对于很多不能直观看出质量优劣的产品，其原产地认证就成了产品高质量的可靠保证。因而具有原产地认证的产品，可以提升消费者的价值感知，降低消费者价格敏感度和价格关注程度，一些消费者还会对其有更强烈的购买意愿。严选的原产地甚至可以让消费者增加对品牌的信赖和好评程度，有利于品牌树立更好的经营形象。因此对于有原产地优势的企业需要不断增强原产地效应，突出原产地原料或技术的无可替代，保持在行业中的领先地位；

而对于缺少原产地优势的企业则需要提升技术水平，打造具有独特性和竞争力的产品以弥补原产地劣势，追赶优势品牌。

6.1.3　产品专业性

所谓产品专业性，顾名思义，与其专业知识有关，往往相关从业者或专家能够获取到更多的信息，掌握更专业的知识[194]。当一个产品专业性较弱的时候，其结构组成通常较为简单，与其有关的专业知识较易获取，并且其消费群体中有很多是已经获取了产品有关知识进而对其成本、定价能够做出合理评估的"专家"，这类产品价值的可评估性就较强；相反，如果一个产品的专业性较高，其中蕴含的专业知识需要一定的门槛才可以获取，那么这类产品就有相对较少的人可以清晰地认知，因而其可评估性较差。

专业性高的产品往往多为知识密集型产品。对比劳动密集型产品，知识产权密集型产品在拥有更多知识产权的同时，也具有更高的科技含量或艺术含量，从而具有更强的观赏价值或在产品质量上更加值得信赖，因此具有更大的经济附加值，消费者感知到的质量更高，价格感知也会相应提升。对于知识产权密集型产品消费者心中具有更高的估值，因而也愿意支付高价。

对于知识密集型产品，如与技术有关的 IT 产品，如果产品价格与其质量不匹配，对该产品的知识了解更多的消费者更不愿意支付该价格[195]。因为相比于没有相关知识的消费者，他们更可能注意到产品的质量和当下产品所在其生命周期中的阶段，进而推测产品的实际价值或内在价值，推算自己可以接受的合理价格。但是知识密集型产品技术含量较高，产品专业性较强，门槛较高，能够对其相关知识了解较多的消费者比例较小。所以，对于整个消费者群体来说，这类产品的可评估性较差。因此，知识密集型产品可以产生较高的利润。

此外，还有很多企业通过语言的包装来降低产品的可评估性，以营造产品的专业性高的印象。在美容化妆品行业，各大企业都普遍采用该策略。以贵价化妆品牌赫莲娜为例，2015 年该品牌推出融入业界最高 30%浓度玻色因 Pro-xylane™的"黑绷带"面霜，定价 3480 元/50 毫升。由于分子量小，玻色因可以直接影响贯穿于皮肤三层结构中的细胞外基质，能促进连接表皮与真皮层的胶原蛋白Ⅶ型的生成，同时对于胶原蛋白Ⅳ型的合成也有着卓越的功效（图 6-3）。上述极其专业性的描述语句使得该产品专业性得到提升，降低了该产品的可评估性，同时提升了

图 6-3　HR 赫莲娜宣传广告

消费者的感知价值，因此尽管该产品售价较高仍获得了消费者的青睐。

概括而言，对于同一商品，有知识储备的消费者能够接受的价格往往低于没有知识储备的消费者。当产品的专业知识较难获取时，产品就具备了较高的专业性，这一属性让消费者对于产品价格的评估和感知能力下降，即产品的可评估性降低。这样就可以在一定程度上减少消费者群体中"专家"的数量，从而允许企业在保障销量的前提下制定更高的售价，有了更大的溢价区间。

6.1.4　产品熟悉度

产品类型既可以简单地划分为衣、食、住、用、行等大致类别，又能够细指某一品牌下的具体产品类别。若按照第二种分类方法，同一品牌下不同批次、不同系列的产品都可以归属于不同的产品类型。产品类型是重要的产品基本属性之一，它的不同势必会影响消费者对于价值的感知。但相差太多的产品类型不具有可比性，将其感知价值作比意义甚微。因而本节所研究的不同产品类型按照"具体产品类别"的方法进行细致划分，被比较的产品同属于某一大类，例如扫把与扫地机器人同属于"生活用品"大类，却是截然不同的产品类型，二者具有可比性。

但产品类型对于消费者价值感知的影响不容易直接地进行比较，不同产品类型会让消费者有不一样的价值感知，这一作用在很大程度上是因为消费者对不同产品类型的熟悉度不同所导致的，因此在研究产品类型对消费者的影响作用时，熟悉度是不可忽略的一环。

熟悉度即消费者对于某件商品或某类商品的了解认识程度，某种或某类商品在生活中的常见程度高低、进入市场后的时间长短、在大众视野中的曝光度高低，都会影响消费者对于此类商品的熟悉度。一般而言，我们认为，消费者对于其生活中较为常用的、常见的、较早出现在市场中的产品品类以及在大众视野曝光度较高的产品品类熟悉程度较高。例如，对于类型明显不同的产品，消费者对传统扫帚的熟悉度高于扫地机器人；而对于类型相似的产品，消费者对于本年度本月份上市的新品，熟悉度不及已经上市一年的产品。

对产品的熟悉程度会对消费者信息收集及产品使用过程产生重要影响[196]。在单一产品的情况下，产品熟悉度会对消费者的价格感知以及价格敏感性产生很大的影响[197]。在多类型产品的情况下，如果消费者对其中一些产品的熟悉度不同，那么对它们的价格感知差异也将显著不同。相比于熟悉度低的商品，当消费者面对熟悉度高的商品类型时，价格变动对产品购买意愿变化程度的影响较大，微小的价格上涨就可能让消费者对产品熟悉度高的商品类型停止购买行为，即面对熟悉度高的产品类型时，消费者对价格更加敏感[198]。

产品熟悉度较低的产品类型可以是较新推出的产品，或者是较为小众的少见的产品等；而产品熟悉度较高的产品品类可以是已经在市场中长期存在的产品，或是更为日常的大众使用的产品。

例如,2020 年 4 月 8 日晚,华为在春季新产品发布会上首次公布了旗舰机型华为 P40 系列产品报价,8G+128GB 的 P40 机型官方标配售价为 4488 元,而 2019 年 4 月上市的华为 P30 相同内存配置下价格仅为 3688 元(图 6-4)。在正式发售以前,华为就对其 P40 系列产品销量作出了乐观的估计,事实也确实如此,年年攀高的售价被众多消费者视为理所当然。对于上市新品即熟悉度低的产品类型,消费者总是更加充满热情,第一批上市产品总能够在极短时间内被抢购一空,这种对于价格的不敏感在很大程度上是由于对产品的熟悉度低造成的。

图 6-4 华为手机 P40 与 P30 价格对比图

消费者对熟悉程度不同的产品会有不同的反应和价格感知。熟悉度可以分为:排斥(rejection)、缺乏认知(non-recognition)、认知(recognition)、偏好(preference)、坚持(insistence)[199]。首先,对于处在产品排斥状态的消费者来说,他们不会去购买目标产品。由于目标产品基本不存在于此类消费者的考虑中,因此也缺乏形成具体的价格感知的前提条件。第二,对于缺乏产品认知的消费者来说,他们对目标产品的了解较少,相应的价格敏感性低。第三,对于具备产品认知的消费者来说,他们对目标产品有一定的记忆。此类消费者对于目标产品有一点的了解,但是却没有明确的偏好,因此会对目标产品与同类别产品做大量比较,这种比较导致了较高的价格敏感性和较低的感知价值。第四,对于具有产品偏好的消费者来说,他们会因为习惯或者过去经验去选择目标产品而放弃另一产品。此类消费者习惯依赖于自身既有的知识而较少去搜寻新的知识,因而很少将目标产品与其他产品去进行比较,所以导致了较低的价格敏感性和较高的感知价值。最后,对于具有产品坚持的消费者来说,他们对目标产品或品牌具备足够的忠诚度,而不会接受其替代产品。此类消费者对目标产品具备足够的信任,因而价格敏感性较低,而感知价值较高。

值得注意的是,这种产品熟悉度是可以通过消费者努力来改变的。消费者可以通过自身的努力,如了解产品供应链体系、产品零部件生产成本、生产所需专利授权费用等方式来增加对某类产品的熟悉度,在此基础上合理估计产品价格区间,再决定是否采取购买行为，这个增加产品熟悉度的过程可以使消费者的购物行为更加理性。

仍然以上文提及的华为手机为例，对于华为手机有更多深入了解的消费者会对其掌握更多的信息。实际上华为 P40 机型搭载和此前的 P20 一样的 22.5 瓦充电，这种充电速度甚至不及 2000 元左右的华为 nova 6SE 产品；屏幕显示不是连续的，而是通过一秒钟显示特定数量的画面来造成视觉上连续的动画，P40 的手机屏幕刷新率和 P30 一样，都是 60Hz，即一秒钟显示 60 张画面，现在很多 3000 元以上的手机机型屏幕刷新率都达到了 90Hz 甚至 120Hz，屏幕显示效果更加流畅；华为 P40 对比从前为数不多的改善之处主要体现在摄像方面，相机配置有所升级。可以看出，华为 P40 产品的定价明显"虚高"，但这种虚高价格对熟悉度低的消费者来说，是难以感知到的；反之，对产品熟悉程度高的消费者在购买前会做更多更全面的考量，当他们思考后对产品的估价不及产品售价时，就会选择不消费或暂缓消费，这种决策方式显然更理性，他们利用自己较高的产品熟悉度，可以在等待中获益。

这种不同熟悉程度的消费者对于价格的反应，实际上在某种程度会造成厂商经营的"矛盾"。无论果粉、花粉俱乐部还是小米社区，这些社区类集群初衷都是为了在交流分享的过程中增加用户黏性，但这种交流势必带来一种后果，就是这类消费者对于产品的熟悉程度显著增加。品牌忠诚度会增加消费者对产品的可接受价格，但产品熟悉度的增加又会使其对价格更敏感，这两种效应是反向的。如果经营管理能够使前者的效应大于后者，便可以利用此方式来增加利润，这对于经营者而言是需要研究的问题，因为维持一种稳定有利的平衡对企业的生存和发展是十分重要的。

当面对熟悉程度较高的产品品类时，消费者的产品价格敏感度更高，当产品价格发生增减变动时其反应更大，更可能因为价格的变化改变其购买决策，不接受他们认为"虚高"的定价；反之，当面对熟悉程度较低的产品品类时，消费者的产品价格敏感度更低，他们更多的是一种"尝鲜"心理，对于新产品或不熟悉的产品会热情满满想要尝试，在这个过程中往往会提升心中的价格预期，即使不太合理的高价他们也能够接受，高价不会降低其购买意愿，因为这个时候他们更加看重的是新产品使用体验，而不是性价比。

6.2　产品附加价值

在产品生产过程中，除了产品基本属性，还有产品附加因素会影响消费者价格感知。尽管产品附加因素与产品本身的品质没有直接的或很大的联系，但会帮助构建产品差异性，是吸引消费者的关键手段。影响消费者价格感知的这些附加因素包括情感因素、包装设计因素、产品创新性、服务因素。

6.2.1　产品情感附加

面对越来越激烈的市场竞争，产品开始从单纯的比拼功能与质量的阶段迈向与消费者建立更多情感联系的阶段。具体来说，具有情感附加值的产品对消费者的影响大多不在于企业本身在产品技术上的领先优势，而在于优先竞争对手的产品情感附加值上，通过产品情感附加增强消费者的情感认同和情感依赖，因此这些企业能够提高消费者的价格感知从而能够获得更高的销量或者以更高的价格出售。产品能附加的情感类型有很多，可以分为自我依附、怀旧依附、情感依附三种类型。

自我依附是指消费者将自身价值附着在产品上，通过消费表达身份，塑造个人形象。如奢侈品除了能够满足消费者本身对于产品功能的要求以外，还能向外界彰显财富与社会地位。《欲望都市》中的一个角色说："当我拎着爱马仕的时候，我就知道我已经飞黄腾达了。"爱马仕之所以能够有如此大的魅力，是因为它始终保持严谨的制作风格，选取优质原材料，尊重传统工艺，能够带给消费者高贵的身份感知，提升自我价值（图6-5）。

怀旧依附指的是消费者看到产品，能够想到曾经无忧无虑的童年时光。怀旧包括个人怀旧、集体怀旧两个维度[200]。个人怀旧是从个体角度出发，对自身经历的回忆，具有私密性和个体差异。集体怀旧是以整个社会为单位，是属于一个时代大多数人共同的记忆。如大白兔奶糖、小浣熊方便面等产品陪伴了几代人成长，是他们人生中的重要印记。"七粒大白兔奶糖等于一杯牛奶"，大白兔奶糖生产厂家自1959年成立起，到如今已经度过了60多个岁月。作为经典的上海老牌国货，不仅没有消失在消费者的视线中，反而越发得到大家的喜爱。在人们的印象中，大白兔是一只在红黑蓝背景下蹦蹦跳跳的白色兔子。"大白兔"三个字是刺激消费者回想美好童年记忆，产生强烈感情归属的重要元素，能够极大提高他们的消费热情和购买意愿（图6-6）。

图6-5　爱马仕平面广告

情感依附是指消费者因为某种被放大的情感而购买产品，这种产品的情感价值远远高于使用价值，只有长期维护才能持续散发情感的温度。如"钻石恒久远，一颗永流传"的产品宣言象征着永恒、坚固、稳定的爱情，吸引了大量渴望永恒爱情的年轻消费者。另外，德芙巧克力（Dove）是"do you love me"的缩写，定位于时尚浪漫、情感丰富的年轻消费者群体，不仅是爱情的象征，也是情感的寄托，承载了最美好的感情、最单纯的内心。德芙通过"心"的产品和礼盒形状赋予品牌甜蜜、温馨的祝福，利用年轻人渴望爱情、渴望吸引异性的心理特征，打造了充满人情味的品牌形象，成为中国巧克力市场的领军品牌（图 6-7）。

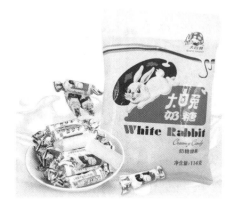 

图 6-6　大白兔奶糖包装袋　　　图 6-7　德芙巧克力心形礼盒

此外，产品情感附加值对消费者的影响还取决于消费者对于产品的期望值。当产品有一些超出消费者期望的设计时，消费者会有一种惊喜感和亲近感。例如，藏在巧克力糖纸里的摘录语句，食品包装上印着的解谜游戏，购买衣服时提供的免费修改衣长裤脚等都是增强消费者情感体验、提升消费者价值感知的重要因素。

一种被广泛用来建立情感附加值的手段是产品拟人化设计。以法国家居品牌 Maison Wasabi 的收纳盒 Kyotomoji 为例（图 6-8），该收纳盒一共有四个格子，通过正面三个抽

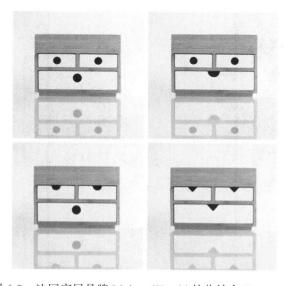

图 6-8　法国家居品牌 Maison Wasabi 的收纳盒 Kyotomoji

屈的开口位置呈现不同的表情。该产品通过拟人化的方式表达了情感化的装饰语言，使得消费者和品牌更加亲近，从而通过提升情感附加值的方式增加了消费者对于该产品的感知价值。

综上所述，任何销售产品或服务的企业都可以建立自己的情感附加值，即向消费者提供一些特别的富有情感吸引力的东西，使得消费者对目标产品产生更多的情感联系从而提升感知价值，最终创造更高的企业利润。

6.2.2　产品外观附加

产品外观设计包括产品本身的形状、图案、色彩或者与其他富有美感并能够改善使用体验的设计，即针对产品自身的外表所做出的设计，此外还包括产品的外包装设计，如包装所用的盒子、礼品袋等。

产品设计会在一定程度上影响消费者对于价格的感知和预期，预先精心设计过的产品在竞争激烈的市场中更有可能获得盈利的优势，并被消费者青睐[201]。在实践中产品本身外观设计影响销量的例子也比比皆是，当产品设计得像艺术品时，就在使用价值外平添了欣赏价值，从而激发消费者的购买欲望，也提升了消费者的预期可接受价格。产品设计感在美妆行业得到了很好的体现，无论大牌美妆产品还是平价产品，都在产品外观方面做足了功夫。以国产品牌花西子为例，其百鸟朝凤眼影盘凭借精细复杂的雕花工艺和极富质感的外包装，吸引了大量新老粉丝的关注，这款产品采用浮雕技术，目前尚不能完全自动化生产，每个彩妆盘都需要经过 20 位专业师傅手工操作，进行 16 个组装环节，还要经过 5 道以上质检工序，这些复杂、高成本的生产步骤都是在改良产品的外观设计方面所做的努力。在经过如此繁琐细致的外观设计后，尽管这款百鸟朝凤眼影盘相比于同品牌其他产品价格偏高，达到了 259 元/盒（9 色），但仍然获得了可观的销量，仅在淘宝花西子旗舰店一家店铺平均月销量就突破了 3 万件，可见美丽富有设计感的精致外观的确可以吸引消费者眼球，激发购买欲望，增加其对于产品的估值和价格预期（图 6-9）。

图 6-9　花西子百鸟朝凤眼影盘

　　除产品本身的设计之外，产品外包装也会在很大程度上塑造消费者对产品的价值感知，尤其对于较为高价的产品。相同价位的产品在成分上可能差异不大，可替代性强，这时产品本身的外形设计感及其外包装都会影响消费者对于产品品质的感知，进而影响其价格预期和购买意愿。唯有感受到与高价相匹配的奢华感时，他们才更愿意采取购买行为[202]。当产品的外包装或宣传海报上有向上（vs.向下）的图像时、有垂直（vs.水平）的图像时，消费者更可能从图像中感受到奢侈感（图 6-10 中的右图即为垂直图像），进而对产品有更高的价格预期，愿意为其支付更高的价格，或认为物有所值，尽管产品价位较高，消费者仍有较强的购买意愿。

图 6-10　　消费者对于垂直图像更能体会到奢侈感

　　除富有奢华感的包装以外，富有创意的外包装也会带给消费者别样的购物体验。以可口可乐为例，2014 年的夏天可口可乐推出了歌词瓶，即在外包装上印上各流行歌曲的歌词（图 6-11）。这些歌词来自于脍炙人口的流行曲目，从周华健到张韶涵，从世界杯主题曲到毕业季应景歌，从青春梦想到感慨伤怀，从家人朋友到未来伴侣，涵盖了不同性别、性格、年龄、地区的各类人群的喜好。可口可乐百变的产品包装与充满青春活力和正能量的歌词体现了其"将客户体验放在首位"的经营理念。消费者购买该产品时，得到的不仅仅是一个商品，而且多了一份新奇与贴心。这种包装对于追求个性、前卫和美感的年青一代消费者来说无疑具有极大吸引力，提升其用户体验的同时为企业增加了用户黏性和回购率。因为独特暖心的外包装设计能带来喜悦或感动，带来令人满意的消费体验。在消费者回购过程中，会更加期待下一个产品包装上的文字，而不会过多关注产品的质量和价格，产品价格敏感度有所降低。

　　综上所述，包括产品本身外形和产品包装在内的产品外观设计可以在很大程度上影响消费者价值感知。相同条件下，设计感强的产品，能够获得更高的价格预期和价值感知，以及消费者更强的购买意愿；奢侈品在设计包装和海报时，可以从横纵向、垂直水平的角度进行考量，做出最符合产品定位的设计，构建符合消费者预期的品牌形象。

图 6-11　可口可乐外包装示意图

6.2.3　产品创新附加

产品创新是指创造某种新产品或对某一现存产品的功能、属性进行创新，对产品做出改变和更新，产品创新体现在工艺流程等方面，其主要目的都是进一步满足客户需求或开辟新市场。

消费者往往对创新产品价格敏感度低，尽管某企业或品牌推出的创新产品定价偏高，他们仍有着强烈的购买意愿。这种现象在很多行业中都有体现。例如，在玩具界最为典型的创新案例"乐高积木"。从前提起积木，想到都是大块的、基础形状的儿童积木玩具，因为太小的积木儿童会有吞食的危险，所以只能将积木的体积做大以保证年龄较小的孩子不会误食。而乐高积木反其道而行之，单个积木体积很小，形状很有其自身特色：一面有凸粒，另一面有可嵌入凸粒的凹槽，且拥有 1300 多种形状，每一种形状都有 12 种不同的颜色，其目标用户也不仅仅是儿童，而是涵盖各个年龄段的消费者（图 6-12）。因为其体积很小，所以只要数量足够多，就可以搭出各种不同形状的模型，从男孩子喜欢的汽车飞机到女孩子青睐的城堡，不论是哪个年龄段的人都能买到喜欢的模型，享受搭建过程中的乐趣。乐高积木的价格在同类产品中偏高，专卖店一盒 600 多块的模型零件售价在 500 元左右，但消费者的购买热情依然很高，充分体现了创新附加为消费者带来的高支付意愿和低价格敏感性。

然而，产品创新并不一定能一直保证高销售额和良好的口碑，因为市面上的产品种类已经相对齐全，即使是全新的产品上市，也面临着同类竞品或替代品的激烈竞争，这带给了消费者多样的选择，增加了销售前景的不确定性。对于数码产品等高新技术产品，新一代创新产品引进越快，市场上存在的旧产品价格下降的速度越快[203]，可见产品创新在一定程度上对同一品牌旗下的旧产品是不利的，会导致旧产品盈利空间缩水，而旧产品价格的下降又会形成价格优势，与新产品形成竞争关系。

图 6-12　传统积木（左）与乐高积木（右）对比

为了应对某品牌推出新产品的举措，竞争对手品牌所采取的策略往往也是降低价格。因为竞争品牌在推出新产品之前，出于避免盲目决策的目的，需要做足够的风向预估和盈利预测，会花费一定时间，所以，降价的应对策略是较为有效的[204]。这就导致新产品所面临的竞争者不仅有同品牌下的早期产品，还会有来自竞争对手的降价的高质量产品，进一步给价格高昂的创新产品销售造成阻碍。

除了高新技术产品，创新产品的阻力也出现在了耐用产品市场，尽管产品定期推出新型号来替换旧型号，并且新型号的功能更新代表着同一产品的旧型号在技术上的过时，但仍有大量消费者会选择继续使用他们的旧型号，因为耐用品的使用周期长于其更新换代周期[205]。由于上一代的旧型号产品完全能够满足一些消费者的使用需求，所以不是所有创新型号产品都会受到消费者热捧，商家必须对产品市场做充足的分析和调研后，根据产品功能、质量、竞争环境，制定合理的价格才更可能被消费者接受，否则为新产品投入的技术和研发成本将失去意义。

由于消费者对创新产品的猎奇心理以及研发成本等原因，创新产品往往会在初入市场时制定相对高的价格，部分消费者因兴趣而热衷于抢首发尝鲜，对价格并不敏感，因而可以接受创新产品。但是市场上也存在着降低价格的旧产品和竞争对手的类似产品，为消费者提供了更多低价的选择，这会对创新产品的销售造成负面影响。总的来说，产品创新既是机遇也是挑战。既然创新存在着这么多的挑战和可能的负面影响，那么企业为什么还要不断创新呢？这是因为每个企业都生存于一个动态的竞争环境中，既要直面现有竞争者的挑战，还要面对替代产品和潜在进入者的威胁，因此每个企业都有必要不断地进行产品创新以保持自己的竞争优势。企业需要不断利用机会，结合科技手段、整合优势资源、优化产品设计等方式，让产品更加人性化、智能化、便捷化，为用户创造新的价值。因此，企业需要进行产品创新，但是在创新的同时也要考虑更多的影响消费者感知价值的相关因素。

首先，企业需要考虑产品特性进行适当的创新。例如，当强调新奇性的产品进行大胆创新时能够进一步提升消费者的主观体验和感知价值；而当强调安全特性的产品进行太过大胆的创新会引起消费者对新产品的不理解，消费者对于该产品的感知风险会大大提升，从而降低感知价值。其次，企业需要考虑产品类型进行不同方向的创新。例如有一项研究表明，在电子行业中高质量的产品进行不一致的（即与基础产品有不同的目标）创新更能够提升消费者的感知价值，而低质量的产品进行一致的（即与基础产品有相似的目标）创新更能够提升消费者的感知价值[206]。此外，企业还需要考虑推出创新产品的实际情境进行因地制宜的创新。例如，企业可以在当地推出符合当地文化的创新产品，使产品特性融合地方元素共同影响消费者对于产品的感知价值。

6.2.4　产品服务附加

产品服务附加是指除产品基本权益之外，消费者能享受到的其他附加服务，如环境、态度、售后等额外的、无形的服务权益。企业在售卖产品时，原本无需提供这些附加服务，但为了提升消费者使用产品过程中的愉悦感和满足感，增加产品的附加价值，额外为消费者提供良好的服务体验。产品服务附加可以通过改进产品销售不同阶段的服务而实现。

消费环境是影响服务价值感知的重要因素，商家可以通过温馨舒适的环境设计，提升消费者进店后的感受。当门店的装潢风格与经营产品和服务相契合时，能为消费者带来更加良好的消费体验。尤其是一些提供高价值产品的品牌，更需要通过环境设计突出其品牌定位；而独特的环境设计也能为商家带来额外的附加价值。以酒店房间设计为例，不同房型设计很大程度上影响了房间的价格，即使在同一酒店内部，服务水平相同的基础上，同样大小的海景房价格远高于园景房（图6-13）。

如果说消费环境是通过客观外部因素影响消费者的消费体验，那么售前导购和销售

图 6-13　金茂三亚亚龙湾丽思卡尔顿酒店定价表

注：同样为 60 平方米的双人间，根据房间窗外的环境不同，房间定价也有所差异，
园景房比海景房便宜 300～500 元/晚。

过程中的服务，则是通过商家人员与消费者的互动，对消费体验形成更直接、更深刻的影响。服务质量的好坏将显著影响消费者的满意度和复购意愿，以及消费者的付费意愿。海底捞是以服务著称的火锅品牌，热情周到的服务贯穿顾客消费全程。在等候过程中为顾客提供棋牌游戏、免费零食、擦鞋、美甲等服务，缓解顾客长时间等位的不满情绪。在就餐过程中，贴心地为顾客准备围裙、眼镜布、橡皮筋，在新冠肺炎疫情期间，提供专用塑料袋供顾客存放口罩，每15分钟为顾客更换热毛巾，洗手间提供一应俱全的护理产品。顾客的每一个动作、眼神都能被服务员敏锐地捕捉，当顾客还未提出时，服务员已经满足了顾客潜在的需要。正是这种无微不至的服务，使海底捞从众多火锅品牌中脱颖而出，基本每家海底捞在饭点都需要排队等位，可见消费者对它的喜爱程度。但随着"80后"、"90后"成为消费主力，年轻消费者对服务的需求不再是越热情越好，海底捞的"过度服务"有时会令人感到不适，部分消费者只希望安安静静地独自享受美食（图 6-14）。在此背景下，海底捞开始提供"请勿打扰"台卡，将此台卡放在桌上，服务员就不会再打扰消费者用餐。

图 6-14　海底捞生日祝福

注：如果消费者在生日当天到海底捞就餐，领班会在就餐过程中突然带着一批服务员来到桌边，
为寿星热情洋溢地献唱生日快乐歌，并配有灯牌、蛋糕、果盘等，让寿星成为全场的焦点。
这热情的服务，却让部分消费者感到非常尴尬。

售后服务和维修也是产品服务附加的重要环节，良好的售后服务不仅能使商家避免很多因产品质量带来的后续纠纷，也能够提升消费者对品牌的好感度和复购意愿，从而提升价格感知。售后服务和维修对电子产品而言更为重要，由于电子产品使用寿命较长，但中国消费者权益保护法规定保修年限仅为 1～2 年，因此许多品牌在原有的保修年限基础上，提供额外付费的保修服务。例如 Apple Care+服务，消费者可以通过购买 Apple Care+服务计划，延长 Apple 产品的保修期限，享受额外硬件保修服务和免费的专家远程技术支持（图 6-15）。

虽然产品服务附加能为企业带来附加价值，但并不意味着每家企业都需要通过优质服务来提高价值。以餐饮为例，如果一家街边麻辣烫小店希望提供海底捞般的贴心服务，

由精通 Apple 产品的专家提供服务和支持。

由于 Apple 制造了硬件、操作系统及众多应用软件，Apple 产品是真正意义上的集成系统。只有
AppleCare 产品可为你提供来自 Apple 专家的一站式维修服务和技术支持，只要拨打一个电话即可解决
大部分问题。

图 6-15　Apple Care+服务

注：通过购买 Apple Care+服务，消费者所购产品可以延长保修期，但价格不菲，以 iPhone12 为例，
官网售价为 6299 元起，购买 Apple Care+服务需要额外支付 1398 元。

虽然能够为顾客营造更好的消费体验，但相应成本也会显著提升。另外，麻辣烫小店可
能也没有能力为顾客提供海底捞般的服务。但这并不会损害其在消费者心中的印象，因
为消费者对麻辣烫的认知就是方便快捷，满足消费者基本需求同样能带来良好的反馈。
但是如果高档的西餐厅缺少舒适的环境和贴心的服务，很可能引发消费者的不满，因为
在消费者心中，高档西餐厅的定位和定价是与服务附加相关的。因此企业需要根据品牌
定位，在自身能力范围内，提供与品牌定位相契合的服务水平。同时，提供服务附加的
前提条件是企业产品质量过关，在提供优质产品的基础上增加服务附加，才能实现价值
增值。如果企业产品质量存在问题，一味追求以服务吸引消费者，则是本末倒置，无法
获得长期可持续的成功。

总　　结

产品价值是决定产品价格的基础，产品价值主要由以下两方面决定。

一是产品的基本属性，也即产品的固有属性，是消费者价位感知的直接影响因素，
包括产品的原材料、原产地、专业性、熟悉度等。原材料对产品价值的影响主要体现在
原材料的稀缺性上，消费者对于长期、稳定的原材料稀缺产品价格敏感性低，会支付更
高的价格以获取稀缺产品。产品原产地保证或认证代表更高的产品质量，能够提升消费
者对品牌的信任度，提升价值感知。产品专业性高意味着其蕴含更多的专业知识，普通

大众对其难以清晰认知，因此造成产品的可评估性差，消费者因此愿意付出更高的价格以获得专业性高的产品。熟悉度表示消费者对产品的了解程度，当面对熟悉程度较低的产品品类时，消费者会有"尝鲜"心理，此时新产品的使用体验比性价比更重要。

二是产品附加价值是消费者价值感知的间接影响因素，包括情感附加、外观附加、创新附加和服务附加等。情感附加是通过建立消费者与产品之间的情感连接提升产品价值。外观附加是通过产品设计或产品包装赋予产品更高的价值。创新能为产品带来附加价值是因为产品研发成本高且消费者对创新产品的价格敏感度低，所以创新产品在进入市场初期会制定更高的价格。服务附加是通过消费全过程、各环节满足消费者服务需求，以带来更好的消费体验，从而提升感知价值。

◇ 复习和讨论问题

1. 消费者感知价值和产品客观价值之间有何关系？

2. 除了本章所介绍的产品原材料、原产地、专业性、熟悉度，还有哪些基本属性会影响产品价值感知？

3. 原材料的稀缺性和企业制造的稀缺性有什么异同？

4. 作为一个消费者，购买哪些产品时会考虑产品原产地？为什么？对你的价格感知有何影响？

5. 除了本章所列出的情感因素、外观因素、创新因素、服务因素，还有哪些因素会影响产品的附加价值？

6. 企业可以利用哪些情感来增加产品情感附加价值？

7. 请举例说明公司是如何利用外观附加因素来影响消费者感知价值的。

8. 产品创新是必需的么？请举例说明创新的优势和劣势。

9. 哪些产品适合利用服务附加提升感知价值？

10. 产品的基本属性和附加价值哪一个对消费者感知价值起更重要的影响作用？为什么？

 答案解析 扫描此码

◇ 营销案例

"后起之秀" 农夫山泉的发展之路[207]

2020 年 9 月 8 日，农夫山泉在港交所挂牌上市，市值 4453 亿港币（3753 亿元人民币），其创始人钟睒睒也成了中国首富。根据农夫山泉招股书，钟睒睒创立的农夫山泉三年累计净利润 119 亿元，三年毛利率分别为 51.1%、53.3%、55.4%，其中瓶装饮用水的毛利率更是高达 60.2%，而 A 股所有上市公司平均毛利率仅为 33.1%。对比 2019 年世界软饮料行业净利率 8.5% 以及中国软饮料行业净利率 9.6%，农夫山泉也是一枝独秀（20.6%）。2018—2019 年，在全球收益超过 10 亿美元已经上市的软饮料中，农夫山泉的收益增长速度位列第一（14%），其他可口可乐为2%，百事为1%，红牛为6%，怪物饮料为6%，雀巢为0〔数据来源：欧睿信息咨询公司（Euromonitor），光大证券研究所〕。那么，作为后起之秀，农夫山泉是如何成功进入饮用水行业并大获成功的呢？

1996年，钟睒睒用起始资金正式成立了农夫山泉。面对当时市场上已有的娃哈哈、乐百氏、雀巢等竞争品牌，农夫山泉饮用水从产品本身出发，采取产品差异化的市场战略，强调自己不同于其他品牌的纯净水或矿物质水，而是"自然水"，保留了对人体有益的锂、锶、镁、钙、偏硅酸等天然矿物质和微量元素，水质呈弱碱性，适合人体长期饮用，获得了广泛消费者的支持。其独特的销售主张决定了高价策略，每瓶水的价格在1.8元以上，树立了高价值品牌的形象。

多年来，农夫山泉坚持"健康、天然"的品牌理念，从不使用城市自来水生产瓶装饮用水，也不在饮用水中添加任何人工矿物质，优质的水源是农夫山泉的根本。农夫山泉的水资源生产基地不仅受到自身的保护，也是国家的一级水资源保护区，截至目前，已在全国十大水源地建立起现代化生产基地，包括浙江千岛湖、广东万绿湖、湖北丹江口、新疆天山玛纳斯、四川峨眉山、陕西太白山、吉林长白山、贵州武夷山、黑龙江大兴安岭、河北雾灵山等，奠定了为消费者提供长期天然健康服务的基础和能力，形成长期稳定的竞争优势。

为了宣扬农夫山泉饮用水的环保理念、天然理念和健康理念，农夫山泉采用感性和理性结合的方式，提出"我们不生产水，我们只是大自然的搬运工""农夫山泉有点儿甜"等独特的销售主张，把消费者的目光吸引到水的口味上来。2019年，农夫山泉继续实施差异化的市场战略，将宣传口号"农夫山泉有点儿甜"逐步转化为"好水喝出健康来"，突出强调产品的质量，在消费者心中留下了天然、健康的印象。

农夫山泉不断推陈出新，除饮用水外，已经布局茶类、咖啡类、果实类等产品领域。在多元化产品矩阵中，该公司依然坚信"好果汁是种出来的"。所以，农夫山泉在新疆伊犁、江西赣州等优质原产地建设了苹果、胡萝卜、脐橙等原料种植基地，专供旗下的尖叫、农夫果园、水溶C100、维生素水等品牌的原材料，保证天然优质的品牌形象，铸就中国饮料行业的超级品牌。

讨论题：

1. 农夫山泉是如何影响消费者感知价值的？
2. 为什么作为饮用水行业的后来者，农夫山泉能如此成功？
3. 在其他行业中是否也有类似的例子？

答案解析 扫描此码

即测即练

自学自测 扫描此码

第 7 章

影响价格感知的定价策略

 引例

苹果耳机的定价策略[208]

苹果公司从智能手机起家，在 2022 年的世界 500 强排行榜中排名第 7 位，曾在 2013 年就超过可口可乐成为世界最具价值品牌。苹果公司的手机、电脑等设备自问世以来，一直执行高价格策略，成为人们买得起的"奢侈品"。但是，苹果的无线耳机 AirPods 却转向了低价策略，仅售 159 美元。这是什么原因呢？AirPods 是继 Apple Watch 之后，苹果公司生产的第二款可穿戴设备，配备了运动加速感应器、光学传感器等设备，是专门为耳朵设计的"电脑"。但是参考 AirPods 面对的无线耳机市场，Kanoa 售价 300 美元、Bragi Dash 售价 299 美元、Erato Apollo 7 售价 289 美元、Skybuds 售价 279 美元、Earin 售价 249 美元、Motorola VerveOnes+ 售价 249 美元、Samsung Gear IconX 售价 199 美元，可知 AirPods 的价位明显低于竞争产品。

苹果压缩 AirPods 利润空间的原因有三：（1）AirPods 作为 iPhone 的配件，能够吸引消费者购买，再通过出售高价值的 iPhone，弥补 AirPods 的盈利。（2）苹果公司拥有大规模生产的能力，能够实现规模经济，降低科技产品的制造成本。（3）苹果公司正在利用其雄厚的资产和强大的规模来获取新用户，并在此过程中重新定义科技奢侈品。

产品设计奠定了产品价值的基础，但产品设计不是唯一影响消费者价格感知的因素。产品的定价能够直接影响消费者对产品价格的评估。定价是指企业制定价格，在不偏离产品价值的前提下，企业可以通过定价策略，提升消费者对产品的价格感知，从而获取更高的利润。如果说产品设计是创造产品价值的过程，那么定价则是价值传递的途径。虽然价格只是一串简单的数字，但却是消费者对产品价格的第一印象。众多巧妙的定价策略，能在无形之中影响消费者对产品价值的判断。

首先需要明确的是，明码标价是我国现行法律制度要求。具体来说，明码标价是指公开标明商品价格或收费标准，包括价格标签、价目表、随商品体标价等。这是基层商业价格管理的一项制度，不论公私企业、事业单位的价格和收费均应实行[209]。明码标价的行为可以提升企业经营形象，让消费者对价格有更合理的预期，减少不确定性风险，增强了其对于价格的直观认知和感知，尽管不会直接影响消费者价格敏感性和购买意愿，但却能够为商家维持正面的诚信经营形象，有利于消费者出现重复购买行为。在明码标价的前提下，企业可以通过适当的价格波动，利用不同的定价方式，影响消费者对所付出价格的感知收益。本章将从心理定价策略和对比定价策略两大方面展开介绍。

7.1　心理定价策略

在经济学对企业定价的研究中，消费者被视为理性的经济人，会进行效用最大化的消费决策，企业也将利润最大化作为定价目标。但实际应用中，消费者常常会受到非理性影响，心理定价策略则是利用消费者感性思维进行定价，以影响消费者对价格的感知，从而帮助企业获得更大利润。本节内容将介绍心理定价的主要方式，包括尾数定价法、整数定价法、声望定价法、习惯定价法、同价定价法。

7.1.1　尾数定价法

尾数定价法是指企业在制定零售价格时，不以整数结尾，而取零头的定价法，通常设置为略低于整数的价格，例如 99，9.9。尾数定价法对消费者价格感知的影响主要体现在降低价格感知和提升价格信任两方面。

首先，尾数定价法能有效降低消费者价格感知。尾数定价造成低价格感知的解释机理有很多。最广泛接受的一种是"左位数效应"（Left-digit or Level Effect），由于大部分消费者从左往右的阅读习惯，加上看见价格时的短时记忆，消费者倾向于关注最左边的数字，从而忽略了尾数，低估了整体价格[210-211]，例如 10.99 元的价格，消费者一般只关注左边的"10"，而忽视了右边的".99"。当面对非整数价格时，比起凑整的方法，消费者更倾向于采用去除尾数的方法，将数字向下舍去。例如 10.99 元，消费者更容易将其视为 10 元或 10 元多，忽视了尾数。消费者之所以更倾向于采用去尾，是因为凑整的方式比去尾更加复杂，采用凑整方式时，消费者需要考虑四舍五入原则[212]。但是对于价格的认知，消费者希望采用更加方便的方式，而不是追求精准度[213]，因此消费者倾向于选用去尾方式处理价格信息，造成了对尾数定价价格的低估。有研究表明，大部分与打折、低价相关的广告，都采用"99"数字结尾，长此以往，消费者已经建立起潜在的关于数字"99"尾数定价与低廉价格的心理关联[214]。因此商家可以通过尾数定价传达优惠信息，给消费者带来更低的价格感知（图 7-1）。

其次，尾数定价法更容易得到消费者的认可，因为具体的数字给消费者一种认真、努力的感觉，消费者会认为该非整数的价格是企业通过精确衡量而制定的，加强了消费者对于价格合理性的判断。例如，将一件大衣定价为 378 元，这种非整数定价方式给予了消费者定价准确的心理感觉，提升了消费者的信赖感，从而促进了购买意愿。

图 7-1　采用尾数定价法的产品覆盖不同价格定位、不同品类

在中国文化背景下，由于数字"6、8"带有特殊含义，与顺利、发财相联系，所以在中国市场中，以"6、8"作为尾数的定价非常普遍，而会尽量避免数字"4、7"。

但是尾数定价给消费者带来较低价格感知的同时也存在一定危害，会让消费者将产品与低廉、促销等信息关联，降低消费者对产品的质量感知，影响品牌形象。因此在产品促销期间可以利用尾数定价法获取高销量，但在日常定价时需要慎重考虑尾数定价法的运用，尤其是高价格且对质量要求高的产品。

7.1.2　整数定价法

与尾数定价相反，整数定价是指企业将产品价格设定为整数，以"0"作为价格结尾，例如采用尾数定价为 199 元的产品，采用整数定价则为 200 元。与尾数定价给消费者带来打折、廉价的印象不同，整数与高质量、高价格相关联，因此价格较为昂贵的商品多采用整数定价法[215-216]（图 7-2）。

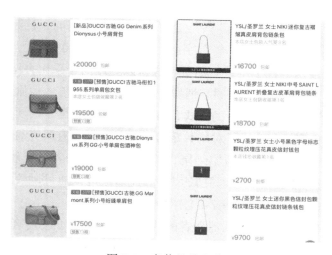

图 7-2　奢侈品牌定价

注：奢侈品牌定价多采用整数定价法，期望通过价格设置带给消费者更好的质量感知和更高的价格感知，以匹配其品牌的尊贵定位。想象一个古驰（Gucci）包袋标价 13999 元，是否感觉非常违和？

尾数定价法与整数定价法的差异除了体现在产品质量感知，还体现在对不同性别消费者的吸引力上。有研究表明，男性偏好精准度高的尾数，对带有尾数数字的信息加工更顺畅，而女性则更喜欢整数，对整数数字信息加工更顺畅[217]。因此，企业在制定价格时，需要考虑目标受众的性别，根据男女对尾数、整数的不同偏好确定产品具体价格。同时，在消费者认知中，整数定价与享乐型商品契合度更高，而尾数定价与使用型产品契合度更高，因此产品价格需要与产品属性相匹配，以获得更加积极的消费者反馈。

7.1.3 声望定价法

声望定价法是企业利用品牌声望和消费者对品牌的仰慕心理制定高于同类产品价格的定价方式。声望定价法主要适用于两类产品，一种是炫耀性产品，例如奢侈品包、高级轿车等，消费者购买此类产品的主要目的是通过这些产品显示自己的身份地位，获得心理上的满足感和优越感。此时，消费者最重视的并不是产品质量，而是品牌、价格能否成为其炫耀的资本。因此奢侈品牌迎合这类消费者需要，利用声望定价法制定远超出同类产品的价格，获取高额营业利润。

另一种适用声望定价的产品是专业性强的产品。这类产品不一定是炫耀性产品，但由于技术门槛高，普通消费者难以通过其他标准判定产品的优劣，此时品牌和价格成为消费者判断该类产品质量的重要依据。在此情况下，企业可以利用品牌声望制定高昂价格，以凸显产品的高质量，吸引消费者购买。需要注意的是，对于这类产品的声望定价法，只有在消费者无法获得产品质量真实信息的情况下才能实现。

劳斯莱斯是世界顶级豪华轿车品牌，厂家秉持"使用高品质的材料和生产方式，以无限热情致力于精湛的工艺"的基本理念，致力于"不计成本生产世界上最好的汽车"。每一辆劳斯莱斯汽车均由英格兰古德伍德先进的制造工厂手工打造，拒绝现代全自动生产系统，即使是一颗螺钉，也如同艺术品创作一般的慎重。随着全球富豪愈加年轻化，他们比以往更加渴望成功，为了迎合他们的需求，奢侈品行业开始不断突破界限，满足更多样化、更具活力的受众要求。在此背景下，劳斯莱斯于2016年亮相意大利埃斯特庄园古董车展，与50辆极具历史传奇色彩的古董车同台竞技，使其奢侈、高贵的品牌形象更加深入人心。凭借高辨识度的设计和制作工艺，劳斯莱斯竭力塑造最豪华的形象，成为享誉全球的标志性品牌（见图7-3）。

图 7-3 劳斯莱斯（钟韵幻影）

7.1.4 习惯定价法

习惯定价法是指消费者长期形成的对某些产品的稳定估值和对产品的习惯价格，并且难以改变。习惯定价法多运用于日常生活用品，由于消费者长期购买、使用这些产品，已经习惯于以某一固定区间内的价格购买产品。生产企业需要考虑消费者的习惯倾向，制定符合消费者习惯的价格。这类产品的价格不可以随意变动，如果降低价格，可能会引发消费者对产品质量下降的担忧；提高价格，又会打破消费者的习惯并造成不满的消费者情绪。当适用习惯定价法的产品需要进行价格调整时，可以采用渐进式提价策略和改革式提价策略，减少消费者的抵触心理。

渐进式提价策略是指对现行的习惯价格进行分阶段提价。随着企业生产技术的不断成熟和原材料的价格上涨，产品成本也在日益增加。为了使商品价格与价值相对应，有必要对现行价格进行调整。但是一次性提价会引起消费者的强烈不满，可以采取渐进式提价策略，控制每次的涨价幅度，提升消费者对价格的接受度。改革式提价策略是指围绕商品包装更新、产品升级等，以新的包装、新的花色、新的式样，分散消费者注意力，并对"新"产品制定较高的价格，替代消费者心中已有的习惯价格（图7-4）。

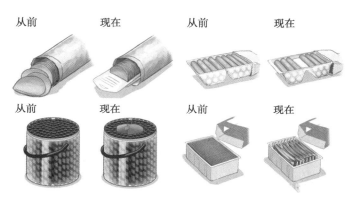

图 7-4 零食包装的"瘦身"史

百事食品有限公司于2019年5月宣布上调公司膨化类产品的价格，引起了消费者的热议，"乐事薯片5月涨价"的话题也被刷上了热搜。数据显示，2017—2018年棕榈油、包装纸、白砂糖等原料涨幅都超过30%，再加上人工成本的不断上涨，所有食品企业均面临着原材料价格的压力。因此，百事公司宣布涨价是必然的。但事实上，除了直接宣布涨价以外，乐事薯片也在通过减少食料分量的方式提价，网络甚至流传着"我买了一包空气，里面附赠几块薯片"的笑话，以此说明乐事薯片分量的巨大变化[218]。

7.1.5 同价定价法

同价定价法是指在产品数量众多，但产品品类类似且产品成本差异较小的情况下将这些产品定为相同的价格。例如 5 元店、10 元店、百元服装店等，全场商品种类繁多，但价格在固定的区间浮动。在这种情况下，消费者不用再关注各个产品的价格，而是将注意力转移到众多相同价格的产品中来挑选价值更高的产品，从而提升感知价值。

颜值消费经济助推全新形态的美妆集合店、美妆自营店走进购物中心。事实上，"美妆集合店"并不是新鲜事物，丝芙兰、屈臣氏、万宁等商店一直在购物中心占据重要位置。伴随着完美日记、橘朵、花西子等国货美妆的不断崛起，主打集合全球多地区知名彩妆品牌的 The Colorist 调色师开始瓜分美妆市场的蛋糕，并与中国、法国、日本、美国、韩国、英国、泰国、土耳其等国家开展合作，其中，国内外品牌占比约为 3.5：6.5[219]。

美妆蛋墙、口红墙是 The Colorist 调色师的独特视觉符号。美妆蛋墙是由 30 余种颜色的美妆蛋拼出的彩虹渐变墙，口红墙是用 16000 只口红盒子组成的 20 多平方米的墙壁[36]。The Colorist 调色师以创新的视觉设计、大胆的用色以及涵盖全面的美妆品牌成功吸引了以年轻女性为主的大部分女性消费客群，成为有名的网红打卡点。除了装修精美的消费场景，The Colorist 调色师也打造了沉浸式消费体验。The Colorist 调色师主张开放式、免打扰的自助购物模式，不主动服务，只提供顾客需要的帮助，让顾客充分享受独自购物的乐趣（图 7-5）。更重要的是，彩妆集合店的产品都可以试用，不同品牌、不同色号、不同质感的产品很容易让消费者沉浸其中。另外，黑科技与美妆店的结合也是实体门店的未来形态，目前魅可、丝芙兰等门店已经开始实施虚拟试装、智能选购商品等购物环节，提升消费者整体的自主购物体验，全方位打造沉浸式体验模式。

图 7-5　The Colorist 调色师的美妆蛋墙

7.2　对比定价策略

前文介绍的心理定价策略是企业利用消费者心理对产品进行定价，消费者一般在不自觉的情况下，被动受到这些定价方法的影响。本节介绍的对比定价策略本质上也是企业对消费者心理的利用，但和心理定价法的差异在于，需要消费者在接收到产品价格信息后，主动进行评估再做出购买决策。主要可以分为部分和整体的对比、过去与现在的对比、独立和联合的对比等，并根据不同对比方式应用不同的价格策略。

7.2.1 部分 VS.整体：分割定价法

企业为产品定价时，可以调整产品的计量规格，根据不同规格定价。在这种情况下，消费者会对分割定价和整体定价进行对比，选择感知价值高的定价方式进行购买。在电子化支付的今天，价格分割策略被销售高价格耐用品的企业广泛采用，按天租赁、分块定价、分期付款等方式，都属于使用价格分割的定期付款策略。当产品采用分割定价时，消费者更倾向于评估产品带来的离散利益，例如以 200 元/天的价格租赁一个月汽车，消费者会思考每天通过租赁带来的利益。当产品采用整体定价时，消费者更倾向于评估产品带来的综合利益，例如相同一个月的汽车租约，以 5500 元/月价格租赁汽车，消费者则会考虑这一个月将获得的收益。消费者面对产品的不同定价方式，会产生不同的心理反馈，从而影响其对产品价值的感知和最终购买意愿。

图 7-6　Redmi K30 Pro 分期广告

感知成本

有研究从成本感知的角度来解释分割定价对消费者的影响。分割定价将消费者付出的成本定义为一系列的小额支付，使得产品更有吸引力。这是因为小额支付会让人想起其他琐碎的支出，从而降低了消费者的感知成本[220]，比如一杯奶茶、一块面包。许多电子产品、家居产品等价格较高的耐用品，多采用分期免息策略，并在宣传中以"24 期免息，每天低于××元"的广告语吸引消费者购买，如图 7-6 所示。面对分期广告的宣传，消费者容易将每天的价格与琐碎的支出相联系，可能会产生联想"每天少喝一杯可乐，就能拥有新手机"，从而降低消费者对手机的感知成本，促进购买。

感知收益

分割价格可以降低总体成本的感知，同时它们也可以增加消费者对与这些分割成本相关收益的关注，并对这些成本的收益进行独立评估。以酒店、航空公司等服务行业为例，它们一般采用分块定价，是分割价格的一种方式。在分块定价策略下，企业将单一价格划分为其组成部分，例如酒店往往将客房服务与酒店住宿的其他费用分开计费，使得消费者对两类服务分开评估，以获得更高的收益感知。推广到周期性定价策略，向消费者展示周期性的价格，可以鼓励消费者以多个分散的形式考虑产品带来的收益，而总价格则鼓励人们以一次性的方式考虑总收益。把收益看作由多个离散部分组成的集合，可以增加人们对这些收益的积极评价，即使其本质上与整体利益没有差别，但是分散的收益给消费者一种多次、长期的错觉，不是总收益一次性的满足，因此周期性定价会使消费者感知更多的价值[221]。

分割定价策略还会受到产品类别的影响。对于享乐型产品，分割定价产生的效果更为显著，这是因为与实用型产品相比，享乐型产品的感知价值更加依赖消费者的情感因素[222]，而情感相关的收益是消费者难以量化的，消费者不容易评估出分割定价与整体定价带来的具体收益。在这种情况下，分割定价由于短期内支出成本较低，能够带来更高的购买意愿。需要注意的是，分割定价（与整体定价相比）对消费者感知的提升是基于二者总价差异不显著的前提下，如果一次性购买一年能够获得优惠，消费者可能愿意付出更高的成本以换取优惠价格。

7.2.2　过去 VS.现在：动态定价策略

早期的动态定价是指企业根据产品的供给与需求变化，对产品价格进行灵活调整。航空业是采用动态定价的典型行业，航空公司通过市场需求变化及航班剩余位置不断调整机票价格。除了市场供需情况，消费者行为也是动态的，不仅受时间、地点以及环境因素的影响，还有消费者过往的消费行为也会影响其感知价值和购买意愿。也就是说，购物者在购物的不同时间不同地点都会做出不同的消费决定。基于不同时间、地点等因素下消费者心理不断变化的情况，企业也设置了各类价格策略以影响消费者的感知价值。

为了获得更高的收益，企业针对市场中供求关系的变化通常会采取动态定价的策略来满足消费者不断变化的个体需求。动态定价，通常在经济学中被称为个人层面的价格歧视，随着互联网营销的日益盛行，这种现象已经变得越来越普遍。虽然动态定价的概念已经存在了一段时间，但由于技术的进步和互联网零售的日益普及，企业利用动态策略定价更加便捷可行且精准高效，因此动态定价重新成为广泛运用的价格策略。动态定价可以定义为价格随时间、消费者、环境而变化的价格策略。主要分为两种动态定价模型：价格发布机制（price-posted mechanisms）和价格发现机制（price-discovery mechanisms）[223]。在价格发布机制中，频繁的价格变动被称为"要么接受，要么放弃"的价格，即公司仍然负责定价，该公司依据具体情况动态地改变产品价格，而消费者只能选择接受公司的定价或者放弃目标产品，不能参与价格的制定。例如，酒店的相同房间在不同季节的价格不同，就是价格发布机制的体现。而价格发现机制，是一种类似谈判的方式，消费者可以参与确定最终价格，即卖方和消费者共同决定价格。例如，易贝（eBay）平台上最常见的拍卖模式，由卖家给出最低价，在规定时间内买家们相继加价。我国企业主要采取的是价格发布机制。

由于消费者不同时间、空间条件下对相同产品有不同估值和支付意愿，企业需要制定相应的价格策略，在满足消费者需求的同时追求利益最大化。因此，动态定价策略被广泛应用在价值严格受时间、空间限制商品的销售上。随着互联网普及和技术进步，千人千面的精准营销成为可能，动态定价的范畴也从时间、空间的不同拓展到消费者个人的差异上。电商平台可以根据消费者的过往消费记录、消费习惯进行分析，针对不同消费者提供不同报价，即同一时间点下，不同消费者看到同一产品的价格可能存在差异，也可以根据同一消费者不同时间段的消费习惯改变，进行价格调整，例如，当消费者表现出消费升级趋势时，消费者接收到平台推送的产品价格可能也相应提升。需要警惕的是，随着国家出台法律法规对互联网平台个人信息收集的逐步规范，网络经营者应加强自律，守法经营，合理合规地应用大数据的算法。

在精准营销的背景下，动态定价策略会对消费者的感知价格公平产生影响。价格公平是指买方对卖方价格感知到的公平判断[224]。消费者对价格公平的感知是其对整体交易价值判断的一部分，对消费者的产品价值感知有直接影响[225]，因此感知公平的重要性不言而喻。此外，定价中买卖双方的权利意味着在经济交易中，买方有权获得公平的价格，卖方有权获得公平的利润。然而，如果发生冲突，动态定价优先保障了卖方获得高收益的权利[226]。因此对于消费者来说，动态定价环境可能引发负面的公平感知[227]。当消费者发现自己购买的价格高于他人，或已经完成消费的消费者发现价格降低，未完成消费的消费者发现目标产品价格上升，这种消费者之间的差异导致价格不公平感知的产生。虽然消费者在注意到产品价格发生变化后，会思考这一现象产生的原因，考虑企业生产和销售产品所涉及的各种成本和利润。但是从消费者自我判断出发，往往对利润的估计过高且缺乏灵活性，而且往往低估了通货膨胀的影响[228]。同时，消费者不会全面考量企业的成本，而且并非所有企业的成本增长都会被消费者视为是公平的[229-230]。因此企业需要根据消费者对价格变动产生的不公平感知是否强烈，谨慎使用动态价格策略。

经济学中把上述企业和消费者的博弈过程反映为需求和价格的关系。动态定价即企业根据消费者需求对市场供需关系的影响，提高（或者降低）产品价格。因此，尽管动态定价策略对于一些消费者的价格公平感知会产生负面影响，但这对于特殊时期或特殊需求的购买者却是一种便利策略，因为这些消费者可以通过支付更高的价格获得自己期望的服务。动态定价筛选消费者的过程，也是对消费者感知价值的一种提升。以共享经济中的叫车软件"滴滴打车"为例，在高峰时段或者异常天气的情况下，乘客的用车需求远大于实际供给，因此滴滴通过动态定价策略来解决这个问题，即用户可以选择"加价"来激励司机的

图 7-7　滴滴打车高峰期加价
动态定价策略

到来（图 7-7）。在这种企业价格策略之下，消费者了解规则后，可以选择调整自身的时间空间和可以接受的产品价格，消费者和司机各取所需，都极大地满足了自身便利性，提升了感知价值。对此，国家也要求平台依法公布动态加价机制的计价加价规则，保持加价标准合理且相对稳定。

7.2.3　独立 vs.联合：评估定价策略

消费者面对商品时做出的评估根据独立呈现或是联合呈现分为单独评估模式和联合评估模式[231]。单独评估，即对于每个商品的选项是单独呈现的，商品在此条件下被消费者评估；联合评估，即多种产品、多重选择一起呈现，然后在此条件下目标产品被消费者评估。

不同的评估模式会通过改变产品的可评估性引起消费者的不同反应，当产品的可评估性越高，消费者的价格敏感度也越高，消费者的价值感知也会随之降低。因此，除了要考虑产品自身因素和针对产品个体的价格策略外，我们还要考虑评估模式对消费者带来的影响。具体来说，在联合评估模式下，消费者更容易将目标产品与其他产品进行比较，因此对目标产品属性的可变值（即产品属性值的大小）十分敏感；而在独立评估模式下，消费者面对的是单一的目标产品而没有对照产品，因此只是容易判断产品属性的效价（即产品属性值的好坏），而没有准确的概念，即无法得知有多好或者多坏。

首先，在联合评估模式下，当市场上存在较多的替代品、竞争品，以及某一品牌下存在同一产品的不同系列或多代产品时，消费者可以比较的产品越多，越会对消费者的价格感知或价格可接受程度产生影响。

当竞品存在时，消费者对于产品多方面的感知与评估会有所差异，包括价格感知和预期，因为消费者会自然地将产品与竞争品牌的相似产品进行比较。当企业所在的行业竞争者较多、品牌影响力类似且企业自身的产品质量、功能或技术优势不突出时，很多企业会倾向于压低成本并制定较低的价格吸引消费者，这便是我们熟知的"成本领先战略"，其本质原因是因为消费者面对众多相似选择时，对该类产品价格的心理预期会降低，价格敏感度也会相应提高。

当市场上同时存在多代产品时，会进一步加剧特定产品之间的竞争[232]。即除了竞争品牌，同一品牌下的某类产品内部也存在竞争关系，从而增强了联合评估模式下产品的可比性。以华为手机为例，旗下存在针对商务人士的 Mate 系列、外观设计时尚色彩丰富的 P 系列、选择年轻代言人针对年轻用户群体的 Nova 系列、价格便宜相对小众的麦芒系列和畅享系列，以及平价定位的子品牌华为荣耀系列等。尽管不同系列已经选择了不同的细分市场，有不同的目标用户，但普通用户在进行购买选择之前很容易将各个机型进行比较，当关注自拍效果的某用户注意到同等价位下 P 系列的某个机型前置自拍能力不及 Nova 系列的某机型时，即使他对 P 系列靓丽丰富的外观设计有所偏好，也会因为这种比较的产生，对自己的购买决策进行更多思考，并根据比较对象的价格调整心中的可接受价位。

人们在单独评估产品时（即独立评估模式）往往较多关注其某些显而易见的特征，例如外观；但当产品与其他类似产品一同进行评估时（即联合评估模式），人们更倾向于关注那些在单独评估时难以观测，但可以通过比较而得到结果的特征，例如屏幕分辨率[48]。从图 7-8 可以看出这种比较产生的效果。若单独观察时，左图已能够基本反映蝴蝶的全貌，但当与右图进行比较时会显得色泽暗淡、画质模糊，比较使图片的清晰程度区别十分明显。

图 7-8　不同分辨率的图片比较

因为比较可以放大产品的差异，所以多种同类产品的共存使消费者能够更全面地对产品进行评估，进而对产品功能、价格等特性能够获得更直观明显的感觉和体验。对于在比较中处于劣势地位的产品，消费者会在很大程度上降低预期价位。而对在比较中处于优势地位的产品，消费者会在比较中做出更理性的估价，从而提高单位价格能够买到的产品价值。因为市场上更多选择的存在，消费者会对价格更加敏感。

企业可以利用消费者在联合评估情境下的比较心理施行定价策略。首先，面对诸多选项时，由于消费者对于风险的规避，在很多不确定的时候做出的决策会无意识地偏向安全的选项。基于折中效应，消费者在偏好不明确时，更加喜欢中间的选项，因为该选项能够满足消费者避免风险的心理需求。例如，星巴克销售的咖啡和饮料通常设置 3 个容量以供选择，此时中间选项就成了一般消费者更加安全的选择，消费者能够从中感知更少的风险，从而提升感知价值。

同样以华为 2020 年 4 月 8 日发布的 P40 系列为例（表 7-1），对内存为 8+128GB 的版本来说，P40 售价 4488 元，P40 Pro 售价 5988 元。除此以外，P 系列最高端机型 P40 Pro Plus 最低配 8+256 版本 7988 元。消费者率先关注的是一个系列中的极端者，即配置最高者 P40 Pro Plus 和最低者 P40。在这个系列中，P40 Pro Plus 相对于 P40 Pro 来说主要是影响规格上的升级。根据锚定效应，P40 Pro Plus 作为一个锚，是为了让消费者在选择产品时参考其价格，而 2000 元的差价除了内存升级外，主要是拍照功能的升级，这让 P40 Pro 在消费者感知上更具有性价比。相对于 P40Pro 来说，P40 配备 22.5W 的充电功率，远小于 P40 Pro 的 40W 充电功率；屏幕刷新率只有 60Hz，小于 P40Pro 的 90Hz；缺少了无线充电功能；影响规格也大幅缩水。这使得 P40 的使用体验与 P40 Pro 相去甚远。而 1500 元的价差补足 P40 的上述短板，在 4000～6000 元价位段对消费者是相当有吸引力的。此时 P40 也是一个锚。从销量数据上来看，截至 2020 年 5 月 11 日，京东华为旗舰店中 P40 销量为 6.7 万台，P40 Pro 销量为 9.8 万台，P40 Pro Plus 尚未开售。P40 Pro 销量接近 P40 的 1.5 倍，这证明了消费者并非仅依据价格高低来购买商品，也证明了产品的可比性能够帮助企业利用"锚"的效用，制定有利的价格策略，为特定款产品争取更大的销量和利润。

表 7-1　华为 P40、P40 Pro、P40 Pro Plus 三款手机比较

产品型号	P40	P40Pro	P40 Pro Plus
性能升级	22.5W 充电功率，60Hz 屏幕刷新率	40W 充电功率，90Hz 屏幕刷新率，无线充电功能。	40W 充电功率，90Hz 屏幕刷新率，无线充电功能，超长焦镜头。
售价	4488 元	5988 元	7988 元

另一种引发消费者联合评估的方式是捆绑销售，即将单一商品进行多数量捆绑或者将多种类商品进行捆绑并一起销售，这也逐渐成为日常的企业营销策略。一般情况下，企业采用混合捆绑销售方式，即除了购买产品捆绑组合之外，消费者还可以购买单个产品，产品捆绑组合的价格低于组合内单个产品的价格之和。除了混合捆绑销售方式外，还有纯捆绑销售，指的是消费者只能一次性购买产品组合，而无法选择单独购买。由于纯捆绑销售带有一定强制性，如果涉及垄断可能导致法律问题。因此，选择捆绑策略的商品多为边际成本较低的信息商品，或者是在使用上具有互补关系的异质商品。捆绑定价策略对消费者的影响主要体现在消费者对产品的估价上[233]。对于不同的商品，消费者通常有不同的估价。面对购买决策时，消费者首先会寻找参照物，进行比较之后才下判断[234]。因此，当不同的产品进行捆绑时，产品不再独立出现，消费者会更倾向于比较、权衡，而非独立地做出判断、决策。

典型的捆绑策略以微软的 Office 系列为例，微软公司把 Word、Excel、PowerPoint 等办公软件捆绑销售，同时设立了众多不同的版本以适配不同的适用人群，例如学生版、企业版等，各个版本的组件功能和价格上都有所差异。在此策略之下，消费者可以找到最适合自己的版本，还能获得一个相对单个组件来说更低廉的产品组合价格，极大地满足了用户对于便利性和实用性的追求，自然提升了产品感知价值。此外，企业将消费者熟悉的产品和新产品捆绑也是一种有效地推广新产品的方式。这种捆绑组合使消费者对于新产品的接受意愿有所提升，感知风险也会下降。

总　　结

产品定价是产品价格的外在反映，能够直接影响消费者对价格的感知。本章主要介绍两大类定价策略：心理定价策略和对比定价策略。

心理定价策略是指利用消费者心理影响其对价格的感知，满足消费者心理需求并扩大销售，获得收益。主要的心理定价策略包含利用消费者对数字感知的尾数定价法和整数定价法。由于"左位数效应"和消费者长期认知习惯，以 9 结尾的尾数定价能降低消费者对价格的感知。而整数定价则会带来更优质的质量感知。声望定价法则是掌握了消费者炫耀性消费心理，利用品牌知名度为产品增值。习惯定价法是指消费者对长期购买的商品具有稳定的价格预期，企业定价不该逾越消费者原有的预期水平。同价定价法是在品类类似且成本较小的情况下将产品定为相同的价格，以提升消费者的价格感知。

对比定价策略是指企业利用消费者在接受产品信息后进行信息对比的习惯，制定有效的价格策略。通过部分和整体的对比，可以利用分割定价策略，降低消费者的感知成本，提升感知收益，从而促进消费者的购买决策。通过过去与现在的对比，可以利用动态定价策略，根据市场供需情况和消费者购买习惯做出定价调整，获取更高收益。通过独立和联合的对比，可以利用联合评估策略，将多种产品同时展现或捆绑销售，消费者可以对比产品差异，从而对价格更加敏感，但同时也更容易观测到产品的优势，引发购买行为。

◇ 复习和讨论问题

1. 尾数定价法是如何影响消费者价格感知的？
2. 分析尾数定价法和整数定价法的效果差异。
3. 习惯定价法适用于哪些产品？为什么？
4. 请举例说明同价定价法的运用场景。
5. 除了文中已介绍的，心理定价策略还有哪些？
6. 分割定价法如何影响消费者决策？
7. 企业的动态定价策略主要是根据什么因素而不断变换价格的？
8. 文中华为 P40 联合评估定价策略下，你会选择哪一款产品？
9. 你的消费行为是否曾受到文中介绍的价格策略影响？

答案解析 扫描此码

◇ 营销案例

名创优品定价策略[235]

2013 年 7 月，"线下零售之王"叶国富与日本设计师三宅顺在日本东京联合创办名创优品，同年 9 月进入中国市场。之后，名创优品以每年几百家店的速度迅速占领市场。如今，名创优品在全球 105 个国家，拥有超过 5300 家门店，预计近期将全球门店扩大到 1 万家。名创优品的店铺分布在一、二线城市的繁华地带和成熟商圈，主要经营生活百货、创意家居、健康美容、女士饰品、数码配件等，产品设计简洁大方、富有时尚感，但是定价仅在10～99元，依靠低价格、低毛利、高设计感、高性价比的品牌形象，赢得了广大消费者的喜爱。那么，作为"10元店"的名创优品是如何采用低价策略发展壮大的呢？

名创优品主要面向18～35岁的主流人群，销售文体礼品、休闲食品、数码配件、纺织类商品等日常生活用品。一方面，这部分消费者的消费频率高，消费能力强，定价在10～99元恰好能够满足他们的消费能力。另一方面，消费者长期购买这些产品，已经形成了购买习惯，只能在某个固定的价格区间内进行消费，名创优品的产品价格范围恰好满足了消费者的心理预期。

名创优品被称为"全球知名连锁10元店"，商品单价基本在10元上下波动，价格区间为3～100元，最高不超过200元。例如，川香牛肉休闲食品一包15元，眉笔、眼线笔、化妆棉售价均为10元，水杯售价10～30元不等，毛绒玩具售价29元。此外，名创优品和迪士尼联名的反派系列盲盒，在迪士尼乐园售价100元左右，而名创优品只需要40元。在这种情况下，消费者不用再关注各个产品的价格，而是将注意力转移到众多相同价格的产品中进行挑选价值更高的产品，从而提升感知价值。

讨论题：

1. 名创优品采用了哪些定价策略？是如何影响消费者感知价值的？

2. 名创优品的产品设计如何影响消费者感知价值？

3. 随着名创优品门店的不断扩张，消费者对名创优品的产品感知会如何变化？

4. 你是否是名创优品的消费者？为什么？

答案解析　　扫描此码

即测即练

自学自测　　扫描此码

第 8 章

影响价格感知的销售策略

引例

2020 年天猫"双 11"

天猫"双 11"是一年一度的网络促销日，也是天猫年度最大的特殊营销活动。2020 年 11 月 1 日至 11 月 11 日，天猫"双 11"全球狂欢季总成交额 4982 亿元人民币。2020 年"双 11"的销售活动整体分为两波：第一波为 11 月 1—3 日的"天猫'双 11'抢先购"，第二波为 11 月 11 日的"天猫'双 11'全球狂欢日"。和往年相比，2020 年"双 11"最大的变化就是：销售不只在 11 月 11 日当日爆发，消费者可分两波购买，这也意味着，今年天猫"双 11"比以往多了 3 天，能够有更长的时间吸引消费者参与购买。除了延续跨店满减活动以外，天猫"双 11"还推出了笔笔返红包玩法，消费者在活动时间内购买标有笔笔返标识的"双 11"活动商品且未使用跨店满减，可获得一定面额的待兑换红包，待兑换红包面额总计达到可兑换门槛时，系统即自动为用户兑换为等额的"双 11"红包。此外，天猫平台也加强了直播间建设，采取全品类店销自播+主播/明星 KOL（key opinion leader，关键意见领袖）直播+平台自营直播的方式，丰富直播形式来提升转化效率，打造品牌营销新阵地。

消费者在做出购买行为之前，会主动或被动地获取产品信息。在信息流通过程中，企业会主动采用不同的销售策略，通过外部信息，影响消费者对产品的认知和购买意愿。本章主要讨论通过特殊销售方式影响消费者感知价值的企业行为。主要分为直播营销、饥饿营销、无人零售、商品陈列、商品促销、无界零售等。

8.1　直　播　营　销

直播营销是指借助抖音、微博、微信等社交媒体平台，通过网络主播声情并茂的推荐、与粉丝的互动及粉丝间的交流互动进行产品服务推广或销售的行为[236]。其核心是：①通过主播宣传和粉丝互动，营造产品质量好、价格低的购物氛围；②在虚拟的互联网环境下建立起主播和粉丝信任关系，创造良好的人际关系社群，将粉丝转化为顾客（或潜在顾客）。[235]新兴技术的不断涌现和新一代消费群体的快速崛起为直观性高、互动性强的直播营销提供了良好的发展环境。艾媒数据显示，2016—2021年我国在线直播消费者规模一直在平稳增加，由2016年的3.10亿人增长到2021年的6.35亿人，在线直播行业发展态势良好[237]。

直播营销具有以下特征：①网络直播一般以产品服务促销为直接目的，会穿插摇号、抽奖、送礼品等活动，并宣称直播间的产品服务价格比其他渠道低，降低消费者的价格感知，吸引消费者购买。直播活动过程中有时也会提及活动的公益性质、产品服务的环保特性，塑造企业绿色健康、履行企业社会责任的形象，以此提升消费者对企业的关注和喜爱[238]。②网络直播效果依托大批量的"粉丝"和收视群体，与主播个人的品牌效应直接相关。头部主播自带粉丝，具有较高的话语权，是该领域的意见领袖，当他们宣称产品物美价廉时，能够迅速获得消费者的认可，降低消费者对产品的价格感知，带货效率成倍放大，直播间转化率高，短时间内实现大量曝光并快速拉动产品销量，助力品牌打造超级爆品。此外，直播节目还会邀请网红影视明星和其他社会知名人士共同出场，营造良好的销售氛围。③网络直播以直播工作室为信息平台构建在线营销场景，直播效果与所依托的社交媒体、电商平台和传播媒体的流量、定位相关联。而且，在直播过程中，主播能够及时回答粉丝提出的问题，做到即时的信息沟通，使消费者获得沉浸式的购物体验[55]。

在直播过程中，主播也会巧妙运用一些营销技巧改变消费者的价格感知。第一，锚定效应。如主播在销售羽绒服的时候，会首先联系商家在官网把价格设置为1999元（锚），然后在直播活动中宣称商家让利把产品价格降为1599元，进而使消费者对该羽绒服的价格感知大幅降低，提升其购买意愿。第二，心理账户。与"羽绒服1599元，免邮费"相比，"羽绒服1589元，邮寄费用10元"需要消费者重新建立一个邮寄费用的账户，提升消费者的价格敏感度，支付意愿降低。第三，参照物。在直播过程中，主播有时会将外观相似但价格差异大的产品排列在一起，在高价格产品的对比下，低价格产品"物美价廉"的属性突出，为消费者造成产品低价格的错觉，实现产品销量的快速增长[239]。

为了抢占直播营销的红利，各大电商、社交、短视频平台纷纷进入直播市场。目前，直播的申请门槛并不高，例如，只要商家销售的产品品类不在淘宝平台的限制销售范围内，通常都能顺利通过直播申请，进驻淘宝直播圈。但是，选取合适的直播平台、直播方式和主播人员对实现直播目标是非常重要的。其中，淘宝、抖音、快手的带货能力较强，拼多多自从下沉农产品销售以来，也在直播市场占有了一席之地。而微信虽然拥有强大的用户流量，但是其带货能力尚未挖掘（见表8-1）。此外，直播带货方式也分为主播带货、淘宝直播（professional generated content，PGC）栏目、自建直播团队和直播代运营等（见表8-2）。不同的直播带货方式会造成消费者不同的价格感知，如PCG栏目通过对产品专业性的细节介绍，能够提升消费者的价值感知，为"专业"付费。而自建直播团队着重在直播中通过促销的方式销售产品，会带给消费者产品廉价的感受，进而降低消费者对产品的价值评估[240]。

表 8-1　直播平台梳理[239]

直播平台	平台日活（DAU）	平台特点	平台定位	适合的品类
淘宝	约 2.4 亿（"双 11"可达 4.6 亿）	购物、种草	带货	全品类、女装美妆日化百货为主
抖音	超 4 亿	都市人群为主	娱乐	品牌商品
快手	超 3 亿	下沉市场为主	娱乐、带货	非标品、地方特产
拼多多	约 1.35 亿（"双 11"可达 2.2 亿）	下沉市场、社交电商	带货	村播特产、小商品、农产品
京东	约 0.44 亿	都市人群为主	带货	品牌商品
B 站	约 4000 万	年轻化、二次元、Z 世代	娱乐、游戏	科技数码、小众潮品
小红书	约 2500 万	女性群体、美妆种草	美妆种草	美妆、消费升级产品
微信	超 10 亿	综合	综合	全品类

表 8-2　直播营销方式[239]

直播营销方式	优势	劣势	建议方法
主播带货	见效快、带货快	成本高、投放风险	用"1-9-90"金字塔投放法则
PGC 栏目	内容引流、流量优质	需要专业内容人才	进行精细化内容创作
自建直播团队	品牌自控、风险低	主播的管理和培训	引入品牌直播管理体系
直播代运营	成本低、更省力	可控性差、过分关注 KPI	寻找优质代运营合作方

8.2　饥 饿 营 销

基于稀缺原则，消费者习惯于通过对比商品获取的难易程度来判断产品的价值，即越难得到的产品，消费者对其感知价值越高。例如，限量发售、商品秒杀等都是企业制造稀缺感的有效手段，消费者通过这些艰难的获取过程，对商品产生更高的感知价值。饥饿营销是一种被企业广泛采用的利用稀缺性原则的销售策略，具体是指企业故意设置较低的产品产量，以期通过调控供求关系，制造供不应求的现象，进而维持商品较高的售价和利润率，同时达到维护企业品牌形象、提高商品附加值的目的[241]。

饥饿营销的特征主要表现在四个方面：稀缺性、高壁垒、渠道单一、高价格。稀缺性是指饥饿营销产品的数量较少，能够引发消费者对产品的稀缺性感知。饥饿营销产品的稀缺性可能是客观存在的，可能是由于原材料的稀缺或者新产品初期产量受限导致的；稀缺性也可能是企业自发调控造成的，企业利用限量、独版、高价等概念，采用饥饿营销将产品进行包装，引发消费者对产品稀缺性的强烈感知，因此在购买时更容易忽略产品的实际使用价值和自身实际需求。饥饿营销的产品多具有较高的技术壁垒，竞争对手难以在短期内完成模仿，消费者无法在市场上找到相似的替代品。同时，进行饥饿营销的产品目标消费者以年轻人为主，他们愿意为了获取具有创新性的产品参与抢购、秒杀等活动，甚至愿意付出更高的价格。因为产品本身的新颖以及在饥饿营销的过程中刻意披露的少量产品信息都能给予购物的消费者极大的内心满足。利用饥饿营销的产品销售渠道比较单一，将所有消费者集中在同一渠道购买，更容易营造出产品稀缺性强、受欢迎程度高的现象。例如小米手机在推出初期，仅能从小米官网购买，因此新产品发售时，总是会造成网站瘫痪（图 8-1）。众多消费者蜂拥购买的场景将引发消费者的从众心理。饥饿营销通过制造这种供不应求的情境引发消费者的从众意愿，极大满足了消费者的社会认同。越是供不应求，越是稀缺，消费者在得到产品时的心理满足感越强，感知价值越高。饥饿营销产品的稀缺性、高壁垒、渠道单一等特征，决定了饥饿营销产品的价格高于同类产品，这种高价格满足消费者对饥饿营销产品的高预期，因此消费者往往愿意付出高价购买。

图 8-1　小米手机的饥饿营销造成官网拥挤

近年来饥饿营销的案例屡见不鲜，尽管有些消费者对于企业饥饿营销已经产生负面情绪，明白是企业刻意制造稀缺假象，但是大部分目标用户还是会受到饥饿营销的鼓动，因为购买饥饿营销的产品，消费者不仅能拥有产品本身的价值，还将获得饥饿营销带来的高感知价值。

8.3　无　人　零　售

随着"互联网+"概念不断普及，大数据分析技术日益成熟，许多线下零售企业开始向互联网化的趋势发展，开展"无人零售"商店，拥抱线上线下强强联合的新方向。无人零售是指在没有营业员、收银员以及其他商店工作人员的情况下，由消费者自主进行进店、挑选、购买、支付等全部购物活动的零售形态[242]。无人零售的出现，将智能识别、室内定位，以及智能支付等新兴技术带到线下，迎合有线下消费习惯的用户需求，吸引他们尝试，为其带来线上渠道无法比拟的便捷、舒适的服务体验，在提升价值感知的同时，开拓了大数据在线下的广阔应用前景。此外，无人零售还能够通过智能推广、智能捕获策略，建立一整套的线下用户画像，为他们提供个性化服务，打通线上线下渠道，实现线上线下联动。在购物过程中，不仅节省购物时间，还能够满足消费者获取更全面、更清晰的商品比对信息和趣味性的需求，进而增强消费者的价值感知[243]。

无人零售商店主要可以分为以下三种类型[244]。

第一类，以亚马逊无人便利店（Amazon Go）为代表的前沿技术型无人零售商店范式，运用了摄像捕捉技术、生物识别技术和云端自助扣费技术等。Amazon Go秉持"即拿即走、不需排队、直接支付"的服务理念，大大简化了消费者的购物流程。在进入Amazon Go商店前，消费者只需要将个人的亚马逊账号绑定手机端，到商店入口处通过手机扫描或者人脸识别技术确认身份后即可进店。在店中选购商品时，Amazon Go的摄像头和智能识别系统能够实时捕捉记录消费者选择的商品，以及是否将商品放回商店等信息。在消费者选好商品并选择付款时，Amazon Go店内的系统能够按照消费者放入购物车的商品数量和价格自动计算总消费额，并自动在其账户扣除相应金额。Amazon Go这种前沿技术型的无人零售商店范式，使得消费者全程自主采购产品的愿望得以实现，让他们能够在降低等待成本的同时，不受销售员的影响，获得沉浸式的购物体验，对商店的满意度和支付意愿较高（图8-2）。[243]

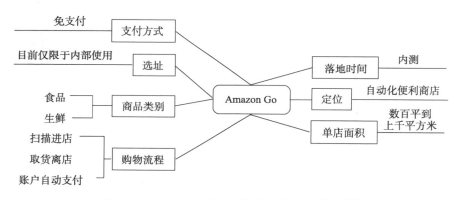

图8-2　Amazon Go无人零售商店的运营模式[243]

第二类，以缤果盒子为代表的大众型商店，是当前发展最成熟的无人零售范式。缤果盒子是大润发于2016年在上海推出的新型无人零售商店，其购物流程比Amazon Go复杂得多（图8-3）。在进入缤果盒子商店前，消费者需要扫码确认身份。在选购完商品以后，消费者需要把商品放在收银台，待机器自动扫描商品后出现付款码，并用手机扫码付款即可。缤果盒子的方式虽然做不到Amazon Go商店的"即拿即走、不需排队、直接支付"，但是也能够大大减少传统便利店对销售员的过度依赖，满足消费者在购物过程中的自主性需求，进而提升消费者的价值感知。[243]

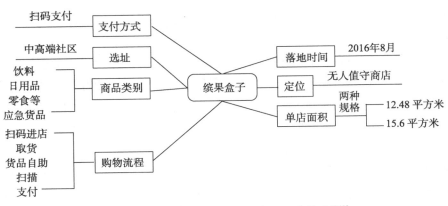

图 8-3　缤果盒子无人零售商店的运营模式[243]

第三类，以便利蜂为代表的相对低端型无人零售范式。便利蜂的购物环节与缤果盒子基本相似，区别主要体现在支付流程方面，便利蜂需要依靠自己开发的专用 App 进行商品识别和付款。在消费者选购商品之前，需要下载便利蜂专用 App，并绑定手机账号。在选购好商品并付款的时候，消费者需要通过专用 App 扫描商品二维码并进行付款。便利蜂商店的技术含量比缤果盒子低，基本依靠自己开发的 App 完成商品识别和支付，成本较低，购物流程繁琐，与线下零售商店相差不大，并不会显著提升消费者的购物体验[243]（图 8-4 ）。

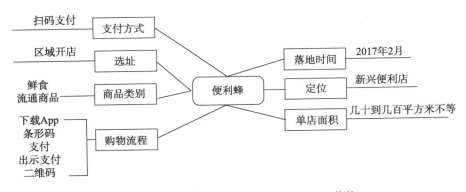

图 8-4　便利蜂无人零售商店的运营模式[243]

8.4　商品陈列

商品陈列指以商品为主体，运用一定艺术方法和技巧，借助一定的道具，将商品按销售者的经营思想及要求，有规律地摆设、展示、以方便顾客购买的销售策略，是提高销售效率的重要手段。商品陈列包含了许多可以用来判断商品质量的外部线索[245]，富有艺术感、科技感、童趣等鲜明风格的商品陈列方式能够吸引不同偏好消费者的眼球。电子产品发达的今天，实体产品的销售遭遇了前所未有的挑战，实体店的商品陈列成为抓住消费者眼球的重要途径，对消费者的价格感知也会产生影响。

商品摆放无序凌乱或者有序整齐会影响到消费者的价格感知与质量感知。当商品摆放不够端正或不在其应在的位置时，表明该商品已经被其他消费者触碰过，这会引起消费者推测商品受到了"污染"，进而产生厌恶情绪，降低其对商品的质量评估和价值评估[246]；更具体地，在食品销售领域，食品的陈列对消费者的"污染效应"很强，无序摆放的食品会引起消费者极大的负面和抵触情绪，让其对商品的感知和评估极大程度下降[247]，最终导致消费者对食品的价值预期或购买意愿大幅下降；反之，当商品有序摆放在货架上时，基于陈列的"画面效应"，整齐有序的摆放所提供的外部视觉线索就会使消费者感知到较好的品质和更高的价值预估，总体上为其带来正面情绪[248]，从而提升商品的销量。

综上所述，店内商品的陈列影响消费者的价值感知。摆放杂乱的商品会使消费者产生厌恶情绪，认为商品的质量较差和品质较低；而摆放有序的商品能使消费者感受到产品较好的质量和较高的品质。摆放精巧的商品能够吸引消费者目光，增加其价格预期和评估，极简的陈列可以给消费者奢华感，这也是很多奢侈品大牌在进行店面设计时所采用的方式。总的来说，很多陈列方式都能够有效提高消费者对商品的心理预期价格，激发消费者的购买欲望，促使消费者购买。因而零售商或品牌门店在商品摆放上应该多留意，及时整理被消费者无心弄乱的商品，维护精致有序的商品摆放。

8.5　商品促销

商品促销就是营销者向消费者传递有关本企业及产品的各种信息，说服或吸引消费者购买其产品，以扩大销售量为目的的一种活动。促销的形式多种多样，包括无偿使用、购买惠赠、折价销售、产品展示发布会、焦点导购等，以这些方法增强产品或品牌在消费者心中的公信度，提升品牌形象，并利用价格让利激发消费者的购买欲望。本节所阐述的商品促销主要指商品在价格方面的促销，包括折扣让利等，此类促销会对消费者的价格感知产生影响。

无论线上还是线下的价格促销都会带来价格下降的结果，根据经济学的需求曲线，价格的下降可以在短期为商家带来销量增长。典型案例便是被消费者戏称为"七折豹"的汽车品牌捷豹。根据2018年北京地区经销商报价，捷豹进口SUV车型F-PACE厂商指导价为52.8万～84.8万元，而经销商终端参考价仅为34.37万～59.87万元，2.0T两驱都市尊享版（入门版）车型优惠超18万元，而3.0 SC四驱S高性能版（顶配版）优惠近25万元。近乎7折的终端售价是捷豹争夺市场份额的有效武器，仅仅2018年3月这一个月，捷豹品牌在华销量就达到4119台，同比增长超11%；放眼整个第一季度，捷豹品牌在华销量增长超22%，价格促销带来显著的销售数据增长。捷豹之所以采取如此大幅度的折扣，是由于捷豹在中国市场的品牌认知度远不及奔驰、宝马、奥迪等同价位品牌。面对强大竞争对手，捷豹想要在中国市场扩大市场份额，不得已采用打折降价的方式，虽然促销短时间为捷豹带来了销量增长，但是长此以往，将会影响品牌在消费者心中的形象。

商品价格促销会对消费者的心理或情感产生影响，以较低价格购买商品可以"简化"消费者的购买决策过程，让其不需要经过过多的思考和努力就制定好购买决策[249]。但价格促销对消费者购买决策的影响并不总是正向的，也很难长期激励其购买行为。这是因为价格促销可能伴随着长时间等待的风险，一旦商品因为低价被抢购而供不应求时，容易引起没有买到低价商品的消费者的不耐烦情绪，不愿意付出时间等待的消费者甚至会取消购买行为[250]。可见，价格促销虽然有增加销量的可能，但也有潜在风险，会滋生消费者诸多的负面情绪。

不仅如此，价格促销活动还会使消费者对价格更加敏感[251]，因为对于某一品牌或产品，消费者在促销活动时体验过较低的价格，在回购时就不愿意为相同产品支付比此前购买时更高的价格，认为这是一种不值得的行为[252]。举例而言，维多利亚的秘密是国际著名的女性内衣品牌，在中国各大城市都有其分店。在香港的维密商店里，第三层为全场特价区域，所有款式原价 400 多元的内衣统一售价 188 元，极大的优惠促销力度非常适合初次购买此品牌的消费者去进行消费。但当消费者准备回购时，她们会意识到价格在 400 元左右的当季畅销款内衣品质和此前的促销款没有本质差别，因此很多消费者愿意等待新季度上新后再去 188 元特价区进行挑选，这种结果无疑对正价内衣的销售是不利的。促销带来的这种影响还体现在线上销售，内衣不属于易耗品，每年 1~2 次的采购足矣，因而众多消费者看中某款内衣后，倾向于选择"双 11"期间在淘宝维密官方旗舰店以 50%左右的价格进行一次性多数量的购买（图 8-5）。体会过这种促销的好处后，消费者以正常价格采购的意愿会进一步降低，对商品的价格估值和预期也会下降，长期看来对价格也会更敏感。虽然价格敏感度高的消费者增多可以反向提升促销效果，但也会抑制产品溢价空间，对原价产品的销售造成阻碍。

图 8-5　维多利亚的秘密会定期进行高达 5 折的折扣活动

对于商家而言，价格促销可以在一段时间内为其增加销量，利用其低廉的价格激发消费者购买意愿，但同时也会引起消费者的价格敏感性上升，使其不愿意为商品付出更高的价格，不利于价格恢复后的消费者回购，也不利于原价新品的出售。为了尽力避免促销带来的负面影响，企业在进行促销时首先需要注意促销的频率，因为频繁的促销会降低消费者对目标商品的质量判断和进一步的购买意图。[253]其次，企业还需要注意促销的形式，有先前的研究结果表明，直接打折与发放优惠券的促销形式会显著地降低消费者的商品价格预期，而返还现金的形式则没有给消费者的价格预期产生显著影响。[254]

8.6 无界零售

新兴科技的不断发展引发了第四次零售革命，也宣告着我们即将步入"无界零售"时代。无界零售是指打破行业壁垒，把品牌商、经销商、批发商、终端门店和消费者紧密联系起来，满足消费者随时随地购物需求的，场景联通、数据贯通、价值互通的零售业态。其核心在于：①无界零售是基础设施的专业化升级，不会取代现有业态；②无界零售不仅是线上线下融合，而且是零售活动本身融入消费者生活，是对产业边界、人企关系的重新定义。[255]

无界零售预示着新消费主义的到来，强调不仅在时间维度"快人一步"满足消费者需求，还创造了一个没有空间限制、个性更加自由的无界宇宙，帮助消费者发现更多的可能，极大程度的提升消费者的感知价格和购物体验。在这里，消费者还能够与品牌商、零售商实现无障碍互动，满足对更便利、更多元、更健康、更有品质的生活方式的追求。所谓无界，是指消费者能够有更多的自主权选择消费的品质、场景、价格和个性等，其本质上是对商品和品牌的极致追求。[256]企业通过抓住并放大消费者的这种需求，重新理解并定义品牌和商品，为消费者提供了无限的可能性，在提升消费者价值感知的同时，让生活更加美好。

无界零售具有以下三个特征。第一，场景无限。即通过消除时间和空间边界，嵌入消费者日常生活提升价值感知。零售场景在电商平台、社交媒体、社区中心、线上商店等任何地点、任何时间都能满足购物需求，甚至一张照片、一个表情都能触发订单。第二，货物无边。即产品通过消除固定的边界提升消费者的感知价值，是"商品+服务+数据+内容"的多重组合。如叮咚音响就是有形的播放器产品，能够提供下单购物服务，沉淀人机个性化交互数据，搭载音乐广播等节目内容，成为货物无边的初步探索。第三，人企无间。即企业和消费者双方形成相互信赖、亲密无间的关系，进而实现消费者感知价值的提升。一方面，企业借助物联网平台，深入消费者生活的各个细节，为消费者提供智能化、个性化服务；另一方面，消费者能够全程参与企业的选材、设计、生产、制造、销售等各个环节，打破供给端和消费端的界限。[255]

在无界零售布局的初步探索中，京东开创无界零售赋能事业部，探索京东便利店、京东到家、京东之家、无人超市、京东帮服务店、七鲜超市（7Fresh）等线下创新业态，联合沃尔玛、永辉超市、山姆会员店、海澜之家等打造智能型服饰百货商超，提供沉浸式消费体验，助推消费者的感知价值升级[257]（图 8-6）。另外，基于品质、品效、品牌强强联合的思路，京东推出了京 X 计划（如京腾计划、京条计划、京虎计划、京度计划等），与腾讯、今日头条、奇虎 360、百度等 11 家媒体牵手，共同开启无界零售时代。

为了遵循"品质电商"的宗旨，京东基于用户直连制电商（customer-to-manufactory，C2M）智能制造平台的大数据洞察和新品仿真验证的技术支持，开创"京东 C2M 反向定制模式"。[257]该模式从消费者需求端出发，反推企业供给端的产品用料、设计选材、商品配货、广告投放环节，实现消费者和企业的无障碍沟通，驱动双方的感知价格提升。以京东和小米合作推出的 Redmi K30 5G 极速版为例，京东通过大数据洞察发现消费者对 5G 手机的拍照

图 8-6 京东的无界零售布局[74]

功能、屏幕外观、电池续航、商品价格等都具有较强的偏好，于是发布了红米 1999 元的K30 极速版系列手机。根据京东发布的"6·18"战报显示，"6·18"当天小米包揽 5G 手机销量冠军，是 5 月全月销量的 3.4 倍，其中 Redmi K30 5G 极速版为当日单品销售冠军。

在深入贯彻无界零售战略方面，京东新通路事业部积极搭建优质零售基础设施平台，打造线上+线下的 B2B2C 平台圈，实现企业、合作伙伴、消费者三方的价值共赢。京东掌柜宝是一站式 B2B 订货平台，运用慧眼大数据系统、行者动销平台、智能门店和标签管理系统等，实现店铺与货源的精准匹配，推动客户体验和感知价值的全面提升。[258]截至 2018 年，掌柜宝用户数已超过一百万。京东分销宝通过线上链接品牌商和渠道商，把双方的履约过程数字化，解决信息不透明、履约过程不可控的问题。此外，京东新通路还宣布将打造 7 大模块化通路解决方案和一体化 B 端仓配网络，为品牌商提供个性化配货方式，降低配送成本，提升配送效率，全心全意服务终端门店客户，提升整个零售平台的感知价值。[74]

总　　结

商品销售过程是产品最直接面对消费者的过程，也是消费者直接做出购买决策的时

刻，这一过程中的企业销售策略会影响消费者的价值感知和购买意愿。

直播营销一般以商品服务促销为直接目的，会穿插摇号、抽奖、送礼品等活动，并宣称直播间的商品服务价格比其他渠道低，降低消费者的价格感知。在直播过程中，主播也会用到锚定效应、心理账户、参照物等营销策略改变消费者的价格感知，实现商品销量的快速增长。

企业利用饥饿营销，通过调控商品的供给，造成商品难以获取的情况，以提升消费者对商品的价值判断。饥饿营销的商品往往价格高于同类商品，这就要求商品具有稀缺性，这种稀缺性可以是商品本身具有的特性，也可能是企业刻意营造的现象。提升进入壁垒，防止竞争对手短时间内模仿，破坏商品稀缺现状。同时销售渠道相对集中，如果销售渠道过于广泛、分散，难以将消费者聚集到同一渠道，实现供不应求的景象。

无人零售的出现，将智能识别、室内定位以及智能支付等新兴技术带到线下，迎合有线下消费习惯的用户需求，吸引他们尝试，为其带来线上渠道无法比拟的便捷、舒适的服务体验。此外，无人零售还能够通过智能推广、智能捕获策略，建立一整套的线下用户画像，为消费者提供个性化服务，增强消费者的价值感知。

商品陈列也会影响消费者对商品的价格感知。哪怕是面对同一种商品，消费者往往会觉得整齐摆放的比凌乱摆放的具有更好的商品品质，因此对整齐摆放的商品会有更高的价值预估。

商品促销是直接影响消费者价格感知的策略。促销活动能直接降低消费者购买商品的价格，提升消费者购买意愿，在一定时间内显著增加商品销量。但频繁的价格促销会影响消费者对于商品价格的敏感性，不利于品牌原价商品的出售，也会影响消费者对品牌的价格判断。

无界零售是未来零售业态的发展趋势，能够间接影响消费者的价值感知。在无界零售时代，企业的生产经营活动能够融入消费者的日常生活，根据消费者的个性化需求智能定制产品，创造没有空间限制、个性更加自由的无界宇宙，帮助消费者发现更多的可能，极大程度地提升消费者的感知价值和购物体验。

◇ 复习和讨论问题

1. 直播带货过程中采用哪些策略影响消费者价格感知？
2. 饥饿营销从消费者心理的哪些方面影响价格感知？
3. 你认为哪些品牌的饥饿营销是成功的？哪些品牌的饥饿营销是失败的？为什么？
4. 商品陈列如何影响消费者价格感知？举例说明你印象深刻的商品陈列。
5. 分析促销活动对品牌的优劣之处。
6. 什么品牌适合/不适合采用促销活动？
7. 无人零售和无界零售是新技术在销售中的应用，这两种方式对消费者价值感知的影响有何不同？

答案解析

扫描此码

8. 还有哪些有效的销售策略能够影响消费者价格感知？

◆ 营销案例

泡泡玛特的"盲盒经济"

泡泡玛特（POP MART）是一家售卖潮流玩具，并覆盖潮流玩具全产业链的综合运营平台。2020 年 12 月 11 日，泡泡玛特在港交所上市，市值最高达到 1065 亿港币（约 896 亿元人民币）。对比 2017 年，泡泡玛特曾在 A 股上市，直至 2019 年摘牌退市，市值仅 20 亿元人民币。在这一年间，泡泡玛特的市值增长近 45 倍，并直至今天仍然受到各路投资者的不断看好。

泡泡玛特成立于 2010 年，彼时 2 元店 10 元店遍地，泡泡玛特也只是一个简单的售货渠道，售卖包括文具、饰品、服装等各类杂货。直至 2015 年，泡泡玛特发现一款玩具 W 日本超人气娃娃（sonny angle）的销售额快速增长，最终占据了总收入的三分之一，由此发现了 IP 玩具的销售潜力，并自此将泡泡玛特零售店改名为泡泡玛特潮玩店。2016 年，泡泡玛特拿下了香港独立设计师王信明的一款玩具茉莉（Molly）的独家授权，而后在 2016 年 8 月推出了"Molly Zodiac"盲盒系列，并迅速售空。2017 年，泡泡玛特在"双 11"活动中当天销售额为 100 万元。2018 年，泡泡玛特开始和一些第三方合作伙伴分享自由 IP、独家 IP，进行品牌联名，跨界推出产品。2019 年，泡泡玛特线上渠道天猫旗舰店销售额达到 8252 万元，位列玩具类第一，超过了迪士尼和乐高。

2016 年泡泡玛特线下直营店 16 个，现如今达到了 114 个，同时全国设有 825 个自动贩卖机。2017—2019 年，泡泡玛特通过线下布局大量的自主贩卖机和线上天猫商城的发力，年营业收入分别为 1.58 亿元、5.114 亿元、16.83 亿元，净利润分别为 163 万元、9952 万元、4.51 亿元，三年利润增长约 300 倍。2017—2019 年，泡泡玛特的毛利率分别高达 47.6%、57.9%、64.8%，参考白酒行业的毛利率也仅为 69.22%。由此可见，泡泡玛特的出现是一个巨大的成功。在 2020 年发布的招股书中，泡泡玛特同样给自己下的定义是"中国最大且发展最快的潮流玩具公司"。那么，泡泡玛特是如何一步一步抓住消费者的目光，提升产品感知价值的呢？

首先，泡泡玛特不是单纯的卖玩具，它是连接消费者与潮流设计师的一道桥梁。泡泡玛特一直致力于打造和发掘具有潜力的 IP，对其进行推广，使得潮流玩具本身具备一般玩具所不能比拟的附加价值，据统计泡泡玛特与超过 350 位设计师、艺术家保持密切联系。并且，为了能够持续抓住消费者的注意力，泡泡玛特不断发掘新的 IP。现今的泡泡玛特品牌旗下共有 85 个 IP，其中 12 个为自有 IP（公司收购的和自主开发的 IP），营收占比 45.3%；22 个独家 IP（从独立设计师获得独家销售权的 IP），营收占比 43.2%；51 个非独家 IP，营收占比 11.5%。

其次，泡泡玛特的售卖方式即"盲盒"的独特性也是吸引消费者购买的一个重要因素。盲盒，顾名思义，即盒子上没有标明内容物是什么，消费者在购买时并不确定购买到的内容物，只有打开后才知道具体的内容物。就泡泡玛特而言，购买某 IP 的潮流玩具盲盒，拆开时会有普通款和隐藏款的区别，而消费者获得隐藏款的概率远小于普通款。由于隐藏款的稀缺性，导致隐藏款玩具的价值也远远高于普通款玩具。对于消费者来说，不确定的刺激会加强重复购买决策，因此盲盒模式对于消费者充满吸引力。根据泡泡玛特的招股书显示，泡泡玛特注册会员有 320 万人，主要是一线城市中 18～35 岁的女性，其中每年消费超过 2 万元的有 20 万人。泡泡玛特借助这一模式在年轻群体中获得了巨大成功。

讨论题：

1. 为什么消费者对于泡泡玛特的玩具的感知价值如此之高？

2. 泡泡玛特的流行会影响消费者对其他玩具品牌（如乐高）的感知价值吗？为什么？

3. 你是否是盲盒玩具的受众？你对盲盒的流行有什么看法？

答案解析 扫描此码

即测即练

自学自测 扫描此码

第4篇　从消费者的利益出发整合营销方案

　　4C营销理论的第四个要素为communication，即沟通，对应于传统4P营销理论中的promotion，即促销与广告宣传。该要素强调的是商品在进行促销时，应以消费者为中心，实施有效的营销沟通。

　　本篇将采用AIPL（awareness-interest-purchase-loyalty）即认知、兴趣、购买、忠诚模型，AIPL模型概括了消费者心理变化的过程，从而揭示了营销活动的生命周期，该模型如下图所示。消费者对商品产生注意、激发兴趣从而产生购买行为，再到消费者的持续购买和信息分享（提升忠诚度），消费过程的每一个环节都可以通过营销手段推进和提升。在这样的四阶段过程中，前三阶段的营销效果（即留存的消费者数量）会逐级下降，而随着后期品牌口碑的积淀，营销效果可能会进一步提高。

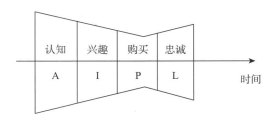

　　本篇将通过一些消费者行为领域的理论和研究成果，介绍在提升消费者认知、兴趣、购买和忠诚的营销过程中，品牌应如何把握消费者心理、与消费者进行有效沟通，从而实现品牌整体的营销战略目标。

第 9 章

从提升消费者认知和兴趣出发的营销

引例

老文物也会卖萌

故宫是中国明清两代的皇家宫殿，是历史悠久的古建筑，故宫博物院是中国最大的古代文化艺术博物馆。游客在游览故宫时，故宫传递的信息带有厚重的历史传承感，沉重庄严的紫禁城给用户带来一定的距离感。"故宫文创"则另辟蹊径，打破博物馆原有的神秘感，开设淘宝店。在产品上，故宫文创的产品不同于以往充满文化底蕴的博物馆文创产品，而是将故宫中的各种形象卡通化、趣味化，例如雍正皇帝的形象原本是威严庄重的，故宫文创则选取雍正亲切可爱的语录，如"朕亦甚想你""朕生平不负人"等进行设计延伸，甚至在宣传画中皇帝比起了剪刀手的造型。在营销上，故宫文创将微博、微信等社交媒体作为营销主阵地，和用户积极互动，而且语言风格一反博物馆的庄重、威严感，反而透露出一股贱贱的萌感，就像一个段子手，既向用户传递了品牌、获得用户的兴趣与围观，也以一种轻松诙谐的方式展现了厚重的故宫文化。在与用户的互动中，也能激发新产品创作的灵感。比如"冷宫"冰箱贴，2016 年 1 月，故宫文创发微博调侃称有粉丝建议设计款冰箱贴，冰箱贴上就两个字"冷宫"，半年后，这款冰箱贴正式上线售卖，一度成为爆款产品。

"AIPL"中的 A 代表 awareness，即消费者的意识；I 代表 interest，即消费者的兴趣。吸引消费者的注意、唤起消费者对于品牌和产品的意识，紧接着引起消费者的兴趣、加深消费者对品牌的好感，是品牌有效营销的首要环节，是后续吸引消费者购买及重复购买的基础。在这一环节中，消费者不仅"知道某产品的存在"，并且"对这个产品感兴趣"，这两步在实践中往往密不可分。

广告能够使消费者对品牌理念或产品功能产生知识积累和形象感知，并通过趣味性或情感连接激发消费者积极情感，勒韦兹（Lavidge）和斯坦纳（Steiner）指出，广告使消费者产生认知反应及情感反应[259]；数字互联网背景下的新兴营销方式——社交媒体营销则以更广泛而接地气的方式诉说品牌故事、吸引消费者目光；而企业积极承担社会责任有助于消费者形成对品牌形象的整体认知，进而对品牌所售产品产生好奇。

本章将重点对广告、社交媒体及企业社会责任展开介绍和分析，以消费者为中心，通过分析消费者偏好和消费者心理，探讨如何提升消费者认知、引起消费者兴趣，引导品牌进行有效的营销沟通。

9.1 广　　告

美国广告主协会的定义表明，广告是以传播信息为目的的付费的大众传播，其最终目的是传播信息，以改变人们对于广告所宣传的商品的态度，引发受众产生相应行动而使广告主获得利益。人们最常接触到的为商业广告，又称经济广告，它是以营利为目的的商家与消费者沟通的重要渠道；此外，广告还包括非经济广告，这些广告涉及政府、宗教、公益组织等主体，并不以营利为目的，如禁烟广告、文明倡导广告等。

行为研究指出，广告能够影响消费者对于产品和品牌的质量评估，这种影响包含信息效应、劝说效应以及变革效应。其中，广告的信息效应是指广告能够向消费者提供关于产品特征、优势、价格等属性的信息，从而直接地影响消费者对品牌质量的评估；劝说效应指，即使广告并未提供具体的产品信息，广告通过反复出现也能影响消费者决策的效用；而广告的变革效应是指，消费者将广告与自身消费体验感知相结合，两者互相印证，从而影响消费者对品牌态度的重新评估，如图 9-1 所示。

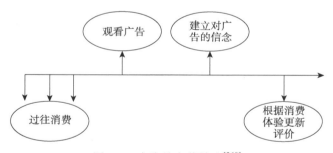

图 9-1　广告的变革效应[260]

有研究表明，广告对于提高或降低消费者产品态度的作用，是通过消费者的自我验证来实现的。如果人们对于广告产生积极看法，并且增加信心，则广告效果可以提高；而如果人们对广告产生消极看法，且这种消极想法的信念增强，则广告效果会下降。

由于广告能够唤醒消费者对于品牌和产品的初步意识，是品牌方与消费者进行传达和沟通的有效途径，因此广告是最为广泛、最重要的营销手段之一。以下将着重介绍广告的形式、内容、渠道以及新兴广告模式。

9.1.1　表现形式

广告有多种呈现元素，主要包括视觉元素（文字、徽标、图像等）、听觉元素（音乐与声音效果）以及视觉和听觉元素的结合，如视频等。

研究表明，带有不同观看广告目的的消费者对于不同广告元素的关注不同。例如当消费者的目标是记忆广告，则会关注广告呈现的所有信息；而如果消费者的目标是了解品牌，则更加关注正文信息，不太关注图片设计[261]。因此，营销人员可根据广告信息的定位，例如是希望对消费者进行洗脑，还是希望让消费者了解品牌与产品，而更有侧重点地设计与分配不同元素。

在设计广告时，可进行多种广告形式的运用，将多种元素组合在同一段广告中，例如听觉与视觉元素、图片与文字元素相融合，相比于普通文字广告，多元素组合的广告更容易被消费者记住[262]，更受消费者的欢迎。[263]但是要考虑这些元素有可能互相干扰，因此要注意各类元素的一致性与同步性，而这特别体现在双语广告的应用中。

在图片的排版方面，一般而言消费者有从左到右的阅读习惯。因此把代表过去的放在左边，把代表现在与未来的放在右边。研究表明，当产品涉及时间对比，或是时间为产品的一个期望属性（如古董），这时如果消费者看到产品的图像排版在时间维度上与自身阅读习惯相似，那么阅读广告的流畅性得到满足，对于产品的态度将更加积极。[264]例如针对减肥产品，商家意图在广告中对比呈现产品使用前后的身材以凸显产品的效果。在图 9-2 所示的两个广告中，更多消费者在看到广告（A）后对该产品态度更积极，认为通过该产品身材能够变好，而广告（B）却会让人感觉该产品会让身材更糟。即用左代表过去、右代表未来的广告拥有更高的接受度。

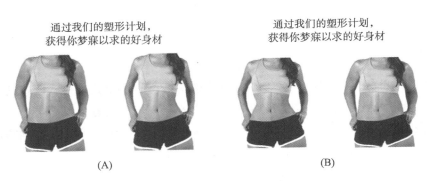

图 9-2　时间与左右的广告效果差异

而图片中的文字字体，也对消费者的品牌感知有很大影响。除了字体所承载的文字内容，字体也能够向消费者传达独特的语义内涵。图 9-3 呈现了字体对于品牌态度的影响。[265]随着字体语义和广告视觉、广告文案之间一致性程度的提高，广告的可记忆性增强，消费者的品牌感知则被广告深刻影响。

例如苹果官网的海报设计大多采用"平黑"字体族，该字体由苹果自身定制，与其产品特征、广告风格一致，体现了简洁、大气的科技感（图 9-4）。

广告
字体
间距
方向
粗细
大小
感知字
体风格
字体的语
义关联
广告
视觉
广告
语言
感知
一致性
品牌
感知
广告
记忆

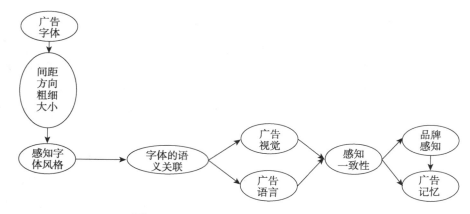

图 9-3　广告字体对于品牌感知的影响

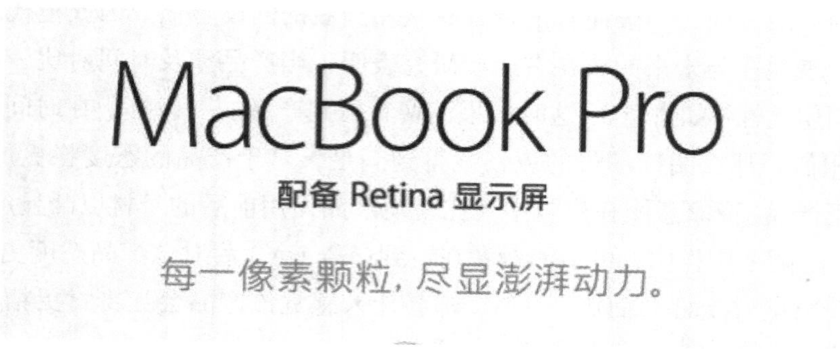

MacBook Pro
配备 Retina 显示屏
每一像素颗粒，尽显澎湃动力。

图 9-4　苹果官网的广告字体

9.1.2　内容

除了形式上的组合和创新，广告本身所传递的信息质量至关重要。广告的内容不仅要符合产品特性，还要契合消费者的需求。研究表明，与消费者自我需求更加匹配的信息将得到更积极的反应，[266]因此营销人员可根据产品聚焦的细分市场人群的需求以及特征、习惯、品位和风格，来确定广告的内容。

在广告内容的组合方面，多数分析模型都假设品牌所有的广告预算都花费在一条广告消息的传播上，而实际中营销人员可使用不同的广告主题组合，如介绍品牌、关注产品、聚焦价格等广告主题，并且在每个主题内使用多个版本的广告。[267]全球饮料品牌巨头可口可乐就拥有体系庞大、数量巨多的广告体系，围绕时尚、运动、亲情等主题，结合时事热点进行活跃的广告营销。当品牌的广告营销多层次、多样化的同时，也要注意时间维度上前后理念的一脉相承、空间维度上不同产品之间表达的一致性。[268]

广告中商家可能会“狡猾”地使用低价保证（low price guarantee，LPG），例如促销中的“史低价”、免税店提供的“亚洲价格保证”。总体而言，广告中的低价保证可以使消费者具有更高的价值认知和购物意愿。但是低价保证会受到市场参考价格和品牌自身信息的影响，如果本身产品价格较低，即使不是宣传所说的最低，对于该产品，消费者寻求更优价格的意愿较低；如果本身产品的价格比较高，则低价保证可能会增强消费者搜索同类产品进行比价的意识。[269]因此低价保证可能是一把双刃剑。

营销人员可以在广告中通过多重感官来传递广告载体本身所无法传达的嗅觉、味觉等信息。例如广告中可以增加生动的图片示意以及语言介绍来模拟和描述口味。

图 9-5　"奥利奥"广告的感官刺激

图 9-5 展现了奥利奥饼干浸泡在醇厚的牛奶中，暗示消费者其夹心有着同牛奶相似的香甜口感；而牛奶流动、溅起水花，给人一种流畅的美感，暗示奥利奥夹心的口感也非常顺滑可口，令消费者联想自己吃饼干后心情也会如此明畅荡漾。消费者还可以通过观察广告中主人公的流涎情况、食物的消耗，在心理上想象、描述、构建一种相似的味道，从而使消费者对广告产生积极的反应。[270]

广告的具体呈现方式，可以包括访谈、叙事和融入情感。很多广告采用一种场景化的访谈形式，访谈中由专业人士或真实消费者叙述，能够提高产品的专业性和内容的可信度。例如沃尔沃汽车广告中，一些车祸幸存者讲述沃尔沃汽车的安全性拯救他们免于罹难。再如国内高端茶品牌小罐茶在推介其茶具时，广告采用了访谈的形式。小罐茶具的产品经理用 3 分钟讲述了产品设计的初衷、过程和优越性，列举多个详细数据，例如"分析上千手部数据，得到一个舒适握感""短嘴和鹰嘴造型的倒水口，会让水柱短而垂直""1.88 毫米的 77 个孔，能过滤大多茶渣"，详尽地展示了小罐茶具的信息，也充分体现了产品设计的专业性（图 9-6）。

图 9-6　小罐茶的访谈式广告

此外,广告也可以采用叙事性的描述,例如柯达相机1989年曾投放广告Daddy's Little Girl,讲述女儿出嫁时父亲通过照片回忆女儿的童年时光——女儿还是婴儿时,父亲抱着女儿跳舞的照片;女儿幼儿时期,踩在父亲脚上学跳舞的照片;以及现在女儿婚礼时,穿着婚纱和父亲跳舞的照片。配合结尾的歌词"柯达,开心每一刻",这段广告充满温情,吸引消费者用相机来记录美好生活。这种叙事性的描述,通过讲故事的方法,让人们沉浸在广告的故事情节中,来达到吸引、劝说的目的。研究表明,叙事性的广告更能够唤起消费者更强的同情心和同理心,从而对广告产生更高的评价。如图9-7所示。

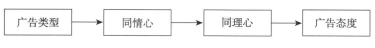

图 9-7　访谈/叙事广告的作用机制[271]

在广告内容的创作中,营销人员可考虑将情感融入广告。研究表明,年龄更大的人对于这类情感广告的喜爱和记忆程度更高,尤其是避免消极情感的广告。[272]在性别方面,一般女性会对广告中涉及的情感内容更加敏感,相比之下男性的反应较为平淡;但当男性在另一名男性的陪同下观看了体现消极情感的广告,则男性的观看体验会比女性更差,[273]这是因为广告带来的悲伤情绪和男性应该表现的社交形象(如坚强)相冲突。因此,在广告创作中,可以根据产品的目标受众,来确定是否将情感融入广告中,同时尽量减少消极情绪的传递。

如图9-8所示,2019年年初电影预告片《啥是佩奇》得到了病毒式的传播。该预告片讲述了河北一个村庄的农民,为了孙子,发动全家寻找"佩奇",最终利用鼓风机自制"小猪佩奇"的故事。这样一个充满温情的故事,不仅巧妙地预热电影中的动画形象,而且契合春节团聚、代际亲情等话题,唤起了观众的情感共鸣,达到了非常好的宣传效果。

图 9-8　广告片《啥是佩奇》

对于广告应该传达正面信息(即使用产品的积极影响)还是负面信息(即不使用产品可能存在的消极影响),目前没有统一的观点。对于预防性产品如防晒霜,预期理论表明,强调潜在收益性的广告信息对消费者更加具有劝说性,[274]能够更好地促进消费。对于公益募捐,让受害人呈现较为悲伤的表情,传达一种消极的情感信息,而唤起受众对于被募捐者的同情，则有利于筹款的效率提升。[275]而对于禁烟广告的研究则表明，广告的信息焦点应与受众的社交态度倾向一致，当青少年更加在意被社会接纳，则禁烟广告可强调不吸烟对于社会接纳的积极影响；当青少年更加在意不被社会排斥，则禁烟广告可强调吸烟（即反对禁烟）可能带来的社会排斥。[276]因此，营销人员在这个问题上需要结合产品特征、广告目的，进行具体分析。

9.1.3 文案

当广告涉及语言文字时，一些广告文案或广告词的设计能够使消费者感知到更高的卷入度，产生更深刻的记忆，从而对产品和品牌产生进一步的兴趣与购买意愿。

首先，幽默的广告能够提升消费者的品牌记忆，当广告能够使用恰到好处的幽默文案时，即使消费者只是偶然接触该广告，也会产生很强的记忆。但当幽默与广告内容的相关度较低时，消费者的记忆与幽默的强度呈现出"倒 U 曲线"，即随着幽默强度增加先逐渐升高，而后逐渐降低，反映出消费者对于这种高幽默、低契合广告的排斥。[277]例如西门子广告语"本公司在世界各地的维修人员都闲得无聊"，乍一看"闲得无聊"似乎反映了员工的工作态度不积极主动，但仔细一想便意识到正是因为西门子的产品质量过硬、无需后续反复的维修和维护，才使得维修人员"闲得无聊"。这样的反差带有幽默感，令消费者印象深刻，同时西门子也借这种表达形式传递了自身的产品特性，是较高契合度的幽默。相反地，某洗涤剂品牌广告语"钓到鱼要么靠运气要么靠耐心，不过大多时候靠自己的编造。本品是深受消费者喜爱的洗涤剂"，虽然该广告语非常幽默，能够吸引消费者的兴趣，但该广告想要传递的内容与洗涤剂的用途、特性无关，其中心思想"该洗涤剂并非靠吹嘘而是靠实力"也表达得比较含糊，消费者很难理解该广告想要表达的内容，认为这种幽默是和自身产品相割裂的。因此在实践中，幽默也需要与广告目的和广告内容契合；还需注意的是，和日常生活中的"玩笑话"相似，幽默需要避开种族、性别、疾病、色情等敏感话题，避免低级玩笑，防止弄巧成拙引发消费者的反感。

在修辞方面，研究表明诸如隐喻、双关、押韵、对比等技巧能够使消费者对广告产生积极的感知。[278]例如手电筒广告词"the gift idea that leaves everyone beaming"，运用了双关的手法，既表明该手电筒的作用是照明，又暗含使用该产品能够使消费者未来明亮坦荡。又如中国消费者耳熟能详的保健品广告"今年过节不收礼，收礼只收脑白金"、英语语境的牙膏广告"good teeth，good health"，都运用了押韵的手法，让消费者更容易记住。

重复也是一种重要的手法。近年来涌现了很多重复喊麦式的广告，如求职网站 BOSS直聘的广告语"找工作！直接跟！老板谈！"、旅行网站马蜂窝的广告语"旅行之前，先上马蜂窝！"以及婚纱照拍摄服务商铂爵旅拍的"婚纱照，去哪拍？铂爵旅拍！想去哪拍就去哪拍！"。如图 9-9 所示，该广告的特点是时长短、口号反复循环出现、刺激强烈，虽然很多消费者认为该广告"缺乏审美""接受无能"，但从广告效果来看，这似乎不失为一种成功的方式。品牌方通过不断重复品牌名，让新兴行业得到消费者的注意、新兴品牌受到消费者的关注，从而建立起自己的品牌形象，令一个新的品牌深入人心。

就去哪拍

图 9-9　铂爵旅拍的喊麦式广告

在人称的使用上，第一人称能够从"我"的心理感受出发展示广告的信息，让消费者感到更加亲切、更加真实，从而提升对于品牌的好感。广告中的"我"，既可以指代广告主，也可以代表消费者，甚至是一种产品的拟人化。[279]例如娃哈哈果奶广告"甜甜的，酸酸的，有营养，味道好。妈妈，我要喝娃哈哈果奶"，该广告将儿童作为叙事主体，通过"我"的味觉感受和心理期望，以儿歌的形式，传递了该果奶产品的口味信息，同时也向消费者传递了一种购买产品的劝说。第一人称的运用还能更好地融入营销人员所希望传达给消费者的品牌感受，具有较强的感染力和说服力；也能使消费者更不易察觉品牌的营销目的，更加积极地参与到广告的体验中。

第二人称常用于对话交流的场景，使情绪的抒发更加强烈，增强了广告的劝说效应。例如安踏广告"你没有他的天赋，你没有他的条件，你无人喝彩。世界不公平？但你有梦想的权利。让心跳成为你的宣言，让伤痕成为你的勋章，让世界的不公平在你面前低头！"用"你"代指消费者，以一种对话的方式，直击消费者的痛点，引发消费者的共鸣，同时宣扬了品牌理念。而第三人称更加自由灵活，所表现的情感不如前两者充分，更强调客观和理性。

此外，跨国公司品牌还应当注意广告语种的使用。研究表明，对于奢侈品牌，本土语言的广告效果不如英语或双语广告，因为相比而言英语更加体现国际化和专业性；而对于日常用品，本土语言或者双语广告的效果要比纯英语广告效果更好，[280]因为对于日常实用产品，一味地使用英语会使品牌有"不接地气"之嫌，从而让消费者产生一定的品牌排斥。另外，对于比较高档的日常用品（如进口洗发水），则往往混合使用中文和英文，例如在画面上主要用英文呈现，在底部进行中文的注释，这样既满足其高档的定位，又减少了人们的认知成本，符合人们对于生活必需品的购买习惯（图 9-10）。

图 9-10　韩国护发品牌吕的外包装

注：韩国品牌吕在中国售卖的洗发水系列包装正面仍然保持全韩文的设计，但是在背面会贴上中文背标，
介绍产品主要成分、使用方式、生产信息等。

9.1.4　代言

　　广告代言是指社会知名人士对某产品或理念作为代表进行发言。它能够将消费者对于偶像的信任，转化为对于产品的认同和购买，从而实现品牌与消费者的沟通。研究认为，消费者会倾向于购买与自我概念相一致的产品，而偶像崇拜是消费者维持自我概念的重要途径，消费者通过对偶像的崇拜而减少现实自我和理想自我之间的差距。[281]因此广告商在选择产品的代言人时，要根据目标人群的特征，选择与该人群的形象地位相匹配的代言人，准确把握偶像代言所带来的收益。

　　品牌可以根据产品投放的目标地区确定代言人或模特。实验证明，当目标群体较为小众，围绕这些消费者需求的广告非常有效，当纳入社会和民族的维度时，即使目标群体的人数很多，这类广告也会提升消费者的认同感，产生较好的广告态度。[282]例如，相比看到广告由白人代言，对自身种族文化较为认同的黑人消费者，看到黑人代言的情况会产生更有利的广告评估和品牌评估。

　　广告的代言人可以选择行业内具有高权威性的专业人士。例如国内知名家电企业格力电器，其董事长董明珠女士亲自参与旗下产品的广告代言。她自身的专业程度以及董事长的威严气质，向消费者传递了产品质量的承诺，提升了品牌的可信赖度。

　　广告商还可以选择近期话题度较高的明星作为品牌代言人。在体育明星代言的情境下，观看运动明星曾参加的体育赛事而引发的愉悦感、介入度和唤醒，将有效提升消费者的偶像崇拜，从而对产品产生更好的评价。[283]广告商也可以在广告投放的同时，配合宣传代言明星的精彩动作、获胜瞬间，不断唤起和强化消费者对于该明星的崇拜。

　　近年来，消费者对于偶像的追捧催生了具有强大生命力的"粉丝经济"。一些狂热的粉丝甚至无论自身是否有实际需求，对于自己偶像代言的产品都会全部直接购买，以彰显自己对于偶像的追捧程度[284]。当然，这种行为也会受到产品本身性质和价格的制约，由于"粉丝"的主体普遍呈现低龄化，他们自身的购买能力相对较弱，因此他们更倾向于在较为平价的商品上，尽自己的能力去追随偶像的代言，而对于偶像代言的昂贵产品，他们会产生更高的品牌感知。从消费者的角度而言，粉丝效应并非理性的消费行为，也在一定程度上破坏了产品行业的生态，但不失为品牌进行有效推广、提升产品购买率的一个有效途径（图 9-11）。

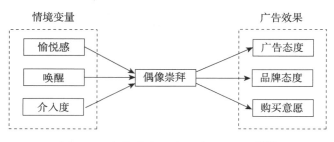

图 9-11　偶像崇拜对广告效果的影响[283]

此外，随着网红文化的盛行，营销人员还可借助关键意见领袖（key opinion leader，KOL）进行品牌推广。KOL 推广与代言的区别在于，KOL 推广往往是针对短期的营销活动或者针对性产品进行一次广告传播，一次同时可以有非常多 KOL 为一款产品进行推广，例如在化妆品新产品上市时，会有众多美妆博主密集推出测评，这就是利用 KOL 推广的方式；而广告代言一般是品牌与公众人物间较长期、稳定的合作关系，因此一个品牌同一时间签约的代言人数量较少，代言合约会清晰涉及公众人物的肖像权使用、活动参与等一系列推广行为。关键意见领袖指一个行业或领域内的权威人士，这些群体掌握着更多、更准确的行业信息，因此他们常被消费者所信任和接受，能够对特定消费者的购买行为产生较大影响。营销人员可以通过这些群体所掌握的话语权，向消费者传递、强化品牌核心理念与产品信息。不同于广告代言，KOL 营销更加平民化、接地气，能够与消费者建立更强的连接和互动，而社交性的原生内容也能够更全面地体现产品特点，使得消费者更容易接纳这种"种草"的方式。相对而言，KOL 营销具有更高的性价比，但影响力低于名人代言，因为后者往往会直接影响人们对于品牌形象的感知。但是由于二者并不冲突，可以选择偶像进行长期代言和 KOL 进行短期营销合作，通过多种方式提升品牌或产品的知名度，充分利用合作伙伴的粉丝效应，拉动粉丝经济。

香奈儿推出 2019 年新款包袋 CHANEL19 之初，市场反应平平。之后欧阳娜娜等明星分享搭配图片，众多时尚博主对其外观、性能、价格等信息进行讲解，同时分享其试背体验并传递品牌观念，客观信息与主观感受相结合，加上这些意见领袖的话语权和影响力加持，新产品逐渐深入人心，很快在世界范围内一包难求。

有学者把通过 KOL 营销的品牌称为"人类品牌"，"人类"指在市场传播过程中的知名角色，研究表明这样的品牌会增强消费者的自主性和亲密感，当消费者的胜任感不被抑制时，人与品牌的关系将更加牢固，图 9-12 表示了这种关系。[285]

在具体实践中应当注意，当多个代言人或意见领袖认可同一品牌或产品时，品牌拥有多个背书者，消费者对于品牌的态度会提升；而当一个代言人或意见领袖认可多个品牌时，即使该代言人或意见领袖拥有更高的知名度或话语权，消费者仍会产生负面情绪，因为消费者认为他们可能并没有深思熟虑，未对产品信息进行审查。同时，品牌代言人和意见领袖的负面新闻也可能会波及品牌声誉。因此营销者在选择品牌代言人和意见领袖时，要进行详细评估，选择较为优质且契合品牌形象的合作伙伴，签订一些条款保护品牌利益，例如禁止该代言人或意见领袖对竞争产品同时进行推广。

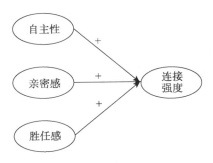

图 9-12　"人类品牌"的品牌连接强度

9.1.5　渠道

广告的投放可以有多种渠道，主要包括在报纸期刊等纸质载体上刊登广告、在电视广播等媒体中插播广告，以及利用公共场所或建筑物的墙壁、屏幕放映广告，近些年还兴起了以互联网为传播途径的广告宣传。知名市场调研公司AC尼尔森公司研究显示，近年来消费者对于传统的电视、杂志广告信任度降低，而对互联网数字广告的信任度提升。[286]

1. 纸媒

纸媒包括报纸、杂志等传统印刷媒体，在电视、互联网等渠道诞生前，纸媒是广告宣传的主要渠道。虽然在新媒体时代，纸媒逐渐失去传播优势，但是与互联网上虚假信息泛滥相比，纸媒的信息真实性较高，消费者对纸媒的信赖度较高。同时，部分报纸、杂志仍然保留着一部分忠实受众，品牌也可以利用这一点进行较为精准的产品推广。例如奢侈品牌往往选择时尚杂志进行广告投放，一方面主流时尚杂志的调性与奢侈品牌相匹配，在知名杂志上的宣传能够体现品牌的时尚、高级；另一方面，时尚杂志的受众与品牌目标消费者高度匹配，通过在时尚杂志上投放广告能够准确触达目标消费者。

2. 户外广告

户外广告是指在公共场所设立的广告，包含广告牌、霓虹灯、海报等多种形式。户外广告的优点在于覆盖时间长，户外广告设立后往往会持续几周甚至几个月，不断出现在消费者视野里（图 9-13）。但是户外广告的劣势也很明显，由于户外广告是固定的，它的宣传范围小，只能触达路过该区域的消费者，因此更适合区域性鲜明的品牌进行定点投放，例如某个餐厅开业，可以通过附近的户外广告吸引消费者到店。一些无地区性的品牌在新品宣传期间也会选择投放户外广告，同一时间在全国各地投放同一广告，虽然能够达到扩大覆盖范围的目的，但是广告成本也随着地域扩大而增加。

分众传媒诞生于 2003 年，创建了电梯媒体广告模式，将电梯这一日常生活中不可避免的场景转化为重要的户外广告营销渠道。电梯环境封闭，客观条件使消费者强制收看广告，提升消费者专注度。消费者进入电梯主要有三类场景：住宅、办公、购物休闲，针对不同城市、不同场景、不同地段投放相应的广告，以提升广告传播的精准度，例如豪华汽车选择高档社区进行投放，家居品牌选择新建成的小区投放。

图 9-13　分众传媒"饿了么"电梯广告

3. 电视

目前而言，传统的电视仍然是非常重要的广告媒体。研究发现，观众倾向于抗拒或忽视广告，而消费者对于广告的抗拒势必会使得企业投放更多的广告以保证必要的曝光率和触及率，长期来看市面上的广告数量将不断增加；但是广告过长必然会引发消费者的反感，有研究表明当电视频道缩短 10% 的广告时间，频道观众的平均获得率将会增加 25%。目前，观众喜爱的节目类型与广告商插播广告的节目类型有所差异，观众最喜欢收看的节目为"动作"和"新闻"类，而广告商则更喜欢在"现实"和"喜剧"类节目中植入广告，因为这两类节目在所有电视节目中所占比重较大，达到 47%。[287] 在"现实""喜剧"节目中插播广告，广告商能够拓宽广告的投放范围，而且因为广告没有插播在观众最喜爱的节目类型中，又能够减少观众对插播广告产生的抵触情绪。

4. 互联网

互联网的普及使得广告投放渠道发生了颠覆性的变化，互联网广告具有其他渠道难以比拟的优势：首先，互联网广告传播速度快，营销者点击发送，广告信息即刻传输至消费者终端，极大地提高了行业效率。其次，互联网广告的投放形式丰富，图片、文字、视频等都可以通过互联网渠道便捷传播，提升了广告的多样性，还可以通过互动等形式提升广告的有趣性。同时，互联网广告投放兼具精准性和普遍性的特点，一方面，在互联网场景下，品牌可以利用大数据精准定位消费者进行广告投放，另一方面，这种精准投放可以大规模覆盖目标消费者，不受地域限制。此外，互联网广告的营销效果可追踪，互联网广告根据链接埋点，可以准确知道广告的曝光量、点击量、转化量等重要指标，这是其他渠道无法做到的。

但是互联网广告也存在一定缺点，消费者在互联网中面对海量信息，对互联网广告的甄别能力和抵触心理日益提升，对广告信息的信赖度逐渐降低。在互联网上呈现的广告，消费者拥有更多跳过或忽视广告的权利。各个互联网广告平台的流量大小、广告效果参差不齐，头部平台广告价格水涨船高。因此面对低效果、高成本的互联网广告，广告商在互联网渠道投递广告时，需要通过有吸引力的广告设计，以提升广告的转化率。

近年来，广告呈现了许多新的形式。例如物联网感应自荐广告，通过商店的智能导购机，介绍产品的信息和促销情况；利用 VR 或 AR 技术，帮助消费者在选择旅游景点、酒店时能够提前体验。[288]不同年龄、职业及收入的消费者，对于广告渠道的偏好不同。例如年老者观看电视、阅读报纸的频率较高，年轻人则会更多地关注移动互联网中的广告信息；对于白领一族，通勤途中的投屏广告会获得较高的曝光率；有私家车的商务人士则习惯于在早晚高峰收听广播。品牌方应根据产品聚焦特定的消费者群体，再通过推导这些受众的媒介习惯和活动范围，选择合适的投放渠道。

9.1.6　时长与频率

AC 尼尔森公司曾提出广告的 15 秒黄金原则。[289]研究显示，能够接受 30 秒以上广告的消费者只占 11%，而有 52% 的消费者只能接受时长低于 15 秒的广告。这些消费者在 15 秒后可能会直接放弃观看，甚至有 38% 的消费者在 8 秒后即不再能集中注意力观看广告。因此对于品牌而言，能够吸引消费者、与消费者建立品牌联系的时间往往只有 15 秒甚至更少。在这样的情况下，应当使广告尽可能精简，首先明确一段广告的主题，聚焦品牌希望传递的主要信息，割舍次要的信息。此外，将关键信息集中在广告靠前的位置，使尽可能多的消费者接触到产品的核心信息，这样即使消费者在几秒后放弃观看广告，广告开头所传递的主要产品信息也将为消费者留下深刻的印象，从而引起消费者的关注意识，并提高品牌的知名度。

对于在电视电影频道或视频网站上播放的广告，调研表明，相比在视频的片头播放和中间插播若干广告，消费者更倾向于在开头即观看完所有的广告。这是由于片头的广告提供了一种"确定性"，片头广告的时间点都是确定的，消费者的预期中已有片头广告的存在，但中间插播广告的时间点则是不确定的，可能会在消费者深度沉浸的过程中突然插入，而这种负面情绪是非常强烈的。对此，国家广播电视总局指出 2012 年起，"播出电视剧时，不得在每集（以 45 分钟计）中间以任何形式插播广告"，因此品牌在投放广告时，也应注意尽量避免影响和打断消费者，减少消费者的负面情绪引发的对于品牌的负面感知。

知名视频网站 Youtube 还提供了一种消费者可在"5 秒后关闭广告"的新思路。虽然这在一定程度上可能造成品牌方在广告资源方面的浪费，但相应地，这种选项是一种"筛选机制"，能够帮助品牌辨别真正的目标客户，那些本可以选择5秒跳过广告却继续认真观看的消费者，可能是真正对产品和品牌感兴趣、并可能进一步产生购买的消费者。而对于在5秒后选择跳过的消费者，相比动辄几十秒的广告，他们更可能会集中精神看完这5秒，而吸收一部分信息。此外，这种方式还能提升用户的体验，减少因广告插播带来的负面情绪。

广告的频率由曝光总次数和触及人数得出，研究指出，虽然随着时间的推移，广告所能取得的效果可能不再有明显的提升，但提高这段时间内广告投放的强度，将会带来明显增加的市场份额。如图9-14所示。

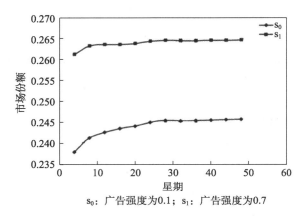

s_0：广告强度为0.1；s_1：广告强度为0.7

图9-14　不同广告媒介的消费者信任[290]

有人认为当同一广告不断地出现，才能达成更好的吸引、转化的效果。但过于频繁的广告投放却可能带来相反的作用。对于对产品并不感兴趣的消费者，重复投放可能会短暂吸引消费者的注意，但反复地受到广告的影响，更可能会进一步增加消费者的厌恶；对于对产品本身感兴趣的消费者，重复的投放则是一种资源的浪费，更多的广告也并不会直接促进消费者的购买行为，还是需要依赖后续的营销及促销活动。有研究表明，广告在主要客户群体中的暴露频率以达到三次为最佳，三次左右的广告频率使消费者的转化率更高，并最大程度上避免消费者的负面感受。

9.1.7　投放方式

广告投放的方式多种多样，不同的投放方式能触达的消费受众、产生的广告效果不尽相同，下一部分将着重介绍四类当下常用的较有特点的广告投放方式：植入广告、快闪店、搜索引擎付费广告、商品推送。

1. 植入广告

植入广告是指广告信息以隐匿的方式，融入媒介传播中。[291]最为常见的为影视剧中的植入，往往通过道具植入、对白植入加以表现，植入的产品甚至能够起到符号象征、推动情节发展的作用。例如著名影片《蒂凡尼的早餐》中，通过主人公对于奢侈珠宝品牌蒂凡尼橱窗展示的珠宝的凝望，表现出主人公对于精致生活和上流阶层的向往，同时也表现了蒂凡尼品牌的魅力。而在后续情节中，电影还呈现了蒂凡尼店员的亲和与彬彬有礼，更潜移默化地提升了蒂凡尼在消费者心目中的品牌形象，成就了蒂凡尼珠宝的奢华象征和人们对它的浪漫情结。除了影视剧，目前广告的植入方式呈现出了多样化的趋势，例如综艺、脱口秀等电视节目中，广告商通过赞助节目获得冠名或鸣谢，这样节目的特性与影响力将转移到品牌身上，广告商甚至可以通过这种方式与消费者进行互动，从而实现深度沟通。[292]

在网络游戏中，也有很多植入广告的例子，产品可以充当游戏的道具、成为游戏场景的一部分，让玩家在虚拟的环境中进一步接触产品。在篮球游戏 NBA2K 中，运动品牌佳得乐作为玩家角色能量标记和恢复体力的道具植入，突出了产品补充能量的特性，契合产品的定位。广告商还可自己设计品牌相关的小游戏，将广告信息与游戏内容深度融合，通过消费者的体验而进行直接的沟通。此外，流行歌曲的歌词也可以作为植入广告的载体。可以说，植入广告无处不在。

植入广告最大的特点在于隐蔽性，不容易使消费者产生较强的抵触情绪，受众在观看电视节目时即强制接受，到达率很高。电视节目一般会有明星参演，在节目中植入产品间接利用了明星代言效应。同时，由于植入广告的投放与电视节目的播放紧密相连，不单独依靠品牌自身传播，因此植入广告的性价比远高于品牌独立完成广告。但是植入广告也存在一定的风险：首先，植入广告的受众较少，仅能触及收看特定节目的消费者，而无法在更大的范围内进行传播；其次，植入广告的效果并不稳定，由于植入广告在节目中露出的时间有限，不能对品牌或产品进行详细介绍，一方面，植入广告无法保障消费者能否准确识别广告信息，难以形成转化；另一方面，广告植入与节目内容是否协调对广告效果也会产生影响，与情节紧凑相关的植入广告往往是合适的、成功的，但更多情况下，植入广告并没有做到自身产品与节目内容的融合，这种不协调会提高消费者的记忆力，同时使消费者对品牌态度产生不利影响，效果往往会适得其反。[293]因此，品牌方也应充分考虑传播载体和产品特征的一致性。

研究指出，受众的性别、年龄、教育程度等特征会影响植入广告的效果。有学者指出女性消费者对于植入的品牌态度更积极，而男性消费者则会有更积极的购买行为；年龄方面，老年人对于植入广告漠不关心，[294]而儿童易感性较高，会更加关注植入广告并有较高的容忍度；[295]而消费者的教育程度与其对于植入广告的态度负向相关，较高的教育程度更容易被植入的广告所激怒。[296]因此，品牌方应该依据自身受众的情况，审慎地选择使用植入广告。

2. 快闪店

快闪店（pop-up shop）是近年来兴起的一种在商业繁华地区搭建临时性的个性化店

铺。目前，快闪店的主要类型包括市场试水型、品牌推广型、引流型和销售型，[297]市场试水型是指新品牌或新产品正式推出之前，通过快闪店的形式收集消费者信息，从而改进产品或品牌运营策略，这类快闪店需要注意对消费者行为的监测，例如该地区消费者对款式、价格、尺码的偏好；品牌推广型快闪店旨在强化品牌形象，这类快闪店是最为常见的，其特点在于通过具有创意的门店外观设计达到品牌推广的目的；引流型则是线上线下渠道相结合的体现，通过线下门店吸引消费者注册会员或通过线上宣传吸引消费者到店体验，往往会利用各类小福利吸引消费者，例如注册会员赠送小样；销售型快闪店则直接以销售为目的，店内会摆放当季热销产品或利用优惠折扣促进销售。但快闪店不是只有单一类型，许多快闪店是多种类型的集合。

快闪店通过创新的理念、有噱头的营销话题，快速吸引和聚集消费者，提高知名度和关注度，达到良好的品牌宣传成效；同时让消费者能够近距离有趣味地接触产品、了解品牌理念，形成与品牌之间的良好互动，加强了品牌与消费者的沟通效果（图9-15）。

2020年6月13日至7月13日，麦当劳联合《上新了·故宫》在深圳万象天地广场开设快闪店，打造新时代"御膳房"。在店面的设计和布置上打破麦当劳原有的简约风格，延续了中国古代宫殿设计，并将麦当劳的logo巧妙融合在中国传统纹饰之中，利用了年轻一代消费者对于传统文化的热爱，吸引广大消费者到店打卡。

图9-15　麦当劳联合《上新了·故宫》快闪店

3. 搜索引擎付费广告

这种模式是指品牌方通过付费的方式，使自身的产品能够陈列在搜索引擎的靠前位置，从而提高产品的曝光度。由于消费者的搜索习惯，陈列位于第一页之外的信息可能会无人问津。计量经济学的预测模型也指出，付费搜索的情况下，总的点击率、转化率和收入均比未进行付费的广告更高，[298]虽然在此方面的广告支出增加，但是品牌能够获得更高的广告效果与收益。与其他广告投放方式中消费者被动接受信息不同，搜索引擎广告是在消费者主动搜索关键词的前提下才会展现，品牌通过购买高关联性的关键词，能够高效地触达目标消费者。当消费者在搜索引擎查询某品牌，映入眼帘的前几个条目一般是品牌已经付费的广告信息，而后续信息不一定是品牌通过付费展现的，包含各渠道的新闻、资讯，两类信息在搜索引擎上同时展现，为消费者带来更丰富的品牌信息，使得品牌宣传更加有效。

搜索引擎广告收费模式一般采用关键词竞价购买+点击成本计价（cost per click，CPC），关键词竞价购买即在同一关键词下，广告主们通过竞价，谁的价格高谁展现位置更靠前，CPC则是用户每点击一次所花费的成本。最初，这种根据推广效果付费的模式受到广告主的喜爱，但是随着搜索引擎广告成为各品牌营销竞争的重要战场，对于搜索关键词的竞争日益激烈，推广成本也水涨船高。竞价排名使得消费者搜索结果充斥着无用的广告信息甚至欺诈信息，引发消费者的反感，造成对搜索引擎结果的不信任。

4. 商品推送

商品推送是一种新兴的营销方式。它根据消费者的偏好和行为，借助大数据、人工智能等技术，预测消费者可能感兴趣的商品，并向用户呈现。产品推送不需要用户有明确的需求，能够在信息过载的环境中为消费者过滤噪声，主动帮助消费者找到感兴趣的商品，提醒消费者"你可能想买什么"。调研显示，在看到这些推送广告后，39%的消费者会进行进一步搜索，而26%的消费者可能会去访问品牌官方网站，以进一步了解信息。

商品推送在实施上首先需要采集信息，消费者自身的年龄职业等信息、历史搜索记录、购买记录等行为数据，将被记录到推荐系统的庞大数据库中。通过推荐算法，对商品进行分析、整理、排序，向消费者个性化推荐商品。而消费者对于推荐结果的反馈（如收藏、购买）将作为推荐系统不断优化的依据。[299]商品推送覆盖面广，应用场景多，尤其是在电商平台中更为广泛。此外，商品推送非常高效，一般来说，收到商品推送的消费者有一定的与该商品相关的行为体验，因此相对其他营销方式更加精准。例如消费者在购物网站上搜索洗发水，说明消费者对该产品类目存在好奇或实际需求，此时网站向消费者推荐某品牌洗发水就会很有效。研究表明，精准的商品推送将大大提升消费者的购物效率，其个性化程度、可靠性程度和信息编排将提高消费者的愉悦度，并产生激励，提高消费者购买的冲动意图，[300]如图9-16所示。

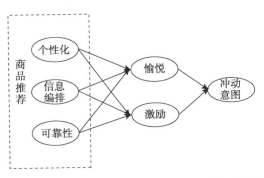

图 9-16　商品推荐对消费者冲动购买的影响机制

但也需要认识到，商品推送是一把双刃剑，过于"准确"的商品推送可能会使消费者感觉内心被"窥探"，联想到个人隐私的泄露，产生恐惧或厌恶情绪。例如在某订票网站上搜索前往云南昆明的机票，随后用户可能会在社交平台上收到云南旅游攻略的推荐、在生活服务平台上收到关于云南省酒店的预定推荐，这种跨平台、跨服务的精准推送可能会引发消费者被"监控"的恐慌心理。实验表明，当消费者感知自己的隐私不受控时，个性化广告推荐的效果不佳；而当消费者关于自身隐私的控制感增强后，愿意点击个性化广告推荐的可能性是前者的两倍。[301]因此，在推荐商品的同时，可以告知消费者该广告来源于什么信息，[302]并且征求消费者意见是否继续许可类似推荐。这种方式能让消费者产生一种"可控"的感觉，主观上更易接受。

在推荐内容上，除了消费者可能感兴趣的商品，事实上很多情况下品牌会推荐它们希望消费者购买的商品，这时应把握好"度"，有选择、有范围地进行营销。在推荐方式上，产品推荐最主要的目标其实是告知和提醒消费者该商品的存在，吸引消费者进一步了解该商品，因此向消费者呈现时，推荐的文案应当简明扼要，把握类别、名称、价格等主要信息即可，并精心选择产品最吸引人的图片；把握推荐的频率，避免过度营销；最好每次推荐同一类别的多个不同产品，而不是一次涉及多个不同类别，避免消费者产生眼花缭乱的感觉。

另外，消费者信息是能够进行商品推送的基础，也是精准营销的重中之重。品牌可以逐步积累，建立属于自己的消费者数据库，基于该数据库向消费者进行产品的推荐。同时，也应顺应移动互联网的发展趋势，积极寻求电子商务平台的合作，这些平台往往掌握着海量的消费者信息，在此基础上为商家提供相关付费服务，通过具有口碑的大平台让消费者接收到品牌或产品的推送信息，是更快捷而高效的。

9.2　社　交　媒　体

社交媒体营销指企业与网络用户通过社交媒体（如微博、微信公众号、Facebook 等）进行真实的人际互动、分享和聚集。鉴于社交媒体空前的普及程度和庞大的粉丝基础，社交媒体已越来越成为企业营销传播的重要渠道。社交媒体营销能够为企业的品牌推介产生积极作用，建立品牌连接。通过社交媒体，企业和品牌增加了自我展示的渠道，消费者可以非常方便地、主动或被动地与他们不熟悉的品牌接触，[303]了解其品牌理念和产品信息。通过社交媒体，品牌还可以为消费者提供个性化的响应[304]和反馈，节约了沟通成本，拉近与消费者的距离。

研究表明，社交媒体的营销活动，能够增加消费者对于品牌效用的评估、对品牌价值的评估以及与品牌保持连接的意愿，从而增加消费者的购买意愿，如图 9-17 所示。尤其是对于经验丰富、精通技术并擅长使用社交媒体的消费者，企业在社交媒体中发布的原创内容，能够对消费者的支出、交叉购买和其客户盈利能力指标产生正面影响。[305]

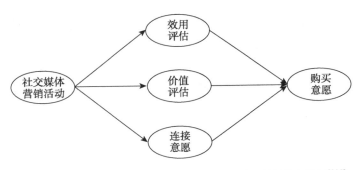

图 9-17　社交媒体营销活动对消费者购买意愿的影响机制[305]

9.2.1　信息发布

在企业—消费者（B2C）的社交媒体营销模式中，最为核心的内容是品牌、产品等信息的发布与分享。学者指出，消费者是否能够积极响应和参与社交媒体平台的互动，与品牌意图、平台类型、发布内容的享乐价值和激励措施有关（图 9-18）。

品牌在发布内容时，首先要明确自己的意图。如果主要目的是提高品牌的知名度，那么分享专业度高的产品知识将更为有效；如果主要目的是为了增加产品的销量，那么分享娱乐性质的内容以提高消费者的愉悦度，是更有效的办法。[307]

由于社交媒体非常多元，营销人员可以考虑根据平台的特性，在不同平台上进行形式不同的内容宣传。围绕一个核心概念进行系列内容和形式的变化，[308]例如可以在抖音（短视频社交平台）发布较接地气的短视频，在小红书（生活类社交平台）发布精美的图片集，在微博（即时分享社交媒体）举办一场品牌相关的直播秀等。

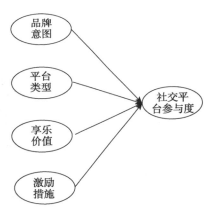

图 9-18　消费者社交平台参与度的影响因素[306]

营销人员还应注意分享内容的信息量。[309]当某品牌或产品的知名度较高时，营销文案可以简明一些，提炼出产品的主要特点、传达出想要表达的核心理念即可，在之前已有一定产品知识积累的情况下，消费者可能会直接转而购买该产品；而如果品牌或产品知名度较低，或者产品刚刚上市，则需要详尽的产品介绍，或者附上产品网页链接以便消费者进一步了解。

为了在庞大的信息流中吸引消费者，营销人员应结合所使用平台的特性与受众范围。除了产品发布、活动新闻等常规发布内容，日常运营中一种比较好的策略是"讲故事"。品牌可以讲自己的故事，例如企业创办历程、品牌背后的逸事、企业的文化氛围等；也可以讲消费者的故事，聚焦该品牌怎样解决了消费者的痛点、怎样改变了消费者的生活以及怎样得到了其他消费者的认可等。甚至，企业可以讲一些符合主流价值（如拼搏）的故事，有研究表明，这种内容看似与品牌本身无关，但当消费者暴露在关于成功的、拼搏的故事中，感同身受的消费者将进行自我想象，提高自身对于未来财富的期望，从而增加他们对于奢侈品的渴望，如图9-19所示。

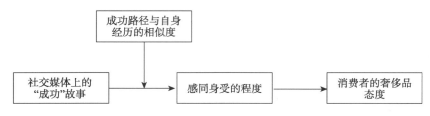

图9-19　社交媒体上的"成功"故事[309]

　　企业可以创造虚拟形象，赋予其品牌的个性，通过拟人化吸引消费者的兴趣、拉近与消费者的距离。互联网企业往往喜欢用动物作为虚拟形象，这些虚拟形象不仅运用在企业Logo的设计，而且还常见于社交媒体营销中与消费者的互动（见图9-20）。这些虚拟形象简明可爱又深入人心，得到了大众的喜爱。

图9-20　阿里巴巴动物园
注：阿里巴巴旗下的每一款产品都有专属的拟人形象，且多为可爱的小动物形象。

　　在发布内容的形式上，要遵循"图片优于文字"的准则，[311]高质量和专业拍摄的图片能使产品引起消费者更高的兴趣。当没有合适的配图时，可再提炼文本并排列在图片上，以起到醒目的效果，提高信息的传递效率。此外，产品与人互动的图片，更优于产品的静物照片，因为这将使消费者联想到产品在自己身上的使用效果。

　　最后，还需把握品牌线上线下形象表达的一致性，例如以高端商务为品牌定位的服装品牌，在社交媒体中文案风格也应尽量简洁商务，配以较低饱和度的、高端大气的图片，切忌过于活泼鲜艳。

9.2.2　运营

传统广告对于品牌建设和客户获取都是最为直接有效的，而品牌—消费者的社交媒体营销能够对传统广告进一步补充。更进一步地，这种品牌—消费者的营销还可以带动社交媒体上消费者—消费者的营销，[312]在社交媒体上形成一个营销"回声"。这种消费者和消费者之间口耳相传的营销模式将在11.1的口碑营销小节中进一步探讨。

社交媒体的营销影响力效果不仅与企业发布的内容数量正相关，还与"粉丝"的数量正相关，因此企业应当依靠优质的内容吸引"粉丝"，并重视自身"粉丝"的维护与互动，利用好"粉丝"的口碑效应提升品牌影响力。当然，企业要避免"粉丝"数量的虚假繁荣，这些虚假"粉丝"并非品牌的潜在消费者，对于营销效果没有意义。[313]

品牌与消费者互动和沟通的方式有很多，品牌可周期性地回复"粉丝"的留言和私信，这种方式能够提高粉丝的品牌连接度，并且能够显著地提升消费者持续参与互动的热情。品牌还可以在社交媒体上策划一系列的营销活动，提升消费者的兴趣，其中最简单的方式是抽奖，通过直接的物质激励，吸引消费者对品牌的持续关注。

有趣的是，品牌营销内容的"点赞"数量，也会影响消费者对于品牌价值、品牌知名度的判断，当品牌发布的内容"点赞"数量越高，消费者认为认同其品牌理念、品牌价值的群体越多，往往出于从众心理，对于该品牌产品的购买意愿相应增加。[314]因此营销人员可通过多种方式鼓励消费者的"点赞"行为。

另外，企业应当增加社交媒体运营的灵活性，面对突发的社会事件，可以进行即兴营销干预（improvised marketing interventions，IMI），及时地对外部事件进行评价或反应，提高消费者对于品牌反应能力、反应速度的信任。研究表明，幽默而及时的即兴营销干预会对品牌价值收益产生积极的作用，如图9-21所示。

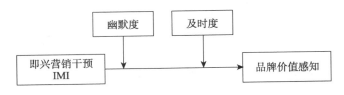

图 9-21　即兴营销干预影响品牌价值感知[314]

最后，营销人员应当注意到使用社交媒体的风险。在频率方面，如果一个品牌发布的信息密度过大，则可能使消费者产生一种抵触与厌恶情绪。在负面消息的发布方面，由于社交媒体能够在短时间内使消息快速大范围传递，在传播的过程中还可能裹挟着众多消费者的一些负面情绪，负面消息的消极效果可能会被无限放大，甚至影响整个行业。实验表明，汽车公司在社交媒体上发布召回车辆的消息，随着消息的传播，不仅自身品牌形象受损，甚至还会对其行业的竞争对手产生有害影响。[316]

9.3　企业社会责任

企业社会责任（corporate social responsibility，CSR），是指企业除了关注自身经营、为股东创造利润外，还要承担对于社会和自然环境的责任，把可持续发展作为基本的发展理念。[317]企业的社会责任表现，有利于树立企业积极向上的正面形象，继而将这种积极形象传递到单个产品的评估中，对产品是一种无形的"广告"，对于企业的财务业绩也有正向的促进作用。

近年来，越来越多的企业认识到企业社会责任的重要性，并将其作为品牌营销的重要方式之一，这种营销主要分为两种模式：第一种是议题营销（cause marketing），是指将企业与社会民众关心的议题相结合，如慈善活动、环保理念、全民健康，主要目的是拉近企业与社会的距离，使企业展现出亲切、积极的形象；另一种是事业关联营销（cause-related marketing），是将企业社会责任与企业利益进行结合，将企业自身的品牌或产品与特定的关联事业绑定，除了树立品牌形象，还在于树立品牌的核心优势，以区分与其他品牌的差距。

对于议题营销，研究表明，具有强烈社会责任感的消费者会考虑公司的行为（如政治立场、环保意识）及产品的制造、销售和处置（如动物实验、环境危害）对于社会的影响，进而影响自身的期望和决策；[318]而对于事业关联营销，企业与社会事业的契合度对营销活动的有效性具有积极影响，消费者对品牌和事业的感知一致性会提高自身的适应和购买意愿。[319]因此在实践中，这两种方式经常混合使用、互相补充。

9.3.1　公益事业

赞助公益事业或参加慈善活动，是企业承担社会责任最广泛的方式，是一种典型的议题营销。对公益事业的赞助能够提升品牌的价值，同时获得媒体报道、政府关系等增值效应。在中国市场，可口可乐多年来致力于公益事业，从 1993 年起开始赞助希望工程、支持贫困大学生、启动爱心助学计划，建立了完整的公益事业体系，并将公益事业作为企业战略的一个组成部分。这一举措使可口可乐建立了社区友好的企业生态，在中国消费者心目中打造了"认真、积极、负责"的企业形象，减少消费者的防御心理。2020 年全球新冠肺炎疫情蔓延期间，各行业的大型企业如微软、阿里、蒙牛、恒大带头捐款捐物，发挥了积极的引领作用；多家餐饮企业自发向疫情防控前线的医务人员、工作人员配送爱心餐，在社会危机背景下，这些企业充分展现了其社会责任感，赢得了消费者情感上的信赖和赞誉。但在重大突发灾难后，如果企业过于高调地进行捐赠，可能会使消费者认为企业缺乏共情能力，其捐赠只是一种作秀，从而降低对于企业社会责任的感知，产生较低的品牌态度。

　　研究表明，即使企业的善意行为与公司的核心业务无关（如慈善捐款），也能够改变消费者对于产品的观念，并且这种改变甚至能够发生在消费者可以直接观察和体验产品的情况下，从而这些从事亲社会活动的公司会有更好的产品表现。当然，对产品评估的改变必须在消费者认为企业的行为出于仁慈而非个人利益[320]的情况下。企业的捐款数额也会对消费者的购买意愿和支付价格产生影响。企业捐款数额与消费者的支付意愿呈现正相关关系，即企业的捐款数额越大，消费者支付意愿越高，且支付意愿的增长幅度越大。[321]当企业捐献实物而不是等值的货币时，消费者的评价也会更高。[322]同时，捐赠具有享乐性质的产品比起捐赠实用产品，带来的企业社会责任行为回报更高，尤其是对于内心敏感的消费者。因为消费者认为企业的捐款一定程度上来源于自身的消费，因此他们认为自己消费的同时，也在一定程度上回馈了社会，对于享乐消费的内疚感会相应地减少。[323]

　　另外，公益慈善也可能是一种事业关联营销。一些企业承诺消费者每购买一件产品，企业会代消费者向特定公益事业捐赠一定数额的款项，让消费者参与到公益捐赠中，同时也使自身的企业绩效与企业社会责任结合起来。但也有研究指出，消费者参与这类公益营销可能并不会感到有成就感，他们更倾向于自己直接进行慈善捐赠。[324]

9.3.2　热点议题

　　除了从事公益活动这类与直接捐赠相关的企业社会责任事件，品牌利用热点议题进行广告营销，也是体现企业社会责任的方式。社会热点话题层出不穷，品牌需要选择与品牌价值相契合的议题，通过表达品牌对热点议题的看法，体现品牌或产品的内在价值，利用消费者对话题的关注度，吸引消费者关注品牌传播内容，塑造符合社会价值的品牌形象。热点议题的选择除了与品牌价值一致，还需要考虑到话题的可讨论性，一方面，品牌立场不能违背主流价值观发展方向，否则会引发消费者的不满和抵制情绪；另一方面，话题选择又不能缺乏争议性，否则难以引发广泛讨论，营销效果不佳。因此，品牌在进行热点议题营销时，需要谨慎选择相关话题，在保证不犯原则性错误的前提下，通过一定的争议引发消费者广泛讨论，同时，做好危机公关的预案，观测舆论动向，迅速做出反应。

　　耐克2018年推出的广告"疯狂梦想（Dream Crazy）"正是利用了美国反种族歧视的热点议题。2018年正值耐克经典的"想做就做（Just Do It）"广告语推出30周年，耐克选择前NFL职业橄榄球大联盟（National Football League，NFL）旧金山49人的四分卫科林·卡佩尼克作为代言人。卡佩尼克曾在NFL季前赛唱美国国歌环节，单膝下跪抗议美国国内的种族歧视和司法不公。卡佩尼克的行为引发舆论的强烈不满，认为其是对国家和国旗的不尊重，但也有部分运动员效仿他的动作以示支持。在系列广告发布后，时任美国总统的特朗普在推特上抨击耐克，认为耐克"一定会被愤怒和联合抵制"。的确，当天耐克股价下跌 3.16%，反对者在#NikeBoycott 的话题中指责耐克不应该选择卡佩尼克拍摄广告，但广告发布 24 小时后舆论的正面评价已经多于负面；销售数据显示，广告发布 3 天内耐克的销量提升 31%。此次广告还获得了艾美奖、戛纳国际创意节全场大奖等多项大奖，被《广告时代》评选为"年度最佳营销奖"。回顾耐克此次的热点营销，卡佩尼克的行为恰好契合耐克不畏困难、挑战自我、追求梦想的品牌理念，是"Just Do It"的体现。耐克在此次的广告播出后必然会损失一部分消费者，但鲜明表达品牌定位，利用具有争议的话题进行大规模传播，帮助耐克赢得更多与品牌理念契合的消费者，并可以加深他们对品牌的好感度，获得收入增长。

9.3.3　潜在风险

企业社会责任可能会在一定条件下导致消费者购买公司产品意愿的降低，这往往由于企业完全将企业社会责任视为一种自身的营销行为，[325]当消费者认为企业社会责任出于真诚的动机，则企业形象能够得到改善；而当动机是不真诚的，企业社会责任会损害企业形象。[326]因此，企业可以选择将更多的资金投入到对公共事务本身的支持上，而非对于自己企业社会责任的广告宣传。值得注意的是，有学者认为，奢侈品牌的企业社会责任行为可能不会拥有较好的收益。因为奢侈品强调自我概念的增强（即人与资源上的优势）与企业社会责任强调的自我概念的超越（即保护所有人的福利）相抵触，这可能会造成奢侈品消费者的不满。[327]

除了通过企业社会责任，品牌形象的建立还可以通过企业的创新和诚信。研究表明，当企业呈现出创新的形象时，消费者相信其有足够的研发能力，能够突破现有技术、提高产品性能；当企业表现出可信赖的形象时，消费者相信其诚实守信，即使存在危机或纠纷也能够保障消费者的利益。具有这两种形象的企业，即使并未承担社会责任，消费者也会对其产品评估更有利，尤其是当产品涉及风险（例如产品可能有负作用或有较高的不确定性），创新或诚信的品牌形象能够使消费者更放心地购买。[328]

此外，企业应当注意在公共危机事件中做出恰当的反应，根据危机的性质谨慎选择回应的方式是否认、弱化消极影响还是纠正。例如与绩效相关的品牌危机（涉及产品功能），纠正措施将引发消费者更高的品牌信心，因为只有纠正措施能够避免危机进一步扩大，例如汽车出现安全隐患后立即召回、食品出现卫生问题立即销毁；对于与价值相关的品牌危机（涉及心理预期），纠正和避免冒犯均有助于维持品牌信心和品牌态度，不过此时企业没有必要选择纠正措施，仅就危机事件进行解释（没有危害）或选择道歉即可。在大多情况下，否认都不是一个有效的措施。[329]

企业还应当注意消费市场的政治、种族或民族问题，坚决避免可能存在的歧视和侮辱，否则会对品牌形象产生极大的折损，引发消费者的群体抵制。

总　　结

通过一系列营销手段使消费者建立起对于品牌的初始认知、对产品产生兴趣，是营销环节的第一步，是促使其消费与持续消费的基础。利用广告、社交媒体营销和企业社会责任等营销手段，可以有效提升消费者认知与消费者兴趣。

广告是为了传播品牌信息而产生的，通过视觉、听觉或其组合来完成信息传递，广告无处不在，是最广泛而重要的营销手段。通过访谈、叙事、融入情感等方式，广告可以获得更高的评价；而幽默、双关、重复等修辞手法可以有效提升人们的认同度；运用明星和关键意见领袖代言或推荐，广告也能取得较好的收效。近年来，广告涌现出了许多新的呈现模式，新式广告层出不穷，营销人员须有甄别地进行借鉴与应用。

社交媒体营销有助于消费者建立起品牌连接，拉近与消费者之间的距离。通过"讲故事"的方式，可以帮助消费者进一步了解品牌知识、产生与品牌关联的感受。通过创造虚拟形象，品牌能够强化自身个性，拉近与消费者的距离。

企业社会责任是企业对于社会与自然环境的贡献，是品牌形象提升的有效工具，包括议题营销与事业关联营销两种模式。参加慈善活动、推行环保理念是比较典型的企业社会责任行为，但企业社会责任也可能引发"作秀"的风险。

◇ 复习和讨论问题

1. 什么是广告？广告如何影响消费者对于产品和品牌的评价？
2. 生活中有哪些运用访谈、叙事或融入情感的广告案例？
3. 广告中，运用第一人称有什么好处？不同人称的应用场景和效果有什么区别？
4. 谈谈你对于粉丝经济的理解和看法。
5. 商品的广告推送是如何实现的？对消费者有什么影响？
6. 社交媒体营销有哪些应用场景？是如何对消费者的购买意愿产生影响的？
7. 在社交媒体上，品牌可以通过哪些方式与消费者进行沟通？
8. 企业社会责任的定义是什么？有哪些具体方式？
9. 公益事业对于提升消费者品牌感知的作用机理是怎样的？

答案解析   扫描此码

◇ 营销案例

"献给青年一代的演讲"《后浪》

2020 年五四青年节前夕，视频平台 Bilibili 推出宣传片《后浪》，并在中央电视台《新闻联播》前的"黄金档期"播放。Bilibili 称《后浪》为"献给青年一代的演讲"，通过上代人的口吻表达了对年轻一代的美好祝愿和鼓励寄语。该宣传片由平台博主提供内容画面，演员何冰配音。

"一个国家最好看的风景，就是这个国家的年轻人""更年轻的身体容得下多元的审美和人生"，虽然只有短短3分钟，《后浪》的台词却振奋人心、励志激荡。青春、梦想、自由，契合当下青年人群的情感追求，引发年轻一代的情感共鸣；而担当、责任、拼搏则符合主流价值观，表达了上一代人对青年人的认同和赞扬。

上线以来《后浪》获得了广泛的播放量和转发量，相关话题持续发酵，有人称其是现代版的《少年中国说》。虽然也有人提出批评，认为《后浪》中呈现的滑板、冲浪、旅游等生活方式与当今青年一代背负的巨大生活压力相违背，但《后浪》明确了青年与时代的关联，同时强调了自信、多元等契合主流价值观的概念。争议之中，《后浪》的传播与扩散更加迅猛，获得了更高的影响力。

除了借助节日、情感营销，获得了极大曝光度和影响力之外，Bilibili 更通过《后浪》实现了"破圈"，即目标受众的扩大。Bilibili 过往聚焦 ACG 文化，即动画（anime）、漫画（comics）与游戏（games），受众群体为对此感兴趣的年轻一代，较为小众。近年来，Bilibili 致力于提升其内容的多元性，从而扩大用户群体。此次《后浪》选用平台内博主的原创内容，展现了丰富而多元的青年文化；以上一代人对下一代人的激励为视角，朗诵者为粉丝群体年龄偏大的何冰，能够有效吸引年长群体的关注和兴趣。因此《后浪》的目标受众实为"前浪"，是 Bilibili 为实现商业破圈而策划的一场巧妙营销。

讨论题：

1. 作为"后浪"中的一员，你认为《后浪》是成功的广告吗？为什么？

2.《后浪》是如何实现情感营销的？对消费者有怎样的影响？

3. Bilibili 通过《后浪》实现"破圈"，对广告营销有何启示？

答案解析　扫描此码

即测即练

自学自测　扫描此码

第10章

从提升消费者购买意愿出发的营销

直播电商的兴起

网络电商在中国的发展进入成熟期，随着互联网人口红利消退，各电商平台之间的竞争加剧，传统电商需要寻求新的流量增长点。直播电商就在这样的背景下诞生，2016年淘宝、京东等电商平台和快手等短视频平台陆续上线直播功能。直播电商丰富了传统电商平台的内容，为平台带来大量新增的流量，直播的互动性也能提高消费者转化率。同时，直播电商成为短视频平台流量变现的高效渠道。因此短短数年的发展，直播电商从最初的寥寥几个平台发展到全面开花，直播带货成为各电商平台和内容平台的必备板块，直播产业规模逐渐壮大，2022年直播电商成交额达34879亿元，同比增长47.69%，处于爆发式增长阶段。对消费者来说，主播的讲解介绍能帮助消费者更好地了解产品的性能，专业性、互动性、体验感强，加上直播间往往有更优惠的价格，因此能吸引消费者购买，提升转化率。在直播电商中，主播个人魅力也是吸引消费者购买的主要原因，头部主播有更强的曝光能力和议价能力，以李佳琦等为代表的头部主播已经形成了自己的口碑和品牌效应，消费者相信从他们的直播间能买到物美价廉的产品。头部主播的直播间，会有数百万的观众同时观看，在双十一等折扣活动期间，观看量甚至高达上千万，因此需要抢购才能买到心仪的产品。

"AIPL"中的 P 代表 purchase。通过前述营销手段的刺激和影响，消费者得以了解品牌或产品，并对产品产生一定的兴趣，此时消费者的品牌态度将有所提升——喜爱该品牌并认为该品牌比相似产品品牌出色。而从品牌态度到购买意愿，仍需要一些营销活动来形成价格以及紧迫性、稀缺性的刺激，对消费者的购买意愿产生直接作用和影响。我们将能够提升消费者购买意愿的营销，分为人员推销、促销和互动购买三个方式，本章将从消费者的感知和态度出发，从这些营销手段对于消费者的影响的角度，反向展开具体的营销策略和营销建议。

10.1　人员推销

人员推销（personal selling）是指企业派遣专职人员向潜在的消费者推荐产品、促成购买的行为，是最为简单、也非常直接有效的营销方式，不仅能够帮助消费者加强对于品牌或产品的了解，同时能够实现企业与消费者之间的即时互动和沟通交流。通过人员推销，企业能够有效地提升消费者的购买意愿和促进实际购买行为，取得较好的收效。尤其是对处于生命周期早期的产品，销售弹性值较高，即投入一定的推销费用能够获得更高的销售额回报。[330]

在推销过程中，消费者通过对产品与服务是否能够满足期望、互动过程中是否体现了企业的专业可信，以及所感知的环境和情绪等多重因素进行考虑，形成对产品的感知价值（具体包括功能价值、情感价值和社会价值），并进一步做出是否购买产品的决策。作用机制如图 10-1 所示。[331]

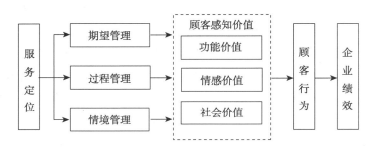

图 10-1　推销过程中的消费者决策机制

研究人员认为，人员推销的模式可以具体分为七个步骤，这七个步骤分别为勘探与识别、事前准备、接近、展示与互动、克服异议、结算以及跟进。[332]销售人员在开展这七个步骤时，需要始终关注消费者的痛点、解决消费者的需求。

10.1.1　勘探与识别

这一阶段是开展推销的第一步，也是后续工作的基础，推销人员需要先确定日后需要触及的客户名单，而不是盲目地撒网式推销。这就要求首先明确一个新产品的目标受众，或是一个旧产品潜在的消费者。推销人员需要把握：自身企业的产品有怎样的特性、解决了怎样的痛点、产品能够满足哪些群体的诉求，以及哪些群体愿意或能够为此买单等问题。明确了消费群体，才能进一步根据消费人群的性别、年龄、职业，确定销售策略和触及渠道。

10.1.2　事前准备

这一阶段需要推销人员提前收集目标客户的信息，了解客户的基本情况，以便于在后续的沟通中能够更加顺畅，更好地进行情感交流。最重要的，是在这一阶段了解客户的实际需求，并努力建立自身产品价值与消费者需求之间的共通点。例如，一个经验丰富的汽车销售，往往会用较短的时间了解客户买车是家用还是商用、未来车主是男性还是女性、是否是客户购买的首辆车、车主用车频率等问题，以便于判断美观、性能、价格等要素的重要性排名。从而在后续的销售环节做出合理的推荐，甚至能够在消费者反复比较权衡时，帮助消费者回归自身需求。

10.1.3 接近

在这一阶段，推销人员与客户之间进行初始的接触，销售人员最好能够提前预约，以避免打扰和冒犯。若为上门拜访，可以通过闲聊、握手、目光交流等方式，以建立良好的初始形象，既能使消费者感知到亲切友好，又能提升消费者对销售人员专业度的判断。

10.1.4 展示与互动

这一环节是推销工作的重中之重，也可以被定义为狭义上的推销。在这个过程中，推销人员首先应当注意到自己的推销内容不是仅仅展示产品有哪些优点，更需要结合客户需求强调产品如何实现自身价值、如何解决自身痛点。这种推销应该建立在对客户的物质、社会环境、精神世界三方面的了解和适应上，而任一方面的了解缺失，都可能导致推销过程最终无效。[333]

推销人员应当注重自身的情感投入，研究指出，虽然销售人员表现出的积极情绪与消费者的消费支出无关，但可以显著影响消费者的购买意愿，[334]因此销售人员应当努力增强自身的情感表达。但过于激动的言辞可能会演变成强行推销，特别是面对防卫型顾客，[335]会在无形中给顾客造成一种压力，令其感到反感。

推销过程中使用的语言用词也会影响消费者的价值感知。同样是第一人称，销售人员使用"我们"，则往往暗示企业，而"我"则往往指代销售人员自身，有调查结果认为强调"我们"（企业）应如何为客户服务，而不强调"我"（个人）能够提供何种支持，会使客户感知更强的专业度；但也有实验表明，使用"我"的情况下，客户会增强对于推销人员代表自身行为的感知，能够建立更为亲切、真实的连接，能够提升客户满意度、购买意愿以及购买行为的增加。还有研究证明，对客户使用"您"等敬语，对客户行为的影响较小。[336]

此外，推销人员应注重在推销过程中进行积极的暗示，同时消除可能存在的消极暗示；采用丰富的展示方式，提供产品样品，引导消费者听觉、视觉乃至触觉、嗅觉的融合感官体验，[337]以增强消费者的专注度，并提升感知价值。

10.1.5 克服异议

在沟通的过程中，消费者可能会对产品的实用性、与自身的匹配程度以及价格等方面提出自己的异议。对于产品方面的异议，销售人员需要结合消费者的需求，强调产品的使用功能和价值；对于价格异议，销售人员可以先承认产品的昂贵，从而适应消费者所期望的同情心，同时进一步描绘产品的美好愿景，努力证明该产品值得高价，例如消费者不仅能够满足需求，还能够因为该产品获得称赞和社会认同，以提高消费者的称赞欲望，减少对于价格的不满。

10.1.6　结算

该阶段定义为成功完成推销展示，与客户达成购买产品的承诺。推销人员可采用一定的推销技术以促成结算，例如描述购买后的愿景、营造紧迫感、标榜特许购买权等。此外，还应遵循灵活的原则，为客户提供灵活的支付方式、交付方式，以增强客户的感知价值。

10.1.7　跟进

在推销完成后，还需要对订单进行跟进，例如确定交付细节、电话回访以确保客户对提供的服务和产品满意、提供感谢信等方式以强化客户购买的仪式感。

同时，推销人员应注重长期客户关系的维护，为客户提供答疑、产品维护等服务，以促进未来的潜在合作机遇。

随着科技的进步，如今人员推销也有了新的辅助或替代技术。如网络客服，销售人员通过互联网技术，除了能够在售前、售中阶段，为消费者提供等同于人员推销的购买建议和购买支持；更为重要的是能够集合团队力量，在售后阶段为消费者提供产品支持，答疑解惑。此外，人工智能也在推销中得到了越来越广泛的应用，基于知识图谱和语料库的建设，通过智能算法，针对消费者的需求进行产品推荐和疑问解答，尤其是对于较为富裕的消费者，他们认为人工智能能够带来特殊化的待遇，因此更倾向于接受人工智能的推荐和服务。[338]

10.2　促　　销

促销（promotion）指企业对消费者提供短程激励，以诱使消费者购买某种特定产品。与广告提供购买依据相比，促销为消费者提供购买吸引、说服与激励，[339]因此是最为直接的一种刺激消费的方式，在企业营销策略中占据着非常重要的地位。

促销实质上是营销人员与消费者的一种沟通方式，通过让价或赠品等多样的形式向消费者传达其产品信息和购买刺激。实践证明，合理的促销手段能够显著影响消费者的认知与态度、提升消费者的购买意愿与行为。促销会提升消费者的利益感知和受操控感知，进而影响促销吸引力和促销反应。[340]同时，在促销过程中会产生品牌联想，如图 10-2 所示。

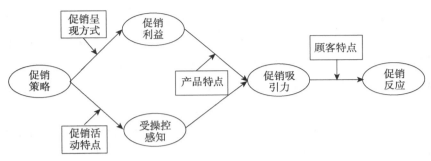

图 10-2　促销策略对于消费者反应的影响机制[339]

典型的促销手段包括减价促销、优惠券促销、赠品促销、特惠包装促销、样品赠送促销以及抽奖游戏促销等，随着电子商务的发展，近年来还逐渐涌现出了秒杀、团购、推荐返利等手段。

10.2.1　优惠券促销

优惠券属于价格相关的促销手段，通过消费者自主领取或企业派发，是一种常见的营销推广工具。主要包括现金抵扣券、折扣券、特价券、换购券等，介质除了传统的纸质优惠券还有目前较为流行的手机优惠券、银行卡优惠券等。

当消费者获得其正好想要的商品优惠券时，会提升消费者的愉悦度，减少犹豫，提升购买意愿。[341]而对于消费者本无计划购买的商品（或是新产品），在消费者将价格纳为主要考虑因素的情况下，优惠券等促销活动将会提升消费者的计划外购买，[342]完成消费刺激。

优惠券的提供还会显著提升消费者的购物兴致，使其愿意购买更多其他产品。[343]商家常常使用满减优惠等营销技巧，诱惑消费者支出比预计更高的消费金额。例如在中国电商促销日"双 11"的活动中，商家提供"满 200 减 30"优惠券，会使一些原本只想购买 100 元商品的消费者，为了满减优惠而凑到 200 元的消费额。这样，商家的营业额得到了显著提升。

优惠券对于商家收益的主要影响因素为优惠券的面值、发放频率、有效期以及商品适配度，影响关系如图 10-3 所示。

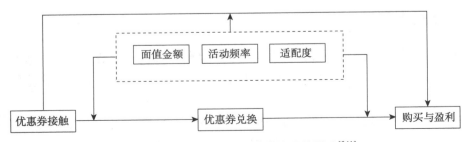

图 10-3　优惠券特征对消费者购买的影响[341]

优惠券的面额对于消费者最终消费金额的影响最为显著，但两者之间并不总是正向关系。在商品整体价格水平较低时，越高的优惠券面额会促进消费者消费更多，例如实验证明消费者对于休闲食品的优惠券面额反应较明显。而当商品整体价格水平较高时，消费者的总体消费金额与优惠券面额呈现一种"倒 U 形"的曲线[344]，如图 10-4 所示。这是因为起初优惠券的存在使得消费者对于商品的心理预算提高，即"心理收入效应"，出于"省一点是一点"的想法而增加购买金额；而当优惠券面额较大，人们开始寻求"进一步的节省"，相同的优惠面额用于购买低价商品支出更少，折扣率更高，因此消费者反而会降低高价商品的购买意愿。这说明营销人员在制定具体的优惠策略时，必须充分做好调研和计算，高的优惠金额并不一定会带来更高的回报。

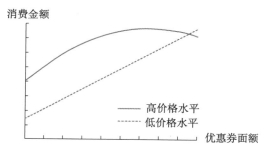

图 10-4　消费者消费金额与优惠券面额的关系[343]

此外，优惠券的有效期也很重要，[345]可以通过缩短有效期的方式使消费者感知时间的紧迫性，也避免了该优惠券被消费者忘记使用的情形。而如果能够根据消费者的喜好进行特殊选择和定制优惠券活动，则效果会更好。[346]

最后，还要关注优惠券的发放对象，在实践中优惠券并没有很高的兑换率和转化率，因此找准受众方能提高营销效率。研究表明，相对于独立自我建构的消费者，具有相互依存自我建构的消费者更倾向于使用优惠券。这是因为相互依存自我建构的消费者更希望被社会认可，也更愿意进行自我调节以达到期望的目标，因此他们更能够在收集、保存和使用优惠券的复杂流程中坚持下来。例如受到文化因素的影响，亚洲人相对于白种人相互依存自我建构的程度较高，因此亚洲人会更自然地成为优惠券的受众，也更适合作为其受众，来提升商家的营销效果。[347]

10.2.2　赠品促销

赠品促销是指将一些商品或服务以免费或较低价格提供给消费者，作为消费者购买促销品回报的一种促销形式。如买咖啡送咖啡杯、买电动牙刷送牙膏等，这些例子在生活中非常普遍。

这种模式为消费者提供了额外的价值，对于提升消费者购买意愿及满意度均有正向影响，有时甚至对于消费决策有决定性作用。1979 年麦当劳首次推出"马戏团马车"系列玩具，被装在"开心乐园餐"的套餐中赠送，该产品推出后受到消费者的追捧。随后这一模式也成为麦当劳的传统，定期推出当季的联名玩偶作为乐园套餐的赠品，包括 Hello Kitty、樱桃小丸子、哆啦 A 梦、小黄人等流行玩具，麦当劳被戏称为"全球最大的玩具经销商"，"买套餐送玩具"的模式也成了麦当劳的一项重要品牌资产（见图 10-5）。起初麦当劳玩偶的受众为儿童，而现在已经扩展到成年群体，对于一些有收集爱好或对某些玩偶特别情有独钟的消费者来说，很可能会为了赠品而去购买相对并不实惠的套餐。

图 10-5　麦当劳的乐园餐与附赠的小黄人玩具

有研究指出，当消费者个人决策偏重于情感时，人们会享受、欣赏购买过程中的不确定性，因此有时不确定的、未提前申明内容的赠品，会显著提高消费者的愉悦度和购买意愿。[348]在具体实践中，为促销品附上赠品包，告知消费者有赠品而不事先告知赠品的内容，能够提升消费者的购物体验。

还有一种常见的模式为"先送后买"，是一种吸引流量、促进消费的良好途径。通过赠予消费者免费的礼物，从而诱导一种积极的心理状态，使得消费者在后续的购买过程中提升对于产品性能和服务质量的感知和评价。[349]

需要注意，价值折扣假说认为当消费者的购买意愿较低时，免费赠送的礼物会使消费者感知的产品价值降低。[350]为了抑制这种影响，可以采取提供礼物价值信息和提供促销品牌背景信息的方式，使得消费者能够衡量赠品的价值，不会直接将其视为免费产品而损害品牌价值。

10.2.3　特惠包装促销

特惠包装促销，又称捆绑销售，比较常见的形式为"加量不加价""买一送一""买二送一"等。这种方式与赠品促销的主要区别在于：赠品促销往往为买 X 送 Y，而特惠包装促销购买和赠送的往往为同一产品。特惠包装促销为促销品提供了附加价值，因此也是一种常用的促销手段。买一送一对于品牌转换、加速购买具有显著影响；[351]对消费者的囤货和更高的消费金额非常有效。[352]虽然买一送一与五折拥有相同的让利幅度，但能够收获双倍的销售量和销售额。此外，对于消费者而言，买一送一可在一定程度上降低折扣带来的感知品牌价值下降的风险。

10.2.4 样品赠送促销

样品赠送促销，指免费提供给消费者一定数量的样品进行试用，以鼓励消费者使用该品牌的产品，样品赠送促销能够显著提升促销产品的销售量。这种促销方式，同时也是会员制度的重要福利内容，被广泛应用于客户关系的维护。

比较常见的例子是化妆品样品试用，通过店内试用、每月领取或邮寄小样、注册会员赠送样品、买正装赠送其他产品小样等方式。商家赠送小包装的产品（例如 2 mL 片装小样）成本极低，却能显著影响消费者愉悦度、满意度以及试用后购买决策。

近年来随着移动互联网的发展，数字内容方面也开始逐渐使用样品策略。诸如书籍、新闻、视频、音乐和手机游戏等数字内容，营销人员通常会提供免费的内容样本，供消费者在购买产品或注册订阅之前进行试用。同样，销售软件（例如软件即服务）和基于云服务的公司也可能会提供免费的限量版产品或该服务的免费试用期。[353]在样品的设计中，要注意采用高质量的样品，以对数字内容的销售产生正向影响。目前音乐软件中很多歌曲的播放需要用户付费获取版权，例如"网易云音乐"软件中部分歌曲为付费歌曲，普通用户不能完整播放，完整收听需要以 2 元/首购买或以 15 元/月开通会员（开通包月会员"黑胶 VIP"后能够在 30 天内播放所有付费歌曲，此外还拥有"免费下载""无损音质""免广告"等权限）。网易云音乐为听众提供每首付费歌曲的试听片段，而这 20 秒的试听片段多为歌曲最经典的高潮部分（图 10-6）。当试听片段呈现给用户，消费者往往有强烈的欲望收听完整版本，而对比单曲价格和会员价格，则更愿意开通会员。近年来，网易云音乐会员付费人数保持稳定增长，相应地，网易云音乐的净收入也持续增长。得益于此，网易云音乐得以在版权领域不断开疆拓土，从而为用户呈现更好的音乐视听体验。

图 10-6　网易云音乐 App 的试听片段

对于尚未被消费者所接受和认可的新产品，这种营销方式对其投放和推广非常有效，是新产品市场营销的突破口。在客户信任的前提下，赠送样品能让消费者亲身体验产品，同时配合一定的广告宣传，为消费者购买新产品增加砝码。

10.2.5　其他促销

除了以上几个促销方式，还有抽奖促销、竞赛促销、游戏促销等。

抽奖促销通常以消费者购买促销产品确定资格，设置较为有吸引力的奖品（例如返现、电子产品、旅游机票等），消费者对于是否能够获得奖品、能够获得什么奖品的未知性，会显著提升其消费过程中的感知愉悦度，产生消费期待，从而有效刺激消费兴趣。在具体的营销过程中，要注意抽奖过程中的公开性和公正性。

竞赛促销的一个典型例子是：在服装店的店庆活动当天，消费额最高的顾客将获得价值较高的高档饰品或美容卡，由于消费者不知道自己的消费额排名，很多顾客会在能够负担的范围内冲动消费，以尽量争取最高的消费。在具体实践中，要考虑最终奖品必须是有足够吸引力的，同时应使奖品与促销产品的类目具有一定的相关性，这样才会对消费者产生强烈的刺激。

伴随着社交媒体的发展，游戏促销在近几年逐渐流行，各种新奇的促销方式层出不穷，通过吸引眼球以增加顾客流量。例如餐厅的跳远打折活动，跳得越远，折扣越实惠。在具体实践中，应结合自身产品的本身特点制定营销活动，不应为了制造噱头而营销；此外，应珍视品牌价值，遵守社会道德风俗，避免低俗的营销内容。

需要注意，对于认为自身能力较弱或较为繁忙、缺乏耐心的消费者，面对纷繁的促销活动时，他们可能会因为自身无法有效处理信息而避免和拒绝促销活动相关的消费。[354]这些年来越来越复杂的电子商务促销规则，使得一些消费者产生"逆反情绪"而选择不消费，营销人员在此方面也值得多加关注和反复推敲，把握好促销的"度"。

10.3　互动性营销

互动性营销是企业和消费者双方形成的一种实时推荐、反馈和交流的营销方式。除了常见的商场内一对一的导购销售，线上的电视购物、直播带货也是当前主流的营销模式。这种营销模式能够显著增强消费者的嵌入度，形成沉浸式的购买体验。在与商家的互动过程中，消费者能够直观地感受产品特点（例如服装质感和尺码），产品个性化的问题能够得到及时解答，增强产品的信息获取，提升品牌沟通的满足感。而营销人员富有煽动性的消费劝导，能够激发消费者的好奇心和冲动性购买，对于提升消费者的购买意愿具有直接的影响。

研究表明，在互动性消费场景中，冲动性购买非常频繁。而不同因素会增强或削弱这种冲动性购买的程度：对于个人主义文化背景或更强调独立自我概念的消费者，这种突发的、具有说服性的、享乐主义的购买更加普遍；年龄也会对冲动性购买产生负向影响。[355]因此，无论电视购物还是直播购物，都应当更加关注其潜在消费群体——拥有独立自我概念的、年龄不大的群体，相应地，在选择具体营销产品时，要符合该群体的消费需求、消费习惯。

10.3.1 电视购物

提到互动性消费，人们比较熟悉的是电视购物。极富感染力的台词、快而紧凑的节奏、真实可感的互动，是电视购物的主要标志。1995 年，电视直销节目在中国首播，这种新颖的营销方式具有成本低廉、可以增强互动、能够实现广泛的产品投放等优势，[356]在几年内迅速风靡，很多电视台都开创了专门的电视购物频道，24 小时滚动播放。

但电视购物也存在着很多问题。如购物节目上的互动虚假而老套，所谓助阵的专家对于产品的"专业评价"缺乏说服力，打入订购电话的顾客听起来像"托"，"最新发明"的夸张吹捧、"只要 998"的重复洗脑令消费者的购物体验越来越差。购物节目上的产品以低档居多，价格与所吹捧的产品性能不相匹配，令人产生强烈的不信任感。此外，电视购物的售后服务难以保障，由于是直销的模式，电视节目仅仅以卖出产品为目的，之后的售后问题则无处解决。[357]仅仅几年，电视购物的经营状况便迅速下滑，而到 2015 年，整个电视购物大市场进入了负增长状态。

10.3.2 直播带货

在电视购物行业江河日下的情况下，得益于移动互联网的兴起和电子商务的进一步繁荣，直播带货成为新的互动性营销模式，得到电商平台的广泛应用。"直播红人"李佳琦直播 5 分钟卖出 1.5 万支口红，2018 年淘宝直播平台销售额超千亿元，一串串数字刷新着人们对于直播购物的认知。比较常见的直播带货包括模特试衣、博主推荐美妆产品、产品促销、新产品发布等。

带货型直播是指主播通过自己的专业知识来介绍产品功能，同时分享自身体验，他们既代表着企业的利益，也代表了消费者的利益。带货直播建立在心理唤起理论的基础上，安谢尔（Anshel）指出，心理唤起主要由补偿心理、从众心理和自我实现共同作用形成。[358]其中，补偿心理是指主播从普通人"逆袭"成为网红的经历，弥补了消费者对自己未实现的生活的向往；从众心理是指直播过程中，频繁的互动和其他消费者的抢购行为，将大大促进消费者的冲动性购买；自我实现是指通过主播的介绍和推荐，消费者认为购买后能够和主播使用相同的产品，实现生活品质的提升。

研究表明，带货直播能够有效提升消费者的社会临场感，即在网络购物缺乏直观信息和互动时，消费者可以通过直播来获得人际互动中的亲密感。社会临场感则有助于传递主观、温暖、感性的氛围，令消费者感到身临其境，[358]从而增强消费者对于品牌或产品的认同感。而直播中的可信性、专业性和互动性将有效唤起消费者的认同感，该作用机制如图 10-7 所示。[359]

图 10-7　带货直播对消费者的影响

从视听技术流、销售方式等技术角度看，电视购物和直播带货没有本质的区别，[360] 都强调较强的体验感、互动性和稍纵即逝的促销机会，但由于直播带货往往拥有大型电商平台的支持和保障，其互动体验、产品类型和渠道相比电视购物更具优越性。平台为直播商家提供用户数据帮助其调整直播策略，为顾客精准推荐直播信息以提高直播观看量，商家和顾客在直播中实时互动促进购买，平台再进一步为购买行为提供支持和监督，形成了生态闭环、三方共赢，有效地提升消费者的信任和忠诚（图 10-8）。

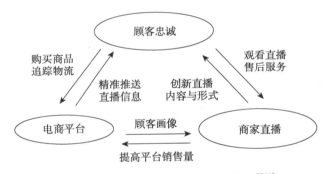

图 10-8　直播对于消费者忠诚的影响[361]

相比电视购物，直播带货的互动更加真实。消费者可通过发送弹幕等方式直接询问产品信息、提出相关要求（例如让主播试用消费者感兴趣的产品），而主播会基于消费者的意见直接做出反馈，形成实时的互动，消费者获得更多产品信息的同时也提升了购物体验。直播平台往往与品牌进行合作，提供的商品来源正规，质量和售后服务有一定的保证。在直播带货的过程中，商家往往还会采用秒杀促销、限量抢购的营销方式。一方面，这些活动赚足了噱头，吸引更多消费者围观参与，体验乐趣；另一方面，低价折扣、商品稀缺的诱惑，配合主播煽动性的话语，会大大促进消费者的冲动性购买意愿。

需要品牌注意的是，直播带货的这些优势都是建立在所销售产品质量合格的基础上。在利用主播知名度进行营销时，要推广质优价美的产品，注重流量变现的同时展现良好的品牌形象，[362]如果一味追求流量忽视品质，品牌在短暂享受流量红利后，无法获得长远的发展。

总　　结

从消费者的品牌态度到实际购买行为，需要一些营销手段的刺激和影响。人员推销、价格促销和互动性营销，能够加强消费场景的紧迫感，从而促使消费者冲动购买。

人员推销是直接有效的营销方式。通过勘探与识别、事前准备、接近、展示与互动、克服异议、结算及跟进，营销人员能够与消费者建立良好的沟通交流，充分展示推销的产品并实时解答顾客的咨询及问题。

促销能够直接刺激人们的消费行为。优惠券促销属于价格相关的促销手段；赠品和特惠包装通过附赠额外商品，也成为促销的有效方式；而样品赠送促销则给予了消费者了解产品、直接接触的渠道，是重要的沟通与促销模式。如果促销规则过于纷繁，消费者可能无法有效处理信息或产生厌烦情绪，营销人员需要注意潜在的负面效果。

电视购物是互动性营销的表现形式之一，近年来直播带货成为新兴的营销方式，直播带货主要通过心理唤起（补偿心理、从众心理、自我实现）实现与消费者的沟通，提升其购买行为。

◆ 复习和讨论问题

1. 人员推销的各个环节中，营销需要注意哪些问题？
2. 促销的含义是什么？如何提升消费者的购买意愿？
3. 目前有哪些典型的促销方式？它们有什么区别？
4. 优惠券面额的大小对消费者有何影响？
5. 哪些领域常见样品赠送促销？试结合生活举出一些例子。
6. 电视购物与直播带货有哪些相同点、哪些不同点？
7. 你是否是直播带货的受众？为什么？

答案解析　　扫描此码

◆ 营销案例

三只松鼠的电商客服

三只松鼠是中国第一家定位互联网食品品牌的企业，也是当前中国销售规模最大的食品电商企业，其主营业务覆盖了坚果、肉脯、果干、膨化等全品类休闲零食。

三只松鼠品牌的拟人化形象——鼠小贼、鼠小酷、鼠小美深入人心，赋予品牌人格，以主人和宠物之间温馨的关系代替了顾客和商家的对立关系。在平日的宣传、上新中，三只松鼠也一以贯之地使用这三个可爱灵动的松鼠形象，有效地吸引消费者兴趣，拉近与消费者的距离。

除了品牌形象拟人，三只松鼠在其电商平台也采用了拟人的沟通方式。客服人员以松鼠的口吻与顾客对话，称呼顾客为"主人"，通过卖萌撒娇等独特的语言风格为消费者答疑解惑、推荐产品。不仅令消费者感到耳目一新，更是都市快节奏生活中的一点温暖和慰藉。

三只松鼠的创始人曾制定客服手册以指导客服人员的沟通。该客服手册包括以下内容。

①变成一只可爱的小松鼠，才会让主人开心。通过"卖萌"、可爱、有趣的对话获得顾客信任，给顾客留下深刻印象，并且会介绍更多的顾客。

②主人们很多时候并不知道什么样的产品是最好的。当顾客面对商家时，他们期待能够了解产品资讯，获得购买理由。从这个角度而言，小松鼠们就是顾客的产品专家，提供优质的服务和产品信息，打消疑虑。

③主人们并非想要廉价的产品。当顾客怀疑产品不够低廉时，首先强调品牌和品质；其次强调促销、折扣理由，理由越充分，效果越明显。

④让主人记住你以及下次找到你。要极力让顾客感受到，找到这只松鼠就能够解决任何购物问题。在这种真诚的沟通中，顾客会增强对产品的可信度，消除网购的未知感。

⑤在频繁的沟通中引导需求。松鼠与顾客的频繁沟通，是在无形地建立信任纽带。譬如顾客旺旺在线时，询问其一些对松鼠家产品和服务的建议，一些嘘寒问暖的言辞，甚至是帮其打发一些无聊的时间，这些行为积累到一定程度的时候，就会拥有更多的忠实顾客。

⑥说出产品的某些缺陷，是体现真诚和促进销售最好的办法。一些善意的提醒以及真诚地说出一些产品本身存在的缺陷，这种行为能够更好地拉近与顾客的距离，迅速地建立起顾客的信任。

讨论题：

1. 三只松鼠的品牌拟人化对消费者有什么影响？

2. 上述案例对于销售人员如何与消费者有效沟通有何启发？

3. 除了三只松鼠，还有哪些品牌的客服令你印象深刻？为什么？

答案解析　扫描此码

即测即练

自学自测　扫描此码

第11章

从提升消费者忠诚度出发的营销

 引例

淘宝88VIP

随着互联网人口红利消失，电商平台尝试通过各种方式提升用户黏性，电商会员制度便是其中一种，会员体系在线下实体店中已经被广泛运用，电商平台亚马逊早在2005年就推出 Prime 制度。2018 年 8 月 8 日，淘宝推出"88VIP"，与其他电商平台的会员制度不同，借助于阿里系产品的丰富性，88VIP 打包了多平台的权益：天猫超市、天猫国际直营、部分天猫旗舰店 9.5 折、优酷年度 VIP、饿了么年度 VIP、虾米年度 VIP、淘票票年卡……号称"吃/玩/听/看/买一卡通"，淘气值 1000 分以上的用户能以 88 元/年的价格购买。88VIP 可以有效增强用户黏性，针对已经拥有 88VIP 的淘宝用户，他们自然会优先选择淘宝作为购物平台，因为能获得更优惠的价格；对淘气值 1000 分以下无法购买88VIP 的消费者，如果他们想开通 88VIP，便会增加在淘宝平台的支出或者互动评论等，以提升淘气值。88VIP 中还包含了其他阿里系产品的权益，也为其他平台吸引来高消费的优质用户，当一个淘宝用户购买了 88VIP，拥有了优酷会员，会考虑多选择优酷平台收看视频节目。除此之外，88VIP 制度能有效甄别出优质、高消费、高忠诚的消费者，有利于后续精细化运营。

"AIPL"中的 L 代表忠诚（loyalty）。在通过系列营销活动成功唤起消费者的认知、兴趣，并达到吸引消费者购买的目的后，品牌的营销开始取得了一定的收效，客户群体有所扩大，转化率也将有所提升。但品牌关注的并非消费者一次的购买行为，而是顾客的忠诚和留存。因此在提升消费者认知、兴趣和购买行为后，整个营销过程的生命周期还未结束，提升消费者忠诚，用各种营销方式使顾客留下来，使其后续持续购买，方能使之前所做的营销投入产生最大化的收益。

为了维护消费者忠诚，我们归纳了口碑营销、会员制度营销和品牌社区营销三种营销方式，本章将从消费者心理入手，展开具体营销实践的策略和建议。

11.1 口碑营销

口碑营销（word of mouth，WOM），又称蜂鸣营销（buzz marketing），是指消费者通过面对面、口耳相传或即时通信工具、社交媒体、在线论坛等途径，向他人主动传播某品牌产品或服务的评价，从而唤起或改变受众的品牌认知、品牌态度，甚至影响购买行为。

消费者在向他人传递口碑的同时，自身对品牌的忠诚度也将提高。无论他们的推荐是出于产品的实用价值，还是自我身份、品味的标榜和表达，他们口碑传播的过程也是自我"劝说"的过程，自己对于品牌的认同将不断固化。而在口碑传播后，一个品牌或产品为"圈内"人士所共有，此时消费者之间互相作用、互相影响，消费者对品牌的依赖度进一步提高。

此外，口碑营销对促进其他消费者的购买也发挥着重要的作用。卡茨（Katz）指出，口碑在消费者决策和行为转变方面扮演者重要的角色，其影响力是新闻杂志的 7 倍、人员推销的 4 倍、广播广告的 2 倍，因此口碑营销在企业的营销管理中占据着越来越重要的地位。[363]

一个常见的例子是电影市场的口碑营销。互联网电影资料库（Internet Movie Database，IMDb）以及国内影评平台豆瓣等，收录了众多影视作品信息，并提供内容介绍、分级、网友评分、影评。在信息庞杂的当今社会，观众习惯于先登录这些平台查看某部电影的口碑信息，并以此为依据来决定是否为其上映贡献票房。研究表明，电影观众倾向于在发行前对电影口碑信息抱有相对较高的期望，而在电影上映后的几周，口碑信息为每周票房收入总数提供了重要的解释力。[364]豆瓣还推出了"豆瓣电影 TOP250"栏目，成为影迷的标准打卡清单。

再来看电子书的营销实例，有学者对亚马逊（Amazon）平台以及 Barnes & Noble 平台书籍的消费者评价进行了研究，发现书评的改进会明显增加书籍销量；对于评价的具体内容，一星评价的负面影响大于五星评价的正面影响；消费者往往会认真阅读其他顾客的评论文字而不是仅仅依靠评论数量做出判断。[365]

除此之外，零食、新款电子产品、美妆产品等测评和分享也非常普遍。那么，在什么样的情况下消费者愿意向他人主动分享自己关于品牌和产品的观点与看法，推进口碑营销顺利进行？消费者是基于功能、社交、情感这三个驱动因素为品牌进行口碑传播的，功能和社交驱动因素对于线上的口碑传播最为重要，而情感驱动因素对于线下的口碑传播最为重要。同时，品牌的年代、复杂度、种类、知识、差异化程度、质量、可见度、活跃度、满意度、感知风险程度和参与度，会激发这些驱动因素，品牌可以利用这些品牌特性来驱动消费者的口碑传播。

研究表明，在口碑传播的延续性问题上，趣味性强的产品能够在消费者体验后立即获得瞬时口碑传播，但其口碑传播的概率将随时间推移越来越少；相比之下，在公共场合的可见度更高或与环境、场景高度相关的产品，不仅能够获得大量的瞬时口碑传播，也会随着时间推移持续地获得更长久的口碑。[366]因此在制造口碑传播时，有趣的产品并不是最优选择，普通但公共性强、与环境连结强的产品反而有更持久的效果。例如，啤酒品牌推出创意口味的啤酒，可能一段时间内会引发很强的消费者讨论和口碑传播，但持续时间不长，而如果该品牌通过营销策略将其产品与周末休闲、社交场景相连接，将提升消费者在周末来临时联想到该产品的可能性，形成长时间的口碑传播效果。

但值得注意的是，由于"逆从众效应"，当消费者的自我独特性较高时，他们可能不太愿意再购买司空见惯的大众商品，同样地，也不愿意为自己所拥有的大众消费产品进行口碑传播。[367]此外还有学者指出，消费者倾向于主动分享自身积极的消费体验信息，而传递他们所听到的有关他人负面消费经验的信息。[368]正所谓"坏事传千里"，营销人员一定要注意预防和减少负面口碑的传播，避免对品牌形象造成损失。

近年来，通过即时通信工具、社交媒体和在线论坛进行传播的口碑营销越来越广泛。在线口碑营销因其传播速度更快、传播范围更广，而受到了广泛的好评。但有研究表明相比面对面的传播，消费者参与线上口碑传播的意愿较低，特别是当感知的社会风险显著时，这种差异会更大。[369]消费者倾向于相信社交圈内传播的口碑，例如来自朋友、亲人的推荐。如果在公开的线上平台发表推荐信息，产品却没有达到陌生人的期望，可能造成一定的风险，因此造成了线上口碑传播意愿低于线下。

营销人员可设计丰富的营销活动，通过一系列奖励诱导消费者在熟人圈子中进行口碑传播，研究指出人际关系越亲密，口碑传播越有效。[370]例如现在比较流行的朋友圈转发集赞活动，集赞越多打折越多；以及朋友推荐计划，推荐朋友下载注册某软件、推荐朋友在某品牌消费，推荐者可获得一定程度的返现和奖励，目前国内较为火爆的购物软件拼多多便采取这种策略为自己吸引了大量流量。但是在实践的过程中，人们可能会对这些诱导性口碑营销产生抵触情绪，使得营销效果适得其反；有些消费者仅仅拉拢圈内熟人"帮忙"以获得相应的奖励，并没有形成实际的口碑传播，导致商家获得了大批新会员、新用户，但活跃度很低，高额的投入并没有带来良好的收效。因此营销人员在设计营销活动的过程中，需要注重用户体验和后期运营，引导积极正面的口碑传播。

11.2 会员制度

会员制度是一种分众式营销服务，采用系统、持续、周期性的管理和沟通，利用企业的商品、服务、品牌、管理模式和奖励机制来维系消费者的忠诚。[371]会员制度是当前最为常见的营销方式之一，被广泛应用于各行各业。

会员制度最主要的目的是提升消费者的忠诚度，使消费者对品牌保持较高水平的信任感、归属感和依赖感，愿意对该品牌的商品持续重复购买。当消费者忠诚形成，消费者所感知的转移成本提高，感知到搜索成本、交易成本、时间成本、学习成本、情感成本等转移障碍，因此良好的会员制度营销不仅能够提升消费者对本品牌的忠诚度，还会降低对于竞争品牌的依赖。当品牌发布新产品时，平时参与程度高的长期会员会通过短信、邮件、推送等方式第一时间获得产品信息甚至试用体验，从而产生较高的购买意愿。[372]

11.2.1 会员制度的作用机制

为什么会员制度能够提升消费者的忠诚度呢？最直接的原因是加入会员能够给消费者带来一定的便利，消费者通过获取品牌会员身份获得优惠的产品价格或更优质的服务，从而长期使用某一品牌产品。

另一个重要原因是消费者在会员制度中能够获取一种身份地位的认同，尤其是在排斥性会员营销模式中，这种身份象征更加明显。非排斥会员营销制度并不排斥潜在的消费者，仅仅通过会员制度，搜集更多会员信息而调整营销策略，以及给予消费者更多激励以强化其忠诚度。而排斥性会员营销制度，往往应用于在行业中位居龙头地位的品牌，它只服务目标群体而放弃目标群体之外的所有市场。消费者通过这种会员制度，彰显其身份地位和品位观念，而与品牌之间的黏性越来越强。[373]世界十大俱乐部"私人领海游艇俱乐部"，全世界的入会名额只有 100 名，该俱乐部的会员不仅能够体验超豪华游艇以及全球最昂贵度假村的度假体验，而且能够在全世界范围内彰显自己的尊贵地位，因此入会该俱乐部是一种融入"圈子"的标志。法国著名奢侈品牌爱马仕，其稀有皮质的经典款式包袋，往往要求消费者在一年内拥有对本品牌相当水平的会员消费记录，才可进行选购。

会员是维系消费者忠诚的另一心理机制，来源于消费者对于社会排斥的避免。当人们根深蒂固的社交需求因社会排斥而受挫时，随之而来的是负面的心理后果。这样一种归属感的威胁，使得消费者会努力保持会员身份，避免产生被社会排斥的感觉，从而保持对品牌的忠诚。有学者进一步指出，被排斥的消费者更有可能购买象征团体成员身份的产品，而不是实用产品或自我展示产品。[374]因此，具有更多身份象征意义的品牌采用会员制度对维系消费者的忠诚尤其有效。

11.2.2 会员制度的具体内容

1. 积分管理

会员的积分管理指的是某个品牌为消费者对产品的消费、推荐等行为等提供积分，在一定时间内根据消费者的积分额度提供不同级别的奖励。[375]近几年，积分制度已从零售领域逐渐普及餐饮、电信、金融等行业，也成为会员制度的最主要内容。利用消费形成的积分，消费者可选择兑换礼品、升级服务（如专属店员接待），很多餐厅还可以直接使用积分进行折现。积分能为消费者带来直接的附加价值，能够鼓励更多消费。

2. 会员分级制度

会员分级依据消费者的消费额或积分，将符合更高支出水平的消费者授予更高的会员身份，将消费者进行分级，如白银会员、黄金会员、铂金会员、钻石会员等。根据客户的不同级别，品牌将区分出核心消费群体，并给予这些消费者特殊的待遇和差异化的服务。常见的措施：有更高的消费—积分比例、生日及节日礼品赠送、新品优先购买等特权，以及周末课堂、亲子活动、邀请参与品牌发布会等更加场景化的会员待遇。通过这些福利，消费者产生强烈的品牌依赖感，并期望能够提升自己的会员等级从而享受更高级别的福利，进一步刺激消费（图 11-1）。

图 11-1　海底捞会员制度

注：海底捞根据各会员近 6 个月的成长值，分为红海会员、银海会员、金海会员和黑海会员。黑海会员
可以享受免排队、生日赠礼、果盘零食赠送等权益。

值得注意的是，若消费者在一个周期内没有达到所需的支出水平，则品牌通常会撤销该身份级别。而有学者指出客户降级的负面影响要强于升级所带来的正面影响，降级客户的忠诚度会比从未获得过高级别待遇的消费者忠诚度低，使消费者远离该品牌。[376]因此营销人员可考虑采取渐进的降级措施，比如提前向消费者推送降级提示、给予消费者维持等级的更长消费周期，以维系这一类消费者的忠诚度。

3. 付费会员制度

付费会员是指会员为加入某品牌会员而支付一定额度的费用，相应地，企业为会员提供更加低廉的商品和更丰富的会员活动。入会费对个人而言是一笔较小的费用，而对企业而言则是一笔可观的收入，同时能够吸引消费者长期消费，实现品牌和消费者之间的绑定。

风靡全球的零售仓储超市开市客（Costco），在上海店开业刚刚半天就因人流过多不得不暂停营业。[377]尽管需要 299 元一年的入会费用，但 Costco 提供了低廉优质的商品；消费者基于已付出了既定成本的考量，会在有限的时间内增加消费频次以获取更多的让利。此外，超市所提供的服务和完善的售后保障，也是大量消费者愿意支付会费加入会员的重要原因。

付费会员在数字产品以及会员俱乐部的应用较多，在零售产业相对较少，因此这种制度可能会为品牌营销带来一定的风险。目前很多品牌倾向于选择"充值"的方式，即所交纳的费用后续可以继续使用，这种方式也可以吸引会员长期稳定地消费。

11.2.3 客户关系管理系统的应用

客户关系管理（customer relationship management，CRM）指利用相应的信息技术和互联网技术，协调企业与顾客在销售和服务上的沟通，而向客户提供个性化的交互与服务，是企业为了维护会员关系、提升顾客忠诚度而使用的工具。CRM 能够帮助品牌及时更新消费者信息，关注消费者动态，收集消费者反馈，以维护客户关系。更深层次地，可通过构建客户信息数据库，分析消费者的消费习惯和路径，帮助营销人员更好地确定目标客户、制定营销战略和策略（图 11-2）。

功能概览

客户管理

360度记录客户信息、偏好，勾勒客户全貌，助力企业精准推广获客

商机管理

在企业微信平台实现销售流程自动化管理，高效推进项目，提升赢单率

销售行为管理

客户拜访、与外部联系人沟通记录全留存，完整记录销售过程

协同管理

团队群聊、审批、喜报通知全覆盖，提升部门间流转效率

销售预测

销售漏斗精细分析商机各阶段转化，科学预测销售业绩，发现问题并调整

智能分析

根据需要灵活订制报表，可视化呈现客户、商机情况，助力更聪明决策

图 11-2 销售易 CRM 主要功能

注：销售易 CRM 帮助企业在一个简单易操作的系统中，完成获客到售后全流程管理，提升企业效率。

目前，客户关系管理系统在各行业的营销管理中得到了广泛的应用。CRM 系统的使用对于改善客户知识、提高服务水平，进而改善客户满意度具有重要意义。[378]CRM 系统对于企业的绩效有正向影响，而 CRM 系统与组织的兼容一致性和技术能力，能够调节这种正向影响。如图 11-3 所示。[379]因此企业需要选择适合自身运营特点的 CRM 系统，并通过技术升级、人员培训使得系统发挥高效作用。

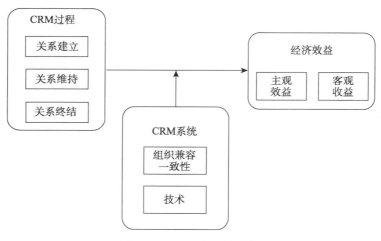

图 11-3　CRM 与经济效益

11.3　品　牌　社　区

品牌社区（brand community）是以某种商品品牌或某个具体型号产品的用户群体为基础而构建的社区，是"建立在使用某一品牌的消费者间的一整套社会关系基础上的、一种专门化的、非地理意义上的社区"[380]。与传统社区相似的是，品牌社区也拥有三个标志，即仪式感、共享意识和道德责任感。进入品牌社区的消费者往往已购买过该品牌的产品，而通过品牌社区的建立和维护，使具有相似消费品位和购买体验的消费者互相交流、共享情感、产生共鸣，从而强化对品牌的归属感和忠诚度。

中国知名智能终端制造企业华为，为其核心产品华为手机打造了品牌社区——花粉俱乐部（图 11-4），在该俱乐部内华为的手机用户可以在"论坛"板块发布自己产品使用的心得或问题，在"百科"板块了解产品相关的知识，在"随手拍"板块展示使用功能强大的华为相机拍摄的照片，在"活动"板块了解华为官方发布的各项活动……在花粉俱乐部中，华为手机的消费者凝聚起来，对华为品牌的联结和归属感增强。

图 11-4　花粉俱乐部主要功能

还有的品牌另辟蹊径，使品牌社区不再局限在品牌和产品本身，而是渗透到人们生活的方方面面。例如，在耐克将 Nike+App 打造成一个健身交流平台，全球有超过 50 万跑步爱好者上传、记录和分享他们的健身经历，超过 50%的用户每周至少登录社区 4 次。这既是健身交流的网络社区，也是耐克的品牌社区，人们在日复一日的使用中同样积累了对于耐克品牌的认同和忠诚。

11.3.1 心理机制

品牌社区在品牌体验对于品牌忠诚的影响中，扮演着中介角色。消费者自身形成的良好品牌体验，被品牌社区中其他消费者的共鸣加强，最终形成了品牌忠诚。[381]消费者之间的纽带关系转化为消费者与产品、消费者与品牌之间的关系。购买品牌产品的消费者，在其他用户的支持下可能会增加自己对品牌和产品的投入。在一定程度上，品牌方促进了用户间的互动，越频繁的互动，使得消费者对于品牌的认可度越高。[381]消费者对于品牌社区的认同，将产生更大的社区参与感，从而正向影响其推荐意愿、继续使用意愿、品牌忠诚等；但相应地，如果缺乏认同感，则会产生一种社区规范压力（即消费者关于品牌社区对人与社区互动的要求的感知），从而可能对品牌忠诚产生负向影响。

11.3.2 运营

品牌社区的运营是一个动态的多阶段的过程，从品牌使用起，经过社区运营、社交网络，最终进行品牌印象的管理，品牌价值才得以提升。品牌社区由品牌企业发起成立，或由消费者自发组建。在大多数场景中，消费者之间进行交流是社区的重要功能，但品牌社区中不是只有消费者，实际运营时更需要营销人员的参与。通过消费者、营销者在社区中对品牌和产品的介绍和分享，从而引发焦点消费者对品牌的归属感和信任。图 11-5 为品牌社区中的主体关系示意图。

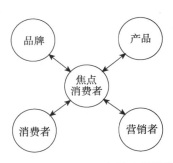

图 11-5 品牌社区中的主体[380]

品牌社区除了是营销的重要阵地，还是收集消费者反馈的直接途径。营销人员可以通过品牌社区，与消费者进一步沟通和交流，发掘客户的意见和建议，更好地改进产品。还可以通过品牌社区进行创意征集，把握消费者需求，汇聚品牌忠实爱好者的智慧，发布新产品。营销人员应当注意监听品牌社区中的情绪，若在社区中充盈着消费者对于品牌的负面情绪或抱怨，将会很大程度上影响品牌社区的生态和消费者群体的信任度，尤其是对更关注产品相关支持的消费者产生较大影响[381]。

此外，应充分避免社区规范压力的潜在威胁。避免让消费者产生"品牌对我有要求"的压力感，或是避免社区过于商业化而丧失了原本交流的初衷。若品牌社区的目标和运营规范令消费者感到压力，消费者对于品牌社区的认同度将会降低，也不愿意参与社区互动。这就要求营销人员在社区建立初期制定合理的社区规则，使之能够引导社区健康发展并对品牌产生积极影响，之后还应持续定期评估这些规则，使之与品牌社区运营的目标相适应。

总　　结

相比吸引消费者购买，品牌更需要关注留住消费者、吸引其重复购买，这样品牌前述的营销投入方能取得最大的收效。口碑营销、会员制度、品牌社区等营销方式可以有效提升消费者的忠诚度。

口碑营销又称蜂鸣营销。消费者在向他人传递口碑的同时，实现了"自我劝说"的过程，从而增强自身对于品牌的认同；对其他消费者而言，"圈内人"的推荐对消费者决策有着较大的影响。消费者往往基于商品功能、社交需求和情感因素为品牌进行口碑营销。

会员制度是维系消费者忠诚的重要手段，有效的会员制度还能够降低消费者对于竞争品牌的购买意愿和忠诚度。品牌会员制度能够为消费者提供便利和折扣，同时消费者出于通过会员制度维持身份地位和避免社会排斥的需求，会维系消费者对品牌的忠诚。目前商家越来越多地使用客户关系管理系统以实现会员制度。

品牌社区集合了一个品牌的使用群体，用户之间分享交流，产生共鸣，从而强化对品牌的归属感。品牌社区是有效提升消费者忠诚度的方式。

◇ 复习和讨论问题

1. 品牌的哪些特征能够激发消费者对其进行口碑营销？

2. 口碑营销对于消费者有哪些影响？

3. 会员制度具体包括哪些方面的内容？

4. 你是哪些品牌的会员？这些品牌采用哪种会员制度？对你的消费行为是否产生影响？

5. 非排斥会员营销制度和排斥性会员营销制度有什么区别？分别适用于什么场景？

答案解析   扫描此码

6. 客户关系管理系统有哪些功能？它是如何提升企业绩效的？

7. 品牌社区通过何种机理提高消费者忠诚度？

8. 有哪些品牌社区令你影响深刻？为什么？

◇ 营销案例

星巴克的会员制度

星巴克是一家定位中高端的咖啡品牌，除了咖啡本身，星巴克更注重向消费者提供一个舒适、休闲的第三空间,更强调咖啡店文化。因此尽管一杯咖啡的溢价很高,星巴克在门店设施、人工等方面的成本却不低。在维持其高定位、高定价的同时,保留消费群体、提升消费者的忠诚度,星巴克的会员体系功不可没。

以往,星巴克只有付费会员才能登陆手机应用进行积分,将大多数用户排除在了体系之外。2018年后星巴克会员体系全新改版,会员的门槛降低,消费者只要下载应用即可成为银星会员。这样一来,星巴克会员数量激增,更多消费者有机会了解星巴克的会员制度并成为其潜在客户。

而从银星会员升级为玉星会员、金星会员,则需要不断消费积星,获得更多的优惠和赠礼。积星是星巴克会员制度的基础规则,消费者每消费50元可累计一颗星星,而如果通过星礼卡充值消费,则可每消费40元累计一颗星星。这就使得消费者更倾向于提前充值,而充值的沉没成本则会使消费者提高对星巴克的忠诚度。

积满四颗星,可升级至玉星级会员,而这个等级的会员福利并不高,仅能获得两张优惠券;而当继续累积至20颗星星,则可升级为金星级会员。一个消费者至少每年在星巴克消费640元以上才会成为金星会员,成为星巴克的核心客户群体,享有优惠券及返点优惠活动(例如积9颗星赠送中杯咖啡)。星巴克通过会员等级激励消费者持续购买。除了充值的星礼卡,星巴克还推出了星礼包,即98元可以购买五张优惠券,并使消费者实现快速升级为玉星级。星礼包也能够有效增强消费者黏性。

除此之外,为了应对瑞幸咖啡"即买即走"的咖啡理念的冲击,星巴克与支付宝、淘宝、饿了么等平台打通会员体系,消费者可以通过饿了么享受"专星送"外卖服务、通过平台"啡快"获得快速点单服务,而这些途径能够加速星星的积累(加快25%)。促使咖啡消费者从线下转向线上,会员体系在其中发挥了重要的作用。

讨论题:

1. 星巴克是否适合付费会员制度?你认为取消付费会员的原因有哪些?

2. 星巴克的"积星"规则与传统的会员积分有何异同?

3. 结合案例谈谈会员等级制度是如何提升消费者忠诚度的。

答案解析 扫描此码

即测即练

自学自测  扫描此码

参 考 文 献

[1]　资树荣, 范方志. 发达国家与发展中国家居民消费需求变动比较[J]. 经济纵横, 2004, 1(5): 45-48.

[2]　Hill S E, Rodeheffer C D, Griskevicius V, et al. Boosting Beauty In An Economic Decline: Mating, spending, And The Lipstick effect.[J]. Journal of Personality and Social Psychology, 2012, 103(2): 275-291.

[3]　Netchaeva E, Rees M. Strategically Stunning: The Professional Motivations Behind the Lipstick Effect[J]. Psychological Science, 2016, 27(8): 1157-1168.

[4]　Shiri M, Michel T. P. The Smartphone as A Pacifying Technology.[J]. Journal of Consumer Research, 2020: 47(2).

[5]　Leung E, Paolacci G, Puntoni S. Man Versus Machine: Resisting Automation in Identity-Based Consumer Behavior[J]. Journal of Marketing Research, 2018, 55(6): 818-831.

[6]　Coleman, Richard P. The Continuing Significance of Social Class to Marketing[J]. Journal of Consumer Research, 1983, 10(3): 265-280.

[7]　陆学艺. 当代中国社会流动[M]. 北京: 社会科学文献出版社, 2004.

[8]　李春玲. 当代中国社会的声望分层——职业声望与社会经济地位指数测量[J]. 社会学研究, 2005(2): 74-102, 244.

[9]　Vehlen T. The Theory of The Leisure Class[M]. New York: Mentorbok, 1899.

[10]　袁少锋, 高英, 郑玉香. 面子意识、地位消费倾向与炫耀性消费行为——理论关系模型及实证检验[J]. 财经论丛(浙江财经大学学报), 2009, 146(5): 81-86.

[11]　Juan Li J, Su C. How Face Influences Consumption—A Comparative Study of American and Chinese Consumers[J]. International Journal of Market Research, 2007, 49(2): 237-256.

[12]　Bellezza S, Paharia N, Keinan A. Conspicuous Consumption of Time: When Busyness and Lack of Leisure Time Become a Status Symbol[J]. Journal of Consumer Research, 2017, 44(1): 119-138.

[13]　Lee, J. C., D. L. Hall, W. Wood. Experiential Or Material Purchases? Social Class Determines Purchase Happiness[J]. Psychological Science, 2018, 29(7): 1031-1039.

[14]　Tepper T K, Bearden W O, Hunter G L. Consumers' Need for Uniqueness: Scale Development and Validation[J]. Journal of Consumer Research, 2001, 28(1): 50-66.

[15]　Ellis B J, Figueredo A J, Brumbach B H, et al. Fundamental Dimensions of Environmental Risk: The Impact of Harsh Versus Unpredictable Environments On The Evolution And Development of Life History Strategies[J]. Hum Nat, 2009, 20(2): 204-268.

[16]　Griskevicius V, Delton A W, Robertson T E, et al. Environmental Contingency In Life History Strategies: The Influence of Mortality And Socioeconomic Status On Reproductive Timing[J]. Journal Of Personality And Social Psychology, 2011, 100(2): 241-254.

[17]　贾鹤, 王永贵, 刘佳媛, 等. 参照群体对消费决策影响研究述评[J]. 外国经济与管理, 2008(6): 51-58.

[18]　Solomon E M R. To Be and Not to Be: Lifestyle Imagery, Reference Groups, And "The Clustering of America"[J]. Journal Of Advertising, 1995, 24(1): 13-28.

[19]　Park C W, Lessig V P.Students And Housewives: Difference In Susceptibility To Reference Group Influence[J].Journal Of Consumer Research, 1977, 4(3): 102-110.

[20]　Childers T L, Rao A R. The Influence of Familial and Peer-Based Reference Groups on Consumer Decisions[J]. Journal of Consumer Research, 1992, 19(2): 198-211.

[21]　Bearden W O, Etzel M J. Reference Group Influence on Product and Brand Purchase Decisions[J]. Journal of Consumer Research, 1982, 9(2): 183-194.

[22]　Witt R E, Bruce G D. Group Influence and Brand Choice Congruence[J]. Journal of Marketing Research, 1972, 9(4): 440-443.

[23]　彭希哲, 胡湛. 当代中国家庭变迁与家庭政策重构[J]. 中国社会科学, 2015, 240(12): 114-133, 208.

[24] 于洪彦, 刘艳彬. 中国家庭生命周期模型构建及实证研究[J]. 管理科学, 2007, 20(6): 45-53.

[25] Du R Y, Kamakura W A. Household Life Cycles and Lifestyles in The United States[J]. Journal of Marketing Research, 2006(1): 121-132.

[26] 霍伊尔, 麦金尼斯. 消费者行为学[M]. 北京: 北京大学出版社, 2011.

[27] Baker J, Wakefield K L. How Consumer Shopping Orientation Influences Perceived crowding, excitement, and Stress at the mall[J]. Journal of the Academy of Marketing Science, 2012, 40(6): 791-806.

[28] Eberhardt LV, Huckauf A. Crowding Effects across Depth Are Fixation-Centered for Defocused Flankers and Observer-Centered for Defocused Targets[J]. Brain Sciences, 2020, 10(9): 596.

[29] Hock S J, Bagchi R. The Impact of Crowding on Calorie Consumption[J]. Journal of Consumer Research, 2018, 44(5): 1123-1140.

[30] Evans G W, Wener R E. Crowding And Personal Space Invasion on the Train: Please Don't Make Me Sit in the middle[J]. Journal of Environmental Psychology, 2007, 27(1): 90-94.

[31] Andrews M, Luo X, Fang Z, et al. Mobile Ad effectiveness: Hyper-Contextual Targeting with Crowdedness[J]. Marketing Science, 2015, 35(2): 218-233.

[32] Hellmann J H, Adelt M H, Jucks R. No Space For others? On The Increase of Students' self-Focus When Prodded to Think About Many others[J]. Journal of Language and Social Psychology, 2016, 35(6): 698-707.

[33] Hui M K., Bateson J, E G. Perceived Control and The Effects of Crowding and Consumer Choice on the Service Experience[J]. Journal of Consumer Research, 1991, 18 (2): 174-184.

[34] Consiglio I, Angelis M D, Costabile M. The Effect of Social Density on Word of Mouth[J]. Journal of Consumer Research, 2018, 45(3): 511-528.

[35] Huang X, Huang Z, Wyer Jr R S. The Influence of Social Crowding on Brand Attachment[J]. Journal of Consumer Research, 2018, 44(5): 1068-1084.

[36] Xu J, Shen H, Wyer Jr R S. Does The Distance Between Us Matter? Influences Of Physical Proximity to Others on Consumer Choice[J]. Journal of Consumer Psychology, 2012, 22(3): 418-423.

[37] Matherly T, Arens Z G, Arnold T J. Big Brands, Big Cities: How the Population Penalty Affects Common, Identity Relevant Brands in Densely Populated Areas[J]. International Journal of Research in Marketing, 2018, 35(1): 15-33.

[38] Sng O, Neuberg S L, Varnum M E W, et al. The Crowded Life Is a Slow Life: Population Density and Life History Strategy[J]. Journal Of Personality and Social Psychology, 2017, 112(5): 736.

[39] O'Guinn T C, Tanner R J, Maeng A. Turning to Space: Social Density, Social Class, And the Value of Things in Stores[J]. Journal of Consumer Research, 2015, 42(2): 196-213.

[40] Edney, Julian J. Human Territoriality[J]. Psychological Bulletin, 1974, 81 (12): 959-975.

[41] Miller, Daniel. Stuff[J]. CHOICE: Current Reviews for Academic Libraries, 2010, 48(1): 145.

[42] Hellmann J H, Jucks R. The Crowd in Mind and Crowded Minds: An Experimental Investigation of Crowding Effects on Students' Views Regarding Tuition Fees in Germany[J]. Higher Education, 2017, 74(1): 131-145.

[43] Cao X, Khan AN, Ali A, et al. Consequences of Cyberbullying and Social Overload while Using SNSs: A Study of Users' Discontinuous Usage Behavior in SNSs[J]. Information Systems Frontiers. 2020, 22(6): 1343-1356.

[44] Maeng A, Tanner R J, Soman D. Conservative When Crowded: Social Crowding and Consumer Choice[J]. Journal of Marketing Research, 2013, 50(6): 739-752.

[45] Choi H B S, Kwak C, Lee J, et al. Too Crowded to Disclose! Exploring The Relationship Between Online Crowdedness and Self-Disclosure[C]. Proceedings of the 51st Hawaii International Conference on System Sciences, 2018.

[46] Hock S J, Bagchi R. The Impact of Crowding on Calorie Consumption[J]. Journal of Consumer Research, 2018, 44(5): 1123-1140.

[47] Pons F, Giroux M, Mourali M, et al. The Relationship Between Density Perceptions and Satisfaction. In The Retail Setting: Mediation and Moderation Effects[J]. Journal of Business Research, 2016, 69(2): 1000-1007.

[48] Andrews M, Luo X, Fang Z, et al. Mobile Ad Effectiveness: Hyper-Contextual Targeting with Crowdedness[J]. Marketing Science, 2015, 35(2): 218-233.

[49] Blut M, Iyer GR. Consequences of Perceived Crowding: A Meta-Analytical Perspective[J]. Journal of Retailing, 2020, 96(3): 362-382.

[50] Puzakova M, Kwak H. Should Anthropomorphized Brands Engage Customers? The Impact of Social Crowding on Brand Preferences[J]. Journal of Marketing, 2017, 81(6): 99-115.

[51] Xu J, Shen H, Wyer Jr R S. Does The Distance Between Us Matter? Influences Of Physical Proximity to Others on Consumer Choice[J]. Journal of Consumer Psychology, 2012, 22(3): 418-423.

[52] Consiglio I, Angelis M D, Costabile M. The Effect of Social Density on Word of Mouth[J]. Journal of Consumer Research, 2018.

[53] Fleischman K, Hains. Peer Crowd Affiliation, Adherence, Perceived Support, and Metabolic Control in T1DM Youth[J]. Journal of Child Health Care, 2021, 25(2): 240-252.

[54] Lim, Tan, et al. A Proposed Methodology of Bringing Past Life in Digital Cultural Heritage through Crowd Simulation: A Case Study in George Town, Malaysia[J]. Multimedia Tools and Applications, 2020, 79(5/6): 3387-3423.

[55] O'Guinn T C, Tanner R J, Maeng A. Turning to Space: Social Density, Social Class, And the Value of Things in Stores[J]. Journal of Consumer Research, 2015, 42(2): 196-213.

[56] Maeng A, Tanner R J, Soman D. Conservative When Crowded: Social Crowding and Consumer Choice[J]. Journal of Marketing Research, 2013, 50(6): 739-752.

[57] Messer U, Leischnig A. Social Crowding and Individuals' Risk Taking: A Life-History Theory Perspective[J]. Social Science Electronic Publishing, 2018.

[58] Hopkins N, Reicher S D, Khan S S, Et Al. Explaining Effervescence: Investigating the Relationship Between Shared Social Identity and Positive Experience in Crowds[J]. Cognition And Emotion, 2016, 30(1): 20-32.

[59] Baker J, Wakefield K L. How Consumer Shopping Orientation Influences Perceived Crowding, Excitement, And Stress at The Mall[J]. Journal of the Academy of Marketing Science, 2012, 40(6): 791-806.

[60] O'Guinn T C, Tanner R J, Maeng A. Turning to Space: Social Density, Social Class, And the Value of Things in Stores[J]. Journal of Consumer Research, 2015, 42(2): 196-213.

[61] Zhang X, Li S, Burke R R, et al. An Examination of Social Influence on Shopper Behavior Using Video Tracking Data[J]. Journal of Marketing, 2014, 78(5): 24-41.

[62] Besta T, Jaśkiewicz M, Kosakowska-Berezecka N, et al. What Do I Gain from Joining Crowds? Does Self-expansion Help to Explain The Relationship Between Identity Fusion, Group Efficacy and Collective Action?[J]. European Journal of Social Psychology, 2018, 48(2): 152-167.

[63] Hopkins N, Reicher S D, Khan S S, et al. Explaining Effervescence: Investigating the Relationship Between Shared Social Identity and Positive Experience in Crowds[J]. Cognition and Emotion, 2016, 30(1): 20-32.

[64] Zemke D M V, Shoemaker S. Scent Across a Crowded Room: Exploring the Effect of Ambient Scent on Social Interactions[J]. International Journal of Hospitality Management, 2007, 26(4): 927-940.

[65] Trinh T. An Experimental Study: Ambient Scent, Competition, and Human Crowding in The Retail Environment[D]. Montreal: Concordia University, 2016.

[66] Eroglu S A, Machleit K A, Chebat J C. The Interaction of Retail Density and Music Tempo: Effects on Shopper Responses[J]. Psychology and Marketing, 2005, 22(7): 577-589.

[67] Knoeferle K M, Paus V C, Vossen A. An Upbeat Crowd: Fast In-Store Music Alleviates Negative Effects of High Social Density on Customers' Spending[J]. Journal of Retailing, 2018, 93(4): 541-549.

[68] Alesina A, Ozler S, Roubini N, Swagel P. Political Instability and Economic Growth[J]. Journal of Economic Growth, 1996, 1(2): 189-211.

[69] Sullivan D, Landau M J, Rothschild Z K. An Existential Function of Enemyship: Evidence That People Attribute Influence to Personal And Political Enemies To Compensate For Threats To Control[J]. Journal of Personality and Social Psychology, 2015, 98(3): 434-49.

[70] Kay A C, Shepherd S, Blatz C W, Et Al. For God (Or) Country: The Hydraulic Relation Between

Government Instability and Belief In Religious Sources of Control[J]. Journal of Personality and Social Psychology, 2010, 99(5): 725-739.

[71] Oliver R L. A Cognitive Model of The Antecedents and Consequences of Satisfaction Decisions[J]. Journal of Marketing Research, 1980, 17(4): 460-469.

[72] Haipeng (Allan) Chen, Lisa E Bolton, Sharon Ng, et al. Culture, Relationship Norms, and Dual Entitlement[J]. Journal of Consumer Research, 2018, 45(1): 1-20.

[73] 霍夫斯坦德. 文化之重: 价值、行为、体制和组织间的跨国比较[M]. 上海: 上海外语教育出版社, 2008.

[74] 廖建桥, 赵君, 张永军. 权力距离对中国领导行为的影响研究[J]. 管理学报, 2010, 07(7): 988-992.

[75] Kim, Youngseon, Zhang Yinlong. The Impact of Power-Distance Belief on Consumers' Preference For Status Brands[J]. Journal of Global Marketing, 27(1): 13-29.

[76] Lalwani A K, Forcum L. Does A Dollar Get You a Dollar'S Worth of Merchandise? The Impact of Power Distance Belief on Price-Quality Judgments[J]. Journal of Consumer Research, 2016, 43(2): 317-333.

[77] Kim, Heejung, Markus, et al. Deviance Or Uniqueness, Harmony or Conformity? A Cultural Analysis [J]. Journal of Personality and Social Psychology, 1999, 77(4): 785-800.

[78] Michelle R Nelson, Frédéric F Brunel, Magne Supphellen, el al. Effects of Culture, Gender, and Moral Obligations on Responses to Charity Advertising Across Masculine And Feminine Cultures[J]. Journal of Consumer Psychology, 2006, 16(1): 45-56.

[79] 李晨溪, 姚唐. 气象因素如何影响消费行为?基于情境营销理论的气象营销机制[J]. 心理科学进展, 2019, 27(2): 5-14.

[80] 周瑞华. 沃尔玛: 今天卖什么, 天气说了算[J]. 成功营销, 2015(1): 98.

[81] Rind B. Effect Of Beliefs About Weather Conditions on Tipping[J]. Journal of Applied Social Psychology, 1996, 26(2): 137-147.

[82] Hsiang S M, Burke M, Miguel E. Quantifying The Influence of Climate on Human Conflict[J]. Science, 2013, 341(6151): 1235367.

[83] Conlin M, O'donoghue T, Vogelsang T J. Projection Bias in Catalog Orders[J]. The American Economic Review, 2007, 97(4): 1217-1249.

[84] 张泽林, 韦斐琼, 韩冀东, 等. 空气质量对消费者互联网搜索行为的影响[J]. 管理科学, 2018, 31(5): 16-29.

[85] Hastings M H, Reddy A B, Maywood E S. A Clockwork Web: Circadian Timing in Brain and Periphery, In Health and Disease[J]. Nature Reviews Neuroscience, 2003, 4(8): 649-661.

[86] Kelley G, Jonah B, Jordan E, Et Al. Does Time of Day Affect Variety-Seeking?[J]. Journal of Consumer Research, 2018, 46(1): 20-35.

[87] Hornik Jacob. Diurnal Variation in Consumer Response[J]. Journal of Consumer Research, 1988, 14(4): 588-591.

[88] Chu J, Liu H, Salvo A. Air Pollution as a Determinant of Food Delivery and Related Plastic Waste[J]. Nature Human Behaviour, 2021, 5(2): 212-220.

[89] Hans, C, M, et al. Why Switch? Product Category: Level Explanations for True Variety-Seeking Behavior[J]. Journal of Marketing Research, 1996, 33(3): 281-292.

[90] Inesi M E, Botti S, Dubois D, et al. Power And Choice: Their Dynamic Interplay In Quenching The Thirst for Personal Control[J]. Psychological Science, 2011, 22(8): 1042-1048.

[91] Ziv C, Klaus W, Marcel Z. Option Attachment: When Deliberating Makes Choosing Feel Like Losing[J]. Journal of Consumer Research, 2003, 30(1): 15-29.

[92] Poynor L C, Kristin D. Retail Choice Architecture: The Effects of Benefit- And Attribute-Based Assortment Organization on Consumer Perceptions and Choice[J]. Journal of Consumer Research, 2013, 40(3): 393-411.

[93] Diehl, Kristin, Poynor, et al. Great Expectations?! Assortment Size, Expectations, And Satisfaction[J]. Journal of Marketing Research, 47(2): 312-322.

[94] Mogilner C, Rudnick T, Iyengar S. The Mere Categorization Effect: How the Presence of Categories Increases Choosers' Perceptions of Assortment Variety and Outcome Satisfaction[J]. Journal of Consumer Research, 2008, 35(2): 202-215.

[95] 黄赞, 王新新. 商品陈列方式、先验品牌知识与品牌选择决策: 弱势品牌的视角[J]. 心理学报, 2015, 47(5): 663-678.

[96] 姜峰. 快进对电视广告信息处理的影响研究[J]. 国际新闻界, 2014, 36(6): 151-161.

[97] 薛敏芝. 经济全球化时代的植入式广告[J]. 中国广告, 2005(6): 56-58.

[98] Kim T, Barasz K, John L K. Why Am I Seeing This Ad? The Effect of Ad Transparency on Ad Effectiveness[J]. Journal of Consumer Research, 2019, 45(5): 906-932.

[99] 霍伊尔, 麦金尼斯. 消费者行为学[M]. 北京: 北京大学出版社, 2011.

[100] Krishna, Aradhna. An Integrative Review of Sensory Marketing: Engaging the Senses to Affect Perception, Judgment and Behavior[J]. Journal of Consumer Psychology, 2012, 22(3): 332-351.

[101] Adam, Finn. Print Ad Recognition Readership Scores: An Information Processing Perspective[J]. Journal of Marketing Research, 1988, 25(2): 168-177.

[102] Wansink, Brian. Can Package Size Accelerate Usage Volume? [J]. Journal Of Marketing, 1996, 60(3): 1-14.

[103] Raghubir, Priya, Krishna, et al. Vital Dimensions in Volume Perception: Can the Eye Fool the Stomach? [J]. Journal of Marketing Research, 1999, 36(3): 313-326.

[104] Folkes V, Matta S. The Effect of Package Shape on Consumers' Judgments of Product Volume: Attention as A Mental Contaminant[J]. Journal Of Consumer Research, 2004, 31(2): 390-401.

[105] Jiang Y, Gorn G J, Galli M, et al. Does Your Company Have the Right Logo? How And Why Circular and Angular Logo Shapes Influence Brand Attribute Judgments[J]. Journal of Consumer Research, 2016, 42(5): 709-726.

[106] Jass C J. All Dressed Up with Something to Say: Effects of Typeface Semantic Associations on Brand Perceptions and Consumer Memory[J]. Journal of Consumer Psychology, 2002, 12(2): 93-106.

[107] Schroll R, Schnurr B, Grewal D, et al. Humanizing Products With Handwritten Typefaces[J]. Journal of Consumer Research, 2018, 45(3): 648-672.

[108] Walker, Peter, Brian J. Francis, et al. The Brightness-Weight Illusion: Darker Objects Look Heavier but Feel Lighter[J]. Experimental Psychology, 2010, 57 (6): 462–469.

[109] Nakatani, Katsuya. Fixed Set in The Perception of Size in Relation to Lightness[J]. Perceptual And Motor Skills, 1989, 68(2): 415-422.

[110] Milliman R E. The Influence of Background Music on The Behavior of Restaurant Patrons[J]. Journal of Consumer Research, 1986, 13(2): 286-289.

[111] Dong P, Huang X, Labroo A A. Cueing Morality: The Effect of High-Pitched Music on Healthy Choice[J]. Journal of Marketing, 2020, 84(6): 130-143.

[112] Teller C, Dennis C. The Effect of Ambient Scent On Consumers' Perception, Emotions and Behaviour: A Critical Review[J]. Journal of Marketing Management, 2012, 28(1/2): 14-36.

[113] Krishna A, Elder R S, Caldara C. Feminine to Smell but Masculine to Touch? Multisensory Congruence and Its Effect on The Aesthetic Experience[J]. Consumer Psychology, 2010(20): 410-418.

[114] Madzharov A V, Block L G, Morrin M. The Cool Scent of Power: Effects of Ambient Scent on Consumer Preferences and Choice Behavior[J]. Journal of Marketing, 2015, 79(1): 83-96.

[115] Meier B P, Moeller S K, Riemer-Peltz M, et al. Sweet Taste Preferences and Experiences Predict Prosocial inferences, personalities, and behaviors[J].Journal of Personality And Social Psychology, 2012, 102(1): 163–174.

[116] Eskine K J, Kacinik N A, Prinz J J.A Bad Taste In The Mouth: Gustatory Disgust Influences Moral Judgment[J].Psychological Science, 2011, 22(3): 295–299.

[117] Peck Joann, Childers Terry L. Individual Differences in Haptic Information Processing: The "Need for Touch" Scale[J]. Journal of Consumer Research, 2003, 30(3): 430-442.

[118] Williams L E, Bargh J A. Experiencing Physical Warmth Promotes Interpersonal Warmth[J]. Science, 2008, 322(5901): 606-607.

[119] Ackerman J M, Nocera C C, Bargh J A. Incidental Haptic Sensations Influence Social Judgments and Decisions[J]. Science, 2010, 328(5986): 1712-1715.

[120] Dolan, Robert J. Henkel Group: Umbrella Branding and Globalization Decisions, Harvard Business School Case, 1985: 585-185.

[121] Dolan, Robert J. Analyzing Consumer Perceptions, Harvard Business School Case, 1999: 599-110.

[122] 白学军, 康廷虎, 闫国利. 真实情景中刺激物识别的理论模型与研究回顾[J]. 心理科学进展, 2008, 16(5): 679-686.

[123] 孙晓玲, 张云, 吴明证. 解释水平理论的研究现状与展望[J]. 应用心理学, 2007, 13(2): 181-186.

[124] Bar-Anan Y, Liberman N, Trope Y. The Association Between Psychological Distance And Construal level: Evidence from an Implicit Association test[J]. Journal of Experimental Psychology: General, 2006, 135(4): 609-622.

[125] 陈麦尔燕. 解释水平理论[J]. 经营管理者, 2017(19): 378.

[126] Liberman, Nira Trope, Yaacov. The Role of Feasibility And Desirability Considerations In Near and Distant Future decisions: A Test of Temporal Construal theory[J]. Journal of Personality & Social Psychology, 1998, 75(1): 5-18.

[127] Henderson M D. When Seeing the Forest Reduces the Need For trees: The Role of Construal Level In Attraction To choice[J]. Journal of Experimental Social Psychology, 2013, 49(4): 676-683.

[128] Kyung E J, Menon G, Trope Y. Reconstruction of Things Past: Why Do Some Memories Feel So Close and Others So Far Away? [J]. Journal of Experimental Social Psychology, 2010, 46(1): 217-220.

[129] Freitas A L, Langsam K L, Clark S, et al. Seeing Oneself In One's Choices: Construal Level And self-Pertinence Of Electoral And Consumer decisions[J]. Journal Of Experimental Social Psychology, 2008, 44(4): 1174-1179.

[130] Fiske S T, Linville P W. What Does The Schema Concept Buy Us?[J]. Personality And Social Psychology Bulletin, 1980, 6 (4): 543-557.

[131] Joan M L, Tybout A M. Schema Congruity As A Basis For Product Evaluation[J]. Journal of Consumer Research, 1989, 16(1): 39-54.

[132] Mandler G. The Structure of Value: Accounting for Taste, in Affect and Cognition: The 17th Annual Carnegie Symposium on Cognition, 1982.

[133] Shen L, Hsee C K, Talloen J H, et al. The Fun And Function of Uncertainty: Uncertain Incentives Reinforce Repetition Decisions[J]. Journal of Consumer Research, 2019, 46(1): 69-81.

[134] Kang E, Lakshmanan A. Role of Executive Attention In Consumer Learning with Background Music[J]. Journal of Consumer Psychology, 2017, 27(1): 35-48.

[135] Guha A, Biswas A, Grewal D, et al. An Empirical Analysis of The Joint Effects of Shoppers' Goals and Attribute Display on Shoppers' Evaluations[J]. Journal of Marketing, 2018, 82(3): 142-158.

[136] Choi J, Li Y J, Samper A, et al.The Influence of Health Motivation and Calorie Ending on Preferences for Indulgent Foods[J]. Journal of Consumer Research, 2019, 46(3): 606–619.

[137] Grewal L, Hmurovic, J, Lamberton, C, et al. The Self-Perception Connection: Why Consumers Devalue Unattractive Produce[J]. Journal of Marketing, 2019, 83(1): 89-107.

[138] Bond S.D, He S X, Wen, W. Speaking For "Free": Word of Mouth in Free- And Paid-Product Settings[J]. Journal of Marketing Research, 2019, 56(2): 276-290.

[139] Tezer A, Bodur H O. The Greenconsumption Effect: How Using Green Products Improves Consumption Experience[J]. Journal of Consumer Research, 2020, 47(1): 25-39.

[140] Sheehan D, Dommer S L. Saving Your Self: How Identity Relevance Influences Product Usage[J]. Journal of Consumer Research, 2020, 46(6): 1076-1092.

[141] Keller K L. Brand Synthesis: The Multidimensionality of Brand Knowledge[J]. Journal of Consumer Research, 2003, 29(4): 595-600.

[142] Shen H, Sengupta J. Word of Mouth Versus Word of Mouse: Speaking About a Brand Connects You to It More Than Writing Does[J]. Journal of Consumer Research, 2018, 45(3): 595-614.

[143] Mehta R, Dahl D W, Zhu R J. Social-Recognition Versus Financial Incentives? Exploring The Effects of Creativity-Contingent External Rewards on Creative Performance[J]. Journal of Consumer Research, 2017, 44(3): 536-553.

[144] Visser M, Gesthuizen M, Scheepers P. The Crowding in Hypothesis Revisited: New Insights into the Impact of Social Protection Expenditure on Informal Social Capital[J]. European Societies, 2018, 20(2): 257-280.

[145] Grewal D, Ahlbom C P, Beitelspacher L, et al. In-Store Mobile Phone Use and Customer Shopping Behavior: Evidence from The Field[J]. Journal of Marketing, 2018, 82(4): 102-126.

[146] Jiang Y W, Gorn G J, Galli M, et al. Does Your Company Have the Right Logo? How And Why Circular—And Angular-Logo Shapes Influence Brand Attribute Judgments[J]. Journal of Consumer Research, 2016, 42(5): 709-726.

[147] Kettle K L, Haubl G, et al. The Signature Effect: Signing Influences Consumption-Related Behavior by Priming Self-Identity[J]. Journal of Consumer Research, 2011, 38(3): 474-489.

[148] He D, Melumad S, Pham M T. The Pleasure of Assessing and Expressing Our Likes and Dislikes[J]. Journal of Consumer Research, 2019, 46(3): 545-563.

[149] Hock, S. J., & Bagchi, R.. The Impact of Crowding on Calorie Consumption[J]. Journal of Consumer Research, 2018, 44(5): 1123-1140.

[150] Coleman N V, Williams P, Morales A C, et al. Attention, Attitudes, And Action: When and Why Incidental Fear Increases Consumer Choice[J]. Journal of Consumer Research, 2017, 44(2): 283-313.

[151] Schnurr B, Schroll R, Grewal D. Humanizing Products With Handwritten Typefaces[J]. Journal of Consumer Research, 2018, 45(3): 648-672.

[152] Brannon D C, Samper A. Maybe I Just Got (Un)Lucky: One-On-One Conversations and The Malleability of Post-Consumption Product and Service Evaluations[J]. Journal of Consumer Research, 2018, 45(4): 810-832.

[153] 吴文辉. 推在渠道[M]. 北京: 人民邮电出版社, 2014.

[154] 铃木敏文. 零售的哲学[M]. 南京: 江苏文艺出版社, 2014.

[155] 陈继展. 百货零售全渠道营销策略: 实体渠道+线上渠道+移动端渠道[M]. 北京: 企业管理出版社, 2017.

[156] Heitz-Spahn S. Cross-channel Free-riding Consumer Behavior in a Multichannel Environment: an Investigation of Shopping Motives, Sociodemographics and Product Categories[J]. Journal of Retailing and Consumer Services, 2013, 20(6): 570-578.

[157] Chiu H C, Hsieh Y C, Roan J, et al. The Challenge for Multichannel Services: Cross-channel Free-riding Behavior[J]. Electronic Commerce Research and Applications, 2011(2): 268-277.

[158] 赵星宇, 庄贵军. 渠道多元化对制造商-经销商之间合作关系的影响[J]. 管理学报, 2021, 18(1): 110-117.

[159] 杨聚平, 杨长春, 姚宣霞. 电商物流中"最后一公里"问题研究[J]. 商业经济与管理, 2014(4): 16-22, 32.

[160] 艾瑞咨询. 2019 年中国生鲜电商行业研究报告[R]. 2019: [2019-07-02].

[161] 艾瑞咨询. 2020 年中国第三方支付行业研究报告[R]. 2020: [2020-04-07].

[162] Soman D, Effects of Payment Mechanism on Spending Behavior: The Role of Rehearsal and Immediacy of Payments[J]. Journal of Consumer Research, 2001, 27(4): 460-474.

[163] White R.C, Joseph-Mathews S, Voorhees C.M. The Effects of Service on Multichannel Retailers Brand Equity[J]. Journal of Services Marketing, 2013, 27(4): 259-270.

[164] Venkatesan R, Kumar V, Ravishanker N. Multichannel Shopping: Causes and Consequences[J]. Journal of Marketing, 2007, 71 (2) : 114-132.

[165] Samaha S A, Palmatier R W, Dant R P. Poisoning Relationships: Perceived Unfairness in Channels of Distribution[J]. Journal of Marketing, 2011, 75(3): 99-117.

[166] 艾瑞咨询. 2019 年中国在线旅游度假行业研究报告[J]. 2019: [2019-11-25].

[167] 尹元元, 朱艳春. 渠道管理[M]. 2 版. 北京: 人民邮电出版社, 2017.

[168] 特班 E, 金 D, 李在奎等. 电子商务——管理与社交网络视角[M]. 7 版. 时启亮, 陈育君, 占丽, 等译. 北京: 机械工业出版社, 2014.

[169] 中国信息通信研究院. 工业虚拟（增强）现实应用场景白皮书（2019）[R]. 2019 [2019-12-10]

[170] Steuer J. Defining Virtual Reality: Dimensions Determining Telepresence[J]. Journal of Communication, 1992, 42(4): 73-93.

[171] Adomavicius G, Bockstedt J C, Curley S P, et al. Effects of online recommendations on consumers' willingness to pay[J]. Information Systems Research, 2018, 29(1): 84-102.

[172] Adomavicius G, Huang Z, Tuzhilin A. Personalization and recommender systems[M]. In INFORMS TutORials in Operations Research. Published online: 14 Oct 2014; 55-107.

[173] 刘陈, 景兴红, 董钢. 浅谈物联网的技术特点及其广泛应用[J]. 科学咨询(科技·管理), 2011(9): 86.

[174] 巫细波, 杨再高. 智慧城市理念与未来城市发展[J]. 城市发展研究, 2010, 17(11): 56-60, 40.

[175] 刘小洋, 伍民友. 车联网: 物联网在城市交通网络中的应用[J]. 计算机应用, 2012, 32(4): 900-904.

[176] 张凤军, 戴国忠, 彭晓兰. 虚拟现实的人机交互综述[J]. 中国科学: 信息科学, 2016, 46(12): 1711-1736.

[177] 中国互联网络信息中心. 第47次中国互联网络发展状况统计报告[R]. 2021 [2021-02-03].

[178] 朱小栋, 陈洁. 我国社交化电子商务研究综述[J]. 现代情报, 2016, 36(1): 172-177.

[179] 刘铁, 李桂华, 卢宏亮. 线上线下整合营销策略对在线零售品牌体验影响机理[J]. 中国流通经济, 2014, 28(11): 51-57.

[180] Ahn T, Ryu S, Han I. The Impact of the Online and Offline Features on the User Acceptance of Internet Shopping Malls[J]. Electronic Commerce Research and Applications, 2005, 3(4): 405-420.

[181] Jones C, Kim S. Influences of Retail Brand Trust, Off-line Patronage, Clothing Involvement and Website Quality on Online Apparel Shopping Intention[J]. International Journal of Consumer Studies, 2010, 34 (6) : 627-637.

[182] Avery J, Steenburgh T J, Deighton J, et al. Adding Bricks to Clicks: Predicting the Patterns of Cross-channel Elasticities Over Time[J]. Journal of Marketing, 2012, 76(3): 96-111.

[183] Courty P, Nasiry J. Product launches and buying frenzies: a dynamic perspective[J]. Production and Operations Management, 2016, 25(1): 143-152.

[184] 大众日报. 多城口罩新规! 限购、预约、摇号, 堪比巅峰买房[R]. 2020. https: //baijiahao.baidu.com/ s?id=1657617549824151689&wfr=spider&for=pc

[185] 道客巴巴. 依云[Z]. 2014. http: //www.doc88.com/p-3969075147398.html

[186] Gabler C B, Landers V M, Reynolds K E. Purchase decision regret: Negative consequences of the Steadily Increasing Discount strategy[J]. Journal of Business Research, 2017, 76: 201-208.

[187] Hwang Y, Ko E, Megehee C M. When higher prices increase sales: How chronic and manipulated desires for conspicuousness and rarity moderate price"s impact on choice of luxury brands[J]. Journal of Business Research, 2014, 67(9): 1912-1920.

[188] Deval H, Mantel S P, Kardes F R, et al. How naive theories drive opposing inferences from the same information[J]. Journal of Consumer Research, 2013, 39(6): 1185-1201.

[189] Mittone L, Savadori L. The scarcity bias[J]. Applied Psychology, 2009, 58(3): 453-468.

[190] Tsakiridou E, Mattas K, Tsakiridou H, et al. Purchasing fresh produce on the basis of food safety, origin, and traceability labels[J]. Journal of Food Products Marketing, 2011, 17(2-3): 211-226.

[191] 微博. 牛奶要更有品质: 金典空中牧场发布会告诉你什么叫"原产地有机"[R]. 2016. https: //weibo. com/ttarticle/p/show?id=2309351000154058415117801678

[192] 搜狐网. 重磅! 金典有机奶销售额打破吉尼斯世界纪录![R]. 2018. https: //www.sohu.com/a/ 240625734_267106

[193] Hoch S J, Ha Y W. Consumer learning: advertising and the ambiguity of product experience[J]. Journal of Consumer Research, 1986, 13(2): 221-233.

[194] Rao A R, Sieben W A. The effect of prior knowledge on price acceptability and the type of information examined[J]. Journal of Consumer Research, 1992, (2): 256-270.

[195] Brucks M. Effects of product class knowledge on information search behavior[J]. Journal of Consumer Research. 1985, 12(1): 1-16.

[196] Biswas A. The moderating role of brand familiarity in reference price perceptions[J]. Journal of Business Research, 1992, 25(3): 251-262.

[197] Harlam B A, Krishna A, Lehmann D R, et al. Impact of bundle type, price framing and familiarity on purchase intention for the bundle[J]. Journal of Business Research, 1995, 33(1): 57-66.

[198] 荣泰生. 网络行销: 电子商务实务[M]. 北京: 中国税务出版社, 2005.

[199] Fine G A, Davis F. Yearning for yesterday: A sociology of nostalgia[J]. Contemporary Sociology, 1980, 9(3): 410.

[200] Bagajewicz M, Hill S, Robben A, et al. Product design in price-competitive markets: A case study of a skin moisturizing lotion[J]. Aiche Journal, 2011, 57(1): 160-177.

[201] Rompay T, Vries P, Bontekoe F, et al. Embodied product perception: Effects of verticality cues in advertising and packaging design on consumer impressions and price expectations[J]. Psychology and Marketing, 2012, 29(12): 919-928.

[202] Fishman A, Rob R. Product innovations and quality-adjusted prices[J]. Econmics letters, 2002, 77(3): 393-398.

[203] Bayus B, Chintagunta P. Competitive entry and pricing responses to product innovation[J]. Review of marketing Science, 2003, 1(1).

[204] Fishman A, Rob R. Product innovation by a durable-good monopoly[J]. The Rand Journal of Economics, 2000, 31(2): 237-252.

[205] Gill T, Lei J. Convergence in the high-technology consumer markets: Not all brands gain equally from adding new functionalities to products[J]. Marketing Letters, 2009, 20(1): 91-103.

[206] 农夫山泉. https: //www.nongfuspring.com/originplace/default.html

[207] 36 氪网. AirPods 卖这么便宜? 分析苹果的定价策略和野心[R]. 2017. https: //36kr.com/p/1721436471297

[208] 百度百科. 明码标价. https: //baike.baidu.com/item/%E6%98%8E%E7%A0%81%E6%A0%87%E4%BB%B7/4594242?fr=aladdin

[209] Bizer G Y, Schindler R M. Direct evidence of ending-digit drop-off in price information processing[J]. Psychology and Marketing, 2005, 22(10): 771-783.

[210] Macé S. The impact and determinants of nine-ending pricing in grocery retailing[J]. Journal of Retailing, 2012, 88(1): 115-130.

[211] Gabrielle A, Brenner, et al. Memory and markets, or why are you paying $2.99 for a Widget?[J]. The Journal of Business, 1982, 55(1): 147-158.

[212] Schindler R M, Kirby P N. Patterns of rightmost digits used in advertised prices: Implications for nine-ending effects[J]. Journal of Consumer Research, 1997, 24(2): 192-201.

[213] Schindler R M. The 99 price ending as a signal of a low-price appeal[J]. Journal of Retailing, 2003, 82(1): 71-77.

[214] Stiving M, Winer R S. An empirical analysis of price endings with scanner data[J]. Journal of Consumer Research, 1997, 24(1): 57-67.

[215] Schindler R M, Kibarian T M. Image communicated by the use of 99 endings in advertised prices[J]. Journal of Advertising, 2001, 30(4): 95-99.

[216] Yan D. Numbers are gendered: The role of numerical precision[J]. Journal of Consumer Research, 2016, 43(2): 303-316.

[217] 百度. 乐事薯片 5 月起涨价: 人生再不努力连薯片都吃不起了[R]. 2019. https: //baijiahao.baidu.com/s?id=1631135196876061765&wfr=spider&for=pc

[218] 赢商网. 小众品牌、国货之光……美妆集合店来了! [R]. 2020. http: //news.winshang.com/html/067/2935.html

[219] Gourville J T. Pennies-a-Day: The effect of temporal reframing on transaction evaluation[J]. Journal of Consumer Research. 1998, 24(4): 395-408.

[220] Atlas S A, Bartels D M, Fischer E, et al. Periodic pricing and perceived contract benefits[J]. Journal of Consumer Research, 2018, 45(2): 350-364.

[221] Voss K E, Spangenberg E R, Grohmann B. Measuring the hedonic and utilitarian dimensions of

consumer attitude[J]. Journal of Marketing Research, 2003, 40(3): 310-320.

[222] Elmaghraby W, Keskinocak P. Dynamic pricing in the presence of inventory considerations: Research overview, current practices, and future directions[J]. Management Science, 2003, 49(10): 1287-1305.

[223] Xia L, Monroe K B, Cox J L. The price is unfair! A conceptual framework of price fairness perceptions[J]. Journal of Marketing, 2004, 68(4): 1-15.

[224] Grewal D, Monroe K B, Krishnan R. The effects of price-comparison advertising on buyers' perceptions of acquisition value, transaction value, and behavioral intentions[J]. Journal of Marketing, 1998, 62(2): 46-59.

[225] Vaidyanathan R, Aggarwal P. Who is the fairest of them all? An attributional approach to price fairness perceptions[J]. Journal of Business Research, 2003, 56(6): 453-463.

[226] Haws K L, Bearden W O. Dynamic pricing and consumer fairness perceptions[J]. Journal of Consumer Research, 2006, 33(3): 304-311.

[227] Bolton L E, Warlop L, Alba J W. Consumer perceptions of price (un) fairness[J]. Journal of Consumer Research, 2003, 29(4): 474-91.

[228] Campbell M C. Perception of price unfairness: Antecedents and consequences of satisfaction[J]. Journal of Marketing Research, 1999, 36(2): 187-199.

[229] Homburg C, Hoyer W D, Koschate N. Customers' reactions to price increases: Do customer satisfaction and perceived motive fairness matter?[J]. Journal of the Academy of Marketing Science, 2005, 33(1): 36-49.

[230] Hsee C K, Zhang J, Wang L, et al. Magnitude, time, and risk differ similarly between joint and single evaluations[J]. Journal of Consumer Research, 2013, 40(1): 172-184.

[231] Xu X, Venkatesh V, Tam K Y, et al. Model of migration and use of platforms: Role of hierarchy, current generation, and complementarities in consumer settings[J]. Management Science, 2010, 56(8): 1304-1323.

[232] Bhargava H K, Chen R R. The benefit of information asymmetry: When to sell to informed customers?[J]. Decision Support Systems, 2012, 53(2): 345-356.

[233] Kahneman D, Knetsch J L, Thaler R H. Anomalies: The endowment effect, loss aversion, and status quo bias[J]. Journal of Economic Perspectives, 1991, 5(1): 192-206.

[234] 新浪财经. 一年回本、5 秒卖货 10 万件: 揭秘名创优品低价生存法[R]. 2019. https: //baijiahao.baidu.com/s?id=1649191768918969151&wfr=spider&for=pc

[235] 刘志林, 张重, 肖海舰.直播营销中社会临场感对顾客购买意愿的影响[J].山西大同大学学报(自然科学版), 2021, 37(01): 55-59+64

[236] 艾媒网. 直播行业数据分析: 2020 年中国在线直播用户规模到已达 5.5 亿人[R]. 2021. https: //www.iimedia.cn/c460/77509.html

[237] 苗月新. 直播带货的营销动因、主要问题及对策[J]. 中国市场, 2021(5): 123-124.

[238] 知乎. 淘宝直播必备法则之定价策略[R]. 2020. https: //zhuanlan.zhihu.com/p/165536370

[239] 钛媒体 APP. 2020 年, 企业该如何抢占直播红利? [R]. 2020. http: //baijiahao.baidu.com/s?id=1661040095004688764&wfr=spider&for=pc

[240] 关贞琴. 基于消费者心理的饥饿营销策略[J]. 现代营销学苑版, 2012, 28(11): 47-48.

[241] 中国无人零售行业研究报告[C]. 上海艾瑞市场咨询有限公司. 艾瑞咨询系列研究报告. 2017, 12.

[242] 知乎. 无人零售: 用互联网思维做线下店[R]. 2017. https: //zhuanlan.zhihu.com/p/30757334

[243] 丁险林.线下零售互联网化新趋势: 兼论"无人零售"的运营模式[J]. 商业经济研究, 2019(1): 86-89.

[244] Mathew T P A. Domain decomposition methods for the numerical solution of partial differential equations[M]. Berlin/Heidelberg: Springer. 2008.

[245] Argo J J, Dahl D W, Morales A C. Consumer contamination: how consumers react to products touched by others[J]. Journal of Marketing, 2006, 70(2): 81-94

[246] Castro I A, Morales A C, Nowlis S M. The influence of disorganized shelf displays and limited product quantity on consumer purchase[J]. Journal of Marketing, 2013, 77(4): 118-133.

[247] 叶巍岭, 黄蓉, 张子敬. 商品陈列的画面效应——陈列秩序影响商品评价的机制与条件[J]. 营销科学学报, 2016, 12(3): 18-35.

[248] Aydinli A, Bertini M, Lambrecht A. Price promotion for emotional impact[J]. Journal of Marketing, 2014, 78(4): 80-96.

[249] Shaddy F, Lee L. Price promotions cause impatience[J]. Journal of Marketing Research. 2020, 57(1): 118-133.

[250] Mela C F, Gupta S, Lehmann D R. The Long term impact of promotion and advertising on consumer brand choice[J]. Journal of Marketing Research, 1997, 34(2): 248-261.

[251] Jing B, Wen Z. Finitely loyal customers, switchers, and equilibrium price promotion[J]. Journal of Economics & Management Strategy, 2008, 17(3): 683-707.

[252] 江明华, 董伟民. 价格促销频率对品牌资产的影响研究[J]. 管理世界, 2003, (7): 144-146.

[253] Folkes V, Wheat R D. Consumers' price perceptions of promoted products[J]. Journal of Retailing, 1995, 71(3): 317-328.

[254] 智库百科. 无界零售[R]. 2018. https: //wiki.mbalib.com/wiki/%E6%97%A0%E7%95%8C%E9%9B%B6%E5%94%AE

[255] 艾依. 零售大爆炸: 新消费主义体检报告[J].互联网周刊, 2019(22): 38-39.

[256] 搜狐网. 京东无界零售究竟颠覆了什么? [R]. 2019. https://www.sohu.com/a/305208753_100276616

[257] AI 云咨询. 京东新通路亮相无界零售峰会: 打造零售商的专属 AI 业务经理[R]. 2019. https://www.icloudnews.net/a/20190319/18116.html

[258] Lavidge R J, Stainer G A, Kitahara A, et al A Model for Predictive Measurements of Advertising Effectiveness"[J]. Kumamoto Gakuen Journal of Commerce, 2005, 12: 215-220.

[259] Mehta N, Chen X J, Narasimhan O. Informing, Transforming, and Persuading: Disentangling the Multiple Effects of Advertising on Brand Choice Decisions[J]. Marketing ence, 2008, 27(3): 334-355.

[260] Pieters R, Wedel M. Goal Control of Attention to Advertising: The Yarbus Implication[J]. Journal of Consumer Research, 2007, 34(2): 224-233.

[261] Tavassoli N T, Lee Y H. The Differential Interaction of Auditory and Visual Advertising Elements with Chinese and English[J]. Journal of Marketing Research, 2003, 40(4): 468-480.

[262] Mcquarrie E F, Mick D G. Visual and Verbal Rhetorical Figures Under Directed Processing Versus Incidental Exposure to Advertising[J]. Social Science Electronic Publishing.

[263] BoyounC, Joandrea H. The Future Looks "Right": Effects of the Horizontal Location of Advertising Images on Product Attitude[J]. Journal of Consumer Research(2): 2.

[264] Childers T L, Jass J. All Dressed Up With Something to Say: Effects of Typeface Semantic Associations on Brand Perceptions and Consumer Memory.[J]. Journal of Consumer Psychology, 2002, 12(2): 93-106.

[265] Wheeler S C, PettyR E, Bizer G Y. Self-schemamatching and attitude change: situational anddispositionaldeterminants of message elaboration[J]. Journal of ConsumerResearch, 2005, 31(4), 787-797.

[266] Bass F M, Bruce N, Majumdar S, et al. Wearout effects of different advertising themes: A dynamic Bayesian model of the advertising-sales relationship[J]. Marketing Science, 2007, 26(2): 179-195.

[267] Labroo A A, Lee A Y. Between Two Brands: A Goal Fluency Account of Brand Evaluation[J]. Journal of marketing research, 2006, 43(3): 374-385.

[268] BiswasA, Pullig C, Yagci M I, et al. Consumer Evaluation of Low Price Guarantees: The Moderating Role of Reference Price and Store Image[J]. Journal of Consumer Psychology, 2002, 12(2): 107-118.

[269] Krishna A, Morrin M, Sayin E. Smellizing Cookies and Salivating: A Focus on Olfactory Imagery[J]. Journal of Consumer Research, 2014, 41(1): 18-34.

[270] Escalas J E, Stern B B. Sympathy and Empathy: Emotional Responses to Advertising Dramas[J]. Journal of Consumer Research, 2003, 29(4): 566-578.

[271] Williams P, Drolet A. Age-Related Differences in Responses to Emotional Advertisements[J]. Journal of consumer research, 2005, 32(3): 343-354.

[272] Fisher R J, Dubé Laurette. Gender Differences in Responses to Emotional Advertising: A Social

Desirability Perspective[J]. Journal of Consumer Research, 2005, 31(4): 850-858.

[273] DetweilerJB, Bedell B T, Salovey P, et al. Message framing and sunscreen use: Gain-framed messages motivate beachgoers[J]. Health Psychology, 1999, 18(2): 189-196.

[274] Fisher R J, Vandenbosch M, Antia K D. An Empathy-Helping Perspective on Consumers' Responses to Fund-Raising Appeals[J]. Journal of consumer research, 2008, 35(3): 519-531.

[275] Zhao G Z, Pechmann C. The Impact of Regulatory Focus on Adolescents' Response to Antismoking Advertising Campaigns.[J]. Journal of Marketing Research, 2007, 44(4): 671-687.

[276] Krishnan H S, Chakravarti D. A process analysis of the effects of humorous advertising executions on brand claims memory[J].Journal of Consumer Psychology, 2003, 13(3): 230-245.

[277] Mcquarrie E F, Mick D G. Visual and Verbal Rhetorical Figures Under Directed Processing Versus Incidental Exposure to Advertising[J]. Social Science Electronic Publishing.

[278] 刘祖斌.广告文案的叙事视角[J].江汉大学学报(人文社会科学版), 2002, 21(4): 106-108.

[279] Krishna A, Ahluwalia R. Language Choice In Advertising To Bilinguals: Asymmetric Effects For Multinationals Versus Local Firms[J]. Journal of consumer research, 2008, 35(4): 692-705.

[280] Dimanche F, Samdahl D. Leisure as symbolic consumption: A conceptualization and prospectus for future research[J]. Leisure Sciences, 1994, 16(2): 119- 129.

[281] Grier S A, Deshpandé R. Social Dimensions of Consumer Distinctiveness: The Influence of Social Status on Group Identity and Advertising Persuasion[J]. Journal of Marketing Research, 2001, 38(2): 216-224.

[282] 刘兴鹏.观看体育赛事对明星代言广告效果的影响——偶像崇拜的中介作用[J]. 品牌, 2016(5): 43-54, 61.

[283] 张悦. 从追星分析消费者信息处理[J]. 西部皮革, 2019, 41(22): 94, 96.

[284] Thomson M. Human Brands: Investigating Antecedents to Consumers, Strong Attachments to Celebrities[J]. Journal of Marketing, 2006, 70(3): 104-119.

[285] 尼尔森. 数字化时代下的中国消费者趋势及品牌制胜之道[R]. 北京: 尼尔森报告. 2018.

[286] Wilbur K C. A Two-Sided, Empirical Model of Television Advertising and Viewing Markets[J]. Marketing Science, 2008, 27(3): 356-378.

[287] 陈琳. 新一代信息技术催生广告新形式探析[J]. 现代传播: 中国传媒大学学报, 2012, 34(4): 137-138.

[288] 尼尔森. 数字化时代下的中国消费者趋势及品牌制胜之道[R]. 北京: 尼尔森报告. 2018.

[289] Mehta N, Chen X J, Narasimhan O. Informing, Transforming, and Persuading: Disentangling the Multiple Effects of Advertising on Brand Choice Decisions[J]. Marketing ence, 2008, 27(3): 334-355.

[290] 中国人民大学舆论研究所《植入式广告研究》课题组. 植入式广告: 研究框架、规制构建与效果评测[J].国际新闻界, 2011, 33(4): 6-23.

[291] 赵兵辉. 植入式广告研究[D].暨南大学硕士学位论文, 2007.

[292] Russell C A. Investigating the Effectiveness of Product Placements in Television Shows: The Role of Modality and Plot Connection Congruence on Brand Memory and Attitude[J]. Journal of Cooper-Consumer Research, 2002, 29(3): 306-318.

[293] Gregorio F D, Sung Y. Understanding Attitudes towards and Behaviors in Response to Product Placement: A Consumer Socialization Framework[J]. Journal of Advertising, 2010, 39(1): 83-96.

[294] Smith N C, Martin E. Ethics and target marketing: the role of product harm and consumer vulnerability[J]. Journal of Marketing. 1997, 61(3): 1-20.

[295] Alwitt L F, Prabhaker P R. Functional and Belief Dimensions of Attitudes to Television Advertising[J]. Journal of advertising research, 1992, 32(5): 30-42.

[296] 刘红晓. 零售企业"快闪店"营销方式探讨[J]. 商业经济研究, 2017(21): 63-65.

[297] Yang S, Ghose A. Analyzing the Relationship between Organic and Sponsored Search Advertising: Positive, Negative or Zero Interdependence?[J]. Marketing science, 2010, 29(4): 602-623.

[298] 商品推荐系统的类型及原理. [N/OL].人人都是产品经理, 2019 [2019-08-13]. http://www.woshipm. com/pd/2707270.html/comment-page-1

[299] 周鹤. 购物网站的商品推荐和客户评论对冲动性购买意图的影响研究[D]. 广州: 华南理工大学, 2011.

[300] Tucker C. Social Networks, Personalized Advertising, and Privacy Controls[J]. Working Papers, 2010, 51(5): págs. 546-562.

[301] Kim T, Barasz K, John L K. Why Am I Seeing This Ad? The Effect of Ad Transparency on Ad Effectiveness[J]. Journal of Consumer research, 2019, 45(5): 906-932.

[302] Naylor R W, Lamberton C P, West P M. Beyond the "Like" Button: The Impact of Mere Virtual Presence on Brand Evaluations and Purchase Intentions in Social Media Settings[J]. Journal of Marketing, 2012, 76(6): 105-120.

[303] Hewett K, Rand W, Rust R T, et al. Brand Buzz in the Echoverse[J]. Journal of Marketing, 2016, 80(3): 1-24.

[304] Kumar A, Bezawada R, Rishika R, et al. From Social to Sale: The Effects of Firm-Generated Content in Social Media on Customer Behavior[J]. Journal of Marketing, 2016, 80(1): 7-25.

[305] Kim A J, Ko E. Do social media marketing activities enhance customer equity? An empirical study of luxury fashion brand[J]. Journal of Business Research, 2012, 65(10): 1480-1486.

[306] Hughes C, Swaminathan V, Brooks G. Driving Brand Engagement Through Online Social Influencers: An Empirical Investigation of Sponsored Blogging Campaigns[J]. Journal of Marketing, 2019, 83(5): 78-96.

[307] Reich B J, Pittman M. An Appeal to Intimacy: Consumer Response to Platform—Appeal Fit on Social Media[J]. Journal of Consumer Psychology, 2020, 30(4): 660-670.

[308] 江义平, 孙良慧. 关键字广告整合行销效果对网路使用者点击行为影响之探索性研究[C] // 2008 台湾科技大学管理新思维学术研讨会. 台北: 台湾科技大学出版社, 2008: 27-36.

[309] Mandel N, Petrova P K, Cialdini R B. Images of Success and the Preference for Luxury Brands[J]. Journal of Consumer Psychology, 2006, 16(1): 57-69.

[310] Li Y Y, Xie Y. Is a Picture Worth a Thousand Words? An Empirical Study of Image Content and Social Media Engagement[J]. Journal of Marketing Research, 2020, 57(1): 1-19.

[311] De Vries L, Gensler S, Leeflang P S H. Effects of Traditional Advertising and Social Messages on Brand-Building Metrics and Customer Acquisition[J]. Journal of Marketing, 2017, 81(5): 1-15.

[312] 金永生, 王睿, 陈祥兵. 企业微博营销效果和粉丝数量的短期互动模型[J]. 管理科学, 2011, 24(4): 71-83.

[313] Naylor R W, Lamberton C P, West P M. Beyond the "Like" Button: The Impact of Mere Virtual Presence on Brand Evaluations and Purchase Intentions in Social Media Settings[J]. Journal of Marketing, 2012, 76(6): 105-120.

[314] Borah A, Banerjee S, Lin Y T, et al. Improvised Marketing Interventions in Social Media[J]. Journal of Marketing, 2020, 84(2): 69-91.

[315] [1] Borah A. Halo Effects in Social Media: Do Product Recalls Hurt or Help Rival Brands[J]. SSRN Electronic Journal, 2015.

[316] 企业社会责任[N/OL]. MBA 智库. 百科, 2010-07-04. https: //wiki.mbalib.com/wiki/企业社会责任.

[317] NelsonK A. Consumer Decision Making and Image Theory: Understanding Value-Laden Decisions.[J]. Journal of Consumer Psychology (Lawrence Erlbaum Associates), 2004, 14(1-2): 28-40.

[318] KuoA, Rice D H. The impact of perceptual congruence on the effectiveness of cause-related marketing campaigns[J]. Journal of Consumer Psychology, 2015, 25(1): 78-88.

[319] ChernevA, Blair S. Doing Well by Doing Good: The Benevolent Halo of Corporate Social Responsibility[J]. Journal of consumer research, 2015, 41(6): 1412-1425.

[320] Koschate-Fischer N, Stefan I V, Hoyer W D. Willingness to Pay for Cause-Related Marketing: The Impact of Donation Amount and Moderating Effects[J]. Journal of marketing research, 2012, 49(6): 910-927.

[321] Hildebrand D, Demotta Y, Sen S. Consumer Responses to Corporate Social Responsibility (CSR) Contribution Type[J]. Grenoble Ecole de Management (Post-Print), 2017, 44(4): 738-758.

[322] Zemack-RugarY, Rabino R, Cavanaugh L A, et al. When Donating is Liberating: The Role of Product

and Consumer Characteristics In the Appeal of Cause-Related Products[J]. Journal of Consumer Psychology, 2015, 26(2): 213-230.

[323] Krishna A. Can supporting a cause decrease donations and happiness? The cause marketing paradox[J]. journal of consumer psychology, 2011, 21(3): 338-345.

[324] Sen S, Bhattacharya C B. Does Doing Good Always Lead to Doing Better? Consumer Reactions to Corporate Social Responsibility[J]. Journal of Marketing Research, 2001, 38(2): 225-243.

[325] Yoon Y, Zeynep Gürhan-Canli, Schwarz N. The Effect of Corporate Social Responsibility (CSR) Activities on Companies With Bad Reputations[J]. Journal of Consumer Psychology, 2006, 16(4): 377-390.

[326] Torelli CJ, MongaAB, KaikatiAM. Doing Poorly by Doing Good: Corporate Social Responsibility and Brand Concepts[J]. Journal of Consumer Research, 2012, 38(5): 948-963.

[327] Guerhan-CanliZ, Batra R. When Corporate Image Affects Product Evaluations: The Moderating Role of Perceived Risk[J]. Journal of marketing research, 2004, 41(2): 197-205.

[328] DuttaS, Pullig C. Effectiveness of corporate responses to brand crises: The role of crisis type and response strategies[J]. Journal of Business Research, 2011, 64(12): 1281-1287.

[329] Albers S, Mantrala M K, Sridhar S. Personal Selling Elasticities: A Meta-Analysis[J]. Journal of Marketing Research, 2010, 47(5): 840-853.

[330] 范秀成, 罗海成. 基于顾客感知价值的服务企业竞争力探析[J]. 南开管理评论, 2003(6): 41-45.

[331] Moncrief W C, Marshall G W. The evolution of the seven steps of selling[J]. Industrial marketing management, 2005, 34(1): 13-22.

[332] Huang D. A Study on Persuasive Language in Personal Selling[J]. International Journalof English Linguistics, 2019, 9(2): 353-363.

[333] Wang E S T, Tsai B K, Chen T L, et al. The influence of emotions displayed and personal selling on customer behaviour intention[J]. The Service Industries Journal, 2012, 32(3): 353-366.

[334] 熊亮. 人员推销的特点与技巧研究[J]. 中国商贸, 2012(17): 34-35.

[335] Packard G, Moore S G, Mcferran B. (I'm) Happy to Help (You): The Impact of Personal Pronoun Use in Customer-Firm Interactions[J]. Journal of marketing research, 2018, 55(4): 541-555.

[336] Pine. Welcome to the Experience Economy[J]. Harvard Business Review, 1998, 76.

[337] Kim H Y, Mcgill A L, Morwitz V, et al. Minions for the Rich? Financial Status Changes How Consumers See Products with Anthropomorphic Features[J]. Journal of consumer research, 2018, 45(2): 429-450.

[338] 促销活动[N/OL]. 中文维基百科, 2019-11-11. https://baike.tw.wjbk.site/wiki/促销活動.

[339] 郝辽钢. 消费者对促销的反应及促销效果研究[D]. 成都: 西南交通大学, 2008.

[340] Huff L C, Alden D L. An investigation of consumer response to sales promotions in developing markets: A three-country analysis[J]. Journal of Advertising Research, 1998, 38(3): 47-54.

[341] Bell D R, Corsten D, Knox G. From Point of Purchase to Path to Purchase: How Preshopping Factors Drive Unplanned Buying[J]. Journal of Marketing, 2011, 75(1): 22-2429.

[342] Heilman C M, Nakamoto K, Rao N A G. Pleasant Surprises: Consumer Response to Unexpected In-Store Coupons[J]. Journal of Marketing Research, 2002, 39(2): 242-252.

[343] Jia H, Yang S, Lu X, et al. Do Consumers Always Spend More When Coupon Face Value is Larger? The Inverted U-Shaped Effect of Coupon Face Value on Consumer Spending Level[J]. Journal of Marketing, 2018, 82(4): 70-85.

[344] Danaher P J, Smith M S, Ranasinghe K, et al. Where, When, and How Long: Factors That Influence the Redemption of Mobile Phone Coupons[J]. Journal of marketing research, 2015, 52(5): 710-725.

[345] Venkatesan R, Farris P W. Measuring and Managing Returns from Retailer-Customized Coupon Campaigns[J]. Journal of Marketing, 2012, 76(1): 76-94.

[346] Lalwani A K, Wang J J. How Do Consumers' Cultural Backgrounds and Values Influence Their Coupon Proneness? A Multimethod Investigation[J]. Journal of consumer research, 2019, 45(5): 1037-1050.

[347] Laran J, Tsiros M. An Investigation of the Effectiveness of Uncertainty in Marketing Promotions

Involving Free Gifts[J]. Journal of Marketing, 2013, 77(2): 112-123.

[348] Isen A M, Shalker T E, Clark M, et al. Affect, accessibility of material in memory, and behavior: A cognitive loop?[J]. Journal of Personality and Social Psychology, 1978, 36(1): 1-12.

[349] Raghubir P. Free Gift with Purchase: Promoting or Discounting the Brand?[J]. Journal of Consumer Psychology, 2004, 14(1-2): 181-186.

[350] Gilbert D C, Jackaria N. The efficacy of sales promotions in UK supermarkets: a consumer view[J]. International Journal of Retail & Distribution Management, 2002, 30(6): 315-322.

[351] Shi Y Z, Cheung K M, Prendergast G. Behavioural response to sales promotion tools a Hong Kong Sdudy[J]. International Journal of Advertising: The Review of Marketing Communications, 2005, 24(4): 469-489.

[352] Li H, Jain S, Kannan P K. Optimal Design of Free Samples for Digital Products and Services[J]. Journal of Marketing Research, 2019, 56(3): 419-438.

[353] Viswanathan M, Rosa J A, Harris J E. Decision Making and Coping of Functionally Illiterate Consumers and Some Implications for Marketing Management[J]. Journal of Marketing, 2005, 69(1): 15-31.

[354] Kacen J J, Lee J A. The Influence of Culture on Consumer Impulsive Buying Behavior[J]. Journal of Consumer Psychology, 2002, 12(2): 163-176.

[355] 陈璐. 打开电视买世界——我国电视购物频道营销及传播解析[J].中国广告, 2006(7): 85-87.

[356] 姚彬. 我国电视购物的现存问题与对策[J]. 新闻知识, 2005(5): 52-54.

[357] Anshel M H. The Effect of Arousal on Warm-up Decrements[J]. Research Quarterly for Exercise and Sport, 1985, (56): 1-9.

[358] 孟陆, 刘凤军, 陈斯允, 等.我可以唤起你吗: 不同类型直播网红信息源特性对消费者购买意愿的影响机制研究[J]. 南开管理评论, 2020, 23(1): 131-143.

[359] 常涛. 你不相信电视购物, 为什么却为直播带货疯狂? [J]. 现代商业银行, 2019(24): 91-93.

[360] 陈虹.基于顾客忠诚的电商平台直播导购营销策略研究[J]. 商业经济, 2018(11): 90-91.

[361] 赵冬玲. 网络直播时代的品牌曝光和销售转化探究: 以购物类直播平台为例[J]. 商业经济研究, 2018(1): 62-64.

[362] Roshwalb I. Personal influence : the part played by people in the flow of mass communications[J]. American Journal of Sociology, 1955, 21(6): 1583-1583.

[363] Liu Y. Word of Mouth for Movies: Its Dynamics and Impact on Box Office Revenue[J]. Journal of Marketing, 2006, 70(3): 74-89.

[364] Chevalier J A, Mayzlin D. The Effect of Word of Mouth on Sales: Online Book Reviews[J]. Journal of marketing research, 2006, (3): 345-354.

[365] Berger J, Schwartz E M. What Drives Immediate and Ongoing Word of Mouth?[J]. Journal of Marketing Research, 2011, 48(5): 869-880.

[366] CheemaA, Kaikati A M. The Effect of Need for Uniqueness on Word of Mouth[J]. Journal of marketing research, 2010, 47(3): 553-563.

[367] Angelis M D, Bonezzi A, Peluso A M, et al. On Braggarts and Gossips: A Self-Enhancement Account of Word-of-Mouth Generation and Transmission[J]. Journal of marketing research, 2012, 49(4): 551-563.

[368] Eisingerich A B, Chun H E H, Liu Y, et al. Why recommend a brand face-to-face but not on Facebook? How word-of-mouth on online social sites differs from traditional word-of-mouth[J]. Journal of Consumer Psychology, 2015, 25(1): 120-128.

[369] Dubois D, Bonezzi A, De Angelis M. Sharing with Friends Versus Strangers: How Interpersonal Closeness Influences Word-of-Mouth Valence[J]. Journal of Marketing Research, 2016, 53(5): 712-727.

[370] 杜杰. 药店战略管理之会员关系管理(二) 会员制: 通向分众营销[J]. 中国药店, 2008(6): 88.

[371] Thompson S A, Sinha R K. Brand Communities and New Product Adoption: The Influence and Limits of Oppositional Loyalty[J]. Journal of Marketing, 2008, 72(6): 65-80.

[372] 袁媛. 浅议会员营销[J]. 企业导报, 2010(6): 113-114.

[373] Mead N L, Baumeister R F, Stillman T F, et al.Social Exclusion Causes People to Spend and Consume Strategically in the Service of Affiliation[J]. Journal of Consumer Research, 2011, 37(5): 902-919.

[374] 王志强. 如何利用会员积分管理提升客户忠诚度: 以中石化加油卡为例[D]. 北京: 北京交通大学, 2010.

[375] Wagner T, Hennig-Thurau T, Rudolph T. Does Customer Demotionjeopardize Loyalty?[J]. Journal of Marketing, 2009, 73(3): 69-85.

[376] 汤岩. 从 COSTCO 看零售付费会员制度[J]. 现代商业, 2019(32): 3-4.

[377] Mithass S, Krishnan M S, Fornell C. Why Do CRM Applications Affect Customer Satisfaction?[J]. Journal of Marketing, 2005, 69(4): 201-209.

[378] Reinartz W, Krafft M, Hoyer W D. The Customer Relationship Management Process: Its Measurement and Impact on Performance[J]. Journal of Marketing Research, 2004, 41(3): 293-305.

[379] Muniz A M, O'Guinn T C. Brand Community[J]. Journal of Consumer Research, 2001, 27(4): 412-432.

[380] Laroche M, Habibi M R, Richard M O. To be or not to be in social media: How brand loyalty is affected by social media?[J]. International Journal of Information Management, 2013, 33(1): 76-82.

[381] Homburg C, Ehm L, Artz M. Measuring and Managing Consumer Sentiment in an Online Community Environment[J]. Journal of marketing research, 2015.

教师服务

感谢您选用清华大学出版社的教材！为了更好地服务教学，我们为授课教师提供本书的教学辅助资源，以及本学科重点教材信息。请您扫码获取。

➤➤ 教辅获取

本书教辅资源，授课教师扫码获取

➤➤ 样书赠送

市场营销类重点教材，教师扫码获取样书

 清华大学出版社

E-mail: tupfuwu@163.com
电话: 010-83470332 / 83470142
地址: 北京市海淀区双清路学研大厦 B 座 509

网址: http://www.tup.com.cn/
传真: 8610-83470107
邮编: 100084